40 ans

Champs

Flammarion

Le mot de l'éditeur

Depuis 40 ans, des idées à tout bout de Champs !

Chers lecteurs,

1977 : rappelez-vous... Dans la France de Valéry Giscard d'Estaing, on découvrait les *Fragments d'un discours amoureux* de Barthes tandis que Claude François chantait les magnolias.

Chez Flammarion, la maison en ébullition donnait le coup d'envoi à **la première collection d'essais en poche**.

Pour un coup d'essai, ce fut un coup de maître ! Quatre décennies plus tard, solidement appuyée sur les épaules des plus grands auteurs, la collection la plus jaune des librairies est toujours aussi vivace et se déploie dans **tous les domaines du savoir**. Après l'ouverture à la narrative non-fiction avec « libres Champs », à la vie professionnelle et au développement personnel avec « Clés des Champs », place cette année aux **essais inédits**, en prise directe avec l'actualité.

Curiosité, exigence, ouverture...

40 ans, ça se fête !

Depuis 40 ans, notre collection explore les champs de la connaissance avec le même enthousiasme, et une même conviction : **le savoir est l'affaire de tous, et chacun doit pouvoir s'en emparer**. C'est pourquoi nous vous proposons, pour célébrer 40 ans d'engagement pour l'intelligence, une **bibliothèque idéale du savoir.**

10 classiques de toujours présentés par 10 savants d'aujourd'hui

Fernand Braudel, Albert Einstein, Émile Durkheim ou encore Vladimir Jankélévitch... tous ont contribué à élargir nos horizons intellectuels. Parce qu'ils continuent de le faire aujourd'hui, nous avons invité des **chercheurs contemporains** (Patrick Boucheron, Étienne Klein, Florence Weber, Frédéric Worms, etc.) à nous parler d'eux pour de **nouvelles éditions anniversaire**.

J'espère que vous les découvrirez, ou redécouvrirez, avec autant de plaisir que nous.

Bonnes lectures,

Pauline Kipfer,
responsable de la collection Champs

Sommaire

NOUVEAUTÉS

Champs actuel

MAURIZIO BETTINI
CONTRE LES RACINES

PIERRE CAHUC – ANDRÉ ZYLBERBERG
LE NÉGATIONNISME ÉCONOMIQUE

ADRIEN CANDIARD
COMPRENDRE L'ISLAM

CHRISTOPHE GUILLUY
LE CRÉPUSCULE DE LA FRANCE D'EN HAUT

HAKIM EL KAROUI
LA LUTTE DES ÂGES

FRÉDÉRIC MARTEL
GLOBAL GAY

DOMINIQUE MOÏSI
LA GÉOPOLITIQUE DES SÉRIES

YANIS VAROUFAKIS
MON COURS D'ÉCONOMIE IDÉAL

Champs arts

JEAN CLÉDER – LAURENT JULLIER
ANALYSER UNE ADAPTATION

RODOLPHE RAPETTI
LE SYMBOLISME

Champs classiques

FRANZ BOAS
ANTHROPOLOGIE AMÉRINDIENNE

JULES MICHELET
PHILOSOPHIE DE L'HISTOIRE

SUN TZU
L'ART DE LA GUERRE

Les grands textes de…

GRÉGOIRE FRANCONIE (éd.)
LES GRANDS TEXTES DE LA DROITE

G. FRANCONIE ET J. JULLIARD (éd.)
LES GRANDS TEXTES DE LA GAUCHE

Clés des Champs

ROY F. BAUMEISTER – JOHN TIERNEY
LE POUVOIR DE LA VOLONTÉ

NICOLAS GUÉGUEN
PSYCHOLOGIE DU CONSOMMATEUR

DANIEL H. PINK
CONVAINQUEZ QUI VOUS VOUDREZ

CHIP & DAN HEATH
COMMENT FAIRE LES BONS CHOIX

CAROL TAVRIS – ELLIOT ARONSON
POURQUOI J'AI TOUJOURS RAISON

Champs essais

Droit, économie, sciences politiques

JACQUES JULLIARD – JEAN-CLAUDE MICHÉA
LA GAUCHE ET LE PEUPLE

BERNARD MARIS
HOUELLEBECQ ÉCONOMISTE

Philosophie

ALAIN BADIOU
ÉLOGE DES MATHÉMATIQUES

RÉMI BRAGUE
MODÉRÉMENT MODERNE

VLADIMIR JANKÉLÉVITCH
L'AVENTURE, L'ENNUI, LE SÉRIEUX

MICHAEL J. SANDEL
JUSTICE

Psychanalyse

ALICE MILLER
TA VIE SAUVÉE ENFIN

Sciences humaines

30 ANS DE DÉBATS

BRUNO NASSIM ABOUDRAR
COMMENT LE VOILE EST DEVENU MUSULMAN

PHILIPPE DESCOLA
LA COMPOSITION DES MONDES

EDGAR MORIN
PENSER GLOBAL

SHLOMO SAND
LE CRÉPUSCULE DE L'HISTOIRE

Champs histoire

ALESSANDRO BARBERO
LE MARCHAND QUI VOULAIT GOUVERNER FLORENCE

ALAIN CORBIN
HISTOIRE BUISSONNIÈRE DE LA PLUIE
SOIS SAGE, C'EST LA GUERRE

ANNE-CLAIRE DE GAYFFIER-BONNEVILLE
HISTOIRE DE L'ÉGYPTE MODERNE

FRANÇOIS HARTOG
CROIRE EN L'HISTOIRE

SUDHIR HAZAREESINGH
CE PAYS QUI AIME LES IDÉES

PAULIN ISMARD
L'ÉVÉNEMENT SOCRATE

VINCENT LEMIRE (dir.)
JÉRUSALEM

EMMANUELLE LOYER
UNE BRÈVE HISTOIRE CULTURELLE DE L'EUROPE

NADINE PICAUDOU
LA DÉCENNIE QUI ÉBRANLA LE MOYEN-ORIENT

BENJAMIN STORA
LES CLÉS RETROUVÉES

JERRY TONER
L'ART DE GOUVERNER SES ESCLAVES

BERTRAND VAN RUYMBEKE
L'AMÉRIQUE AVANT LES ÉTATS-UNIS

BRYAN WARD-PERKINS
LA CHUTE DE ROME

libres Champs

ALESSANDRO BARBERO
LE JOUR DES BARBARES

STACY SCHIFF
CLÉOPÂTRE

Champs sciences

ÉVELYNE HEYER (éd.)
UNE BELLE HISTOIRE DE L'HOMME

KAROL BEFFA – CÉDRIC VILLANI
LES COULISSES DE LA CRÉATION

JOSHUA FOER
L'ART ET LA SCIENCE DE SE SOUVENIR DE TOUT

MATHIEU GOUNELLE
MÉTÉORITES

BRIAN GREENE
LA RÉALITÉ CACHÉE

MICHIO KAKU
UNE BRÈVE HISTOIRE DU FUTUR

IAN STEWART
LES MATHÉMATIQUES DU VIVANT

40 ANS

Champs classiques

Les classiques

JEAN-ANTHELME BRILLAT-SAVARIN
Préface d'Hervé This
PHYSIOLOGIE DU GOÛT

ÉMILE DURKHEIM
Préface de Florence Weber
LES RÈGLES DE LA MÉTHODE SOCIOLOGIQUE

Champs essais

VLADIMIR JANKÉLÉVITCH
Préface de Frédéric Worms
LA MORT

Champs histoire

FERNAND BRAUDEL
Préface de François Hartog
LA MÉDITERRANÉE

GEORGES DUBY
Préface de Patrick Boucheron
SAINT BERNARD

SAMUEL NOAH KRAMER
Préface de Dominique Charpin
L'HISTOIRE COMMENCE À SUMER

Champs sciences

ALBERT EINSTEIN
Préface d'Étienne Klein
COMMENT JE VOIS LE MONDE

STEPHEN HAWKING
Préface de Christophe Galfard
UNE BRÈVE HISTOIRE DU TEMPS

JAMES LOVELOCK
Préface de Pierre-Henri Gouyon
LA TERRE EST UN ÊTRE VIVANT

HENRI POINCARÉ
Préface d'Étienne Ghys
LA SCIENCE ET L'HYPOTHÈSE

À PARAÎTRE

ALICE MILLER
LA CONNAISSANCE INTERDITE

HERVÉ CLERC
DIEU PAR LA FACE NORD

UMBERTO ECO
COMMENT ÉCRIRE SA THÈSE

ALAIN CORBIN
HISTOIRE DU SILENCE

GRAHAM ROBB
SUR LES SENTIERS IGNORÉS DU MONDE CELTE

EDWARD FRENKEL
AMOUR ET MATS

MASHA GESSEN
DANS LA TÊTE D'UN GÉNIE

PASCAL PICQ
PREMIERS HOMMES

Élie **BARNAVI**

LES RELIGIONS MEURTRIÈRES

Un spectre hante le monde : le terrorisme à fondement religieux, surtout islamique. Ce livre tente d'expliquer les ressorts de ce phénomène religieux, mais aussi politique, en une série de « thèses » brèves et fortement argumentées.

Prix Aujourd'hui, 2007

Édition revue et augmentée, 2016

192 p. 7 €

9782081386600

Fethi **BENSLAMA**

DÉCLARATION D'INSOUMISSION

À l'usage des musulmans et de ceux qui ne le sont pas

L'auteur propose ici un renversement de la figure du « musulman-soumis », une réflexion sur la conjugaison des forces qui concourent à la destruction contemporaine de la civilisation musulmane.

112 p. 5,10 €

9782081248847

Maurizio **BETTINI**

CONTRE LES RACINES

N

Inédit

Traduit de l'italien par Pierre Vesperini

De quoi parlons-nous lorsque nous évoquons notre origine, nos traditions, notre identité ? Que dit, dans ces mots devenus omniprésents, la métaphore des racines ? Cette réflexion apaisée et érudite propose un retour aux racines, pour mieux constater que les valeurs d'authenticité et de pureté que nous leur prêtons n'existent pas : les cultures sont changeantes, et les traditions se choisissent..

Prix Bristol des Lumières de l'essai étranger, 2016

176 p. 8 €

9782081409460

Pierre **CAHUC** – André **ZYLBERBERG**

LES ENNEMIS DE L'EMPLOI

Le chômage, fatalité ou nécessité ?

Chaque jour, en France, dix mille emplois sont détruits… et dix mille emplois sont créés. Un surprenant phénomène qui concerne tous les pays industrialisés. Connu depuis peu d'un petit cercle d'experts, il bouleverse la manière de penser le chômage, mais aussi les politiques pour le combattre. Reste à le faire connaître au public.

Prix Mutations et travail, 2004 ; prix européen du livre d'économie, 2004 ; prix Manpower, 2005

Édition actualisée, 2015

224 p. 8 €

9782081342637

LE NÉGATIONNISME ÉCONOMIQUE

N

Et comment s'en débarrasser

L'économie est une discipline scientifique, basée sur des faits. Pourtant, beaucoup d'économistes ignorent toutes les données empiriques pour ressasser sans fin des théories dépassées. Ce négationnisme économique laisse penser que, dans le fond, toutes les théories se valent.

Prix Turgot du meilleur livre d'Économie, 2017.

272 p. 7 €

9782081395992

LES RÉFORMES RATÉES DU PRÉSIDENT SARKOZY

En s'attachant à quelques cas particuliers et en retraçant le cheminement tortueux qui mène des intentions aux résultats, cet ouvrage effectue une plongée dans les failles de notre système politique et permet de comprendre pourquoi la méthode choisie par Nicolas Sarkozy, mêlant conciliation et volonté d'étouffement, a échoué.

272 p. 6,10 €

9782081238022

Adrien CANDIARD

COMPRENDRE L'ISLAM

ou plutôt : pourquoi on n'y comprend rien

Inédit

Pourquoi peut-on dire sur l'islam tant de choses contradictoires ? Pour connaître son « vrai visage », comment s'y prendre ? Peut-on enfin savoir si cette religion en veut vraiment à notre mode de vie ? Dans ce livre lumineux, Adrien Candiard éclaire sans prétendre tout résoudre.

128 p. 6 €

9782081386587

Jean-Pierre DUPUY

L'AVENIR DE L'ÉCONOMIE

Sortir de l'économystification

Jean-Pierre Dupuy montre comment l'économie s'est échappée du religieux, puis du politique, pour devenir elle-même une religion et un système politique à part entière, dans la société capitaliste.

256 p. 9 €

9782081307797

Hakim EL KAROUI

LA LUTTE DES ÂGES

Comment les retraités ont pris le pouvoir

La crise que nous traversons n'est pas d'abord une crise financière. Elle est la manifestation d'un phénomène démographique inédit dans l'histoire de l'humanité : pour la première fois, les seniors ont pris le pouvoir, démocratique et économique, aux dépens des générations montantes. Il est temps de faire de ce sujet un débat de société.

192 p. 7 €

9782081390478

RÉINVENTER L'OCCIDENT

Essai sur une crise économique et culturelle

La désoccidentalisation du monde a commencé. L'Occident qui se croyait superpuissant se découvre déficient. Aux conséquences de l'arrogance (guerre en Irak, crise financière, péril climatique) succèdent les crises de l'impuissance (incapacité politique, crise identitaire, crainte des classes moyennes). Comment alors continuer à porter ses idéaux de liberté et de démocratie ?

242 p. 7,20 €

9782081265929

Frédéric ENCEL

DE QUELQUES IDÉES REÇUES SUR LE MONDE CONTEMPORAIN

Précis de géopolitique à l'usage de tous

Excellent pédagogue, Frédéric Encel s'empare d'une vingtaine d'idées reçues (« La France n'est plus une grande puissance », « L'ONU ne fait rien ! », « Les médias ne nous disent pas tout »...) et démonte brillamment ces fausses évidences. Un ouvrage indispensable pour comprendre notre époque.

176 p. 6 €

9782081332768

Luc FERRY

L'INNOVATION DESTRUCTRICE

Dans la lignée de la « destruction créatrice » chère à Schumpeter, Luc Ferry rappelle ici le lien qui a toujours existé entre innovation et destruction. Chaque nouvel outil est une étape vers un nouveau cycle.

144 p. 6 €

9782081353008

Paul GARDE

LES BALKANS

Héritages et évolutions

Une approche historique et géographique de la partie sud-est de l'Europe, souvent mal connue, incomprise et tenue en suspicion. Cet examen éclaire les causes et le déroulement des conflits balkaniques de la fin du XXe siècle. Pour le XXIe siècle, il permet d'apprécier les chances qu'offre à cette région la construction européenne, et les dangers qui la menacent dans un monde en crise.

224 p. 8,20 €

9782081226036

Bernard GAZIER – Peter AUER

L'INTROUVABLE SÉCURITÉ DE L'EMPLOI

Délocalisations, précarité, chômage : avec la mondialisation qui s'accélère, les grandes peurs sont devant nous. Que restera-t-il de nos emplois demain ? Quels salaires et quelles conditions de travail pourront-ils offrir ?

Prix Manpower des ressources humaines, 2007

192 p. 7,20 €

9782081213180

René GIRARD – Gianni VATTIMO

CHRISTIANISME ET MODERNITÉ

Entretiens menés par Pierpaolo Antonello
Traduit de l'italien par Renaud Temperini

Loin d'opposer frontalement christianisme et modernité, René Girard et Gianni Vattimo s'efforcent de les rapprocher. Avec des arrière-plans philosophiques et des arguments différents, tous deux soutiennent cette thèse paradoxale : sécularisation et laïcité sont des produits du christianisme.

160 p. 8 €

9782081307773

Christophe GUILLUY

LA FRANCE PÉRIPHÉRIQUE

Comment on a sacrifié les classes populaires

Face à la France des métropoles, brillante vitrine de la mondialisation, la « France périphérique », éloignée des bassins d'emplois, est désormais laissée pour compte, volontiers méprisée, associée à la précarité sociale et au vote Front national. Comment a-t-on pu en arriver là ? Dans cet essai retentissant, l'auteur dresse un diagnostic sans complaisance de notre pays.

192 p. 6 €

9782081347519

LE CRÉPUSCULE DE LA FRANCE D'EN HAUT

N

La nouvelle bourgeoisie d'aujourd'hui, bénéficiaire de la mondialisation, en oublie jusqu'à l'existence d'une France d'en bas, qui coupe les ponts avec la classe politique, les syndicats et les médias. Un essai qui dénonce le grand retour de la lutte des classes.

Cahier hors-texte de 8 pages

256 p. 7 €

9782081395985

Paul JORION

MISÈRE DE LA PENSÉE ÉCONOMIQUE

Au plus fort de la crise, le silence des économistes est assourdissant, tout comme l'impuissance des élites politiques et des dirigeants financiers. Et pour cause : ils sont bien peu nombreux à avoir su l'anticiper. Dans cette réflexion sur le capitalisme et l'état du monde financier, Paul Jorion analyse la crise qui traverse le monde contemporain d'un point de vue éthique et formule des propositions pour l'enrayer.

368 p. 10 €

9782081347311

Jacques JULLIARD

LA REINE DU MONDE

Essai sur la démocratie d'opinion

Notre époque est marquée par l'intervention permanente de l'opinion publique dans le jeu de la démocratie représentative. Référendums, sondages, influence des médias et d'Internet, manifestations ; la France est en train de passer à l'ère de la démocratie d'opinion. Faut-il en avoir peur ? Non, répond Jacques Julliard, qui incite au contraire les politiques à accepter le rôle de l'opinion pour mieux faire vivre la démocratie d'aujourd'hui.

Prix du livre politique, 2008

128 p. 5,10 €

9782081220812

Gilles **KEPEL**

TERREUR ET MARTYRE

Relever le défi de la civilisation

Introduction de Maria Serena et Riad Madani

Depuis le 11 septembre 2001, deux Grands Récits opposés se sont disputé l'intelligence du monde ; la guerre américaine contre la terreur et l'exaltation du martyre par les jihadistes. En voulant nous sauver du Mal – l'un pour parachuter la démocratie au Moyen-Orient, l'autre pour assurer l'apothéose de l'islamisme radical sur la planète –, ils ont enfanté la barbarie. Comment rompre ce cercle vicieux ?

368 p. 9,20 €

9782081222953

Paul **KRUGMAN**

L'AMÉRIQUE QUE NOUS VOULONS

Traduit de l'américain par Paul Chemla

Paul Krugman, prix Nobel d'économie 2008, éclaire magistralement les raisons du naufrage américain – la fin des valeurs démocratiques et de la prospérité – en examinant un siècle d'histoire politico-économique, et propose des mesures indispensables à la juste répartition des richesses et à la renaissance d'une classe moyenne aux États-Unis.

480 p. 8,20 €

9782081228979

SORTEZ-NOUS DE CETTE CRISE... MAINTENANT !

Traduit de l'anglais par Anatole Muchnik avec la collaboration scientifique d'Éloi Laurent

Paul Krugman retrace la montée de la folie financière dérégulée : comment les élites politiques et économiques se sont épaulées pour éloigner toute approche hétérodoxe ; comment les créanciers l'ont emporté sur les producteurs-débiteurs, en venant à constituer les 1 % les plus riches ; comment la politique de la Banque centrale européenne, faite d'austérité salariale et d'immobilité fiscale, soutient ces plus riches.

284 p. 7 €

9782081296190

Augustin **LANDIER** – David **THESMAR**

10 IDÉES QUI COULENT LA FRANCE

Les deux économistes dénoncent dix théories économiques allant à l'encontre du développement économique de la France : envier le modèle économique allemand, réindustrialiser le pays, considérer l'euro comme surévalué, déplorer le manque d'ingénieurs, etc.

Prix du meilleur jeune économiste 2014 pour Augustin Landier

Édition revue et augmentée, 2014

176 p. 6 €

9782081334946

LE GRAND MÉCHANT MARCHÉ

Décryptage d'un fantasme français

En France, le capitalisme financier est vécu comme une source insupportable d'aliénation et d'inégalités, qui détruirait l'économie et la société. Or, partout, le développement financier est un accélérateur de croissance. Les marchés n'induisent pas la myopie industrielle pour laquelle on les blâme, mais permettent au contraire le financement de projets de longue haleine.

Prix Rossi 2007 du meilleur mémoire sur une question d'économie politique et sociale ; prix Manpower des ressources humaines, 2008

160 p. 6,10 €

9782081213074

Daniel **LEFEUVRE**

POUR EN FINIR AVEC LA REPENTANCE COLONIALE

Ce livre est né de l'agacement d'un historien face à la prolifération des tabous que cristallise notre passé colonial. Non, les « indigènes » des colonies n'ont pas été la chair à canon de la République pendant la Première Guerre mondiale, du moins ils n'ont pas été les seuls à l'être. La remise en perspective s'impose aussi dès lors qu'on assimile les méthodes de la colonisation à des pratiques génocidaires…

224 p. 7,20 €
9782081213067

Bernard **MARIS**

MARX, Ô MARX, POURQUOI M'AS-TU ABANDONNÉ ?

Marx a tout analysé à la perfection. Mais il s'est complètement trompé sur ses conclusions... Après une analyse de la pensée économique de Marx, Bernard Maris donne des clefs pour analyser la mondialisation et pour envisager un au-delà du capitalisme.

160 p. 6 €
9782081286399

Frédéric **MARTEL**

GLOBAL GAY

N

La longue marche des homosexuels

Phénomène majeur, la mondialisation de la question homosexuelle est décrite pour la première fois dans cette enquête dans 45 pays. En rencontrant sur le terrain des centaines d'activistes et de témoins, Frédéric Martel nous livre une galerie de portraits inattendus autant que le récit de la nouvelle bataille des droits de l'homme.

Édition actualisée, 2017

384 p. 10 €
9782081407886

MAINSTREAM

Enquête sur la guerre globale de la culture et des médias

De Hollywood à Bollywood, du Japon à l'Afrique subsaharienne, du Mexique à la Corée, cette enquête sans précédent, menée pendant cinq ans dans trente pays et dans toutes les capitales de l'entertainment, raconte la nouvelle guerre globale de la culture et des médias.

Édition actualisée, 2011

592 p. 9,20 €
9782081249585

SMART

Ces internets qui nous rendent intelligents

Comment la Chine a-t-elle créé des clones de Google ou de Facebook et bâti son propre internet censuré ? Comment les pays arabes ont-ils utilisé les réseaux sociaux pour faire leurs révolutions ? De la Silicon Valley au Japon, du Brésil à l'Afrique du Sud, ce livre raconte la bataille d'internet et son futur. *Smart* est la première grande enquête de terrain sur le nouveau monde qui vient.

Nouvelle édition augmentée, 2015

544 p. 11 €
9782081307858

Dominique **MÉDA**

AU-DELÀ DU PIB

Pour une autre mesure de la richesse

L'indice du PIB est-il apte à représenter les évolutions économiques et sociales, et plus spécifiquement peut-il être un critère de mesure du bien-être ? Voilà déjà trente ans que le débat est lancé outre-Atlantique. En France, Dominique Méda l'affirme : le PIB n'est affecté ni par la montée de la violence, ni par le développement des inégalités ou l'altération de l'environnement – et, inversement, n'est pas valorisé en cas d'accroissement du niveau d'éducation ou d'amélioration de l'état de santé de la population.

288 p. 7,20 €
9782081216518

LA MYSTIQUE DE LA CROISSANCE

Comment s'en libérer

Réflexion de la sociologue sur la place accordée à la croissance de la production dans la société, depuis le XVIIIe siècle, et sur la nécessité de rompre avec cette domination de l'économie pour opérer un changement de civilisation.

315 p. 8 €
9782081334939

LE TEMPS DES FEMMES

Pour un nouveau partage des rôles

Depuis la première édition de ce livre (2001), la situation sur le front de l'égalité entre hommes et femmes a peu évolué. Pourquoi cette moindre performance de la France ? Quelles politiques mettre en œuvre pour une véritable égalité des chances ?

Édition actualisée, 2008

224 p. 7,20 €

9782081212985

Dominique **MOÏSI**

LA GÉOPOLITIQUE DE L'ÉMOTION

Traduit de l'anglais par François Boisivon

On ne peut comprendre le monde actuel sans s'intéresser aux émotions qui le traversent. L'Europe et les États-Unis vivent une crise d'identité, qui alimente une culture de la *peur* face à la montée de « l'Autre ». Le monde musulman est marqué par une culture de l'*humiliation*, engendrée par un déclin historique et des frustrations politiques et religieuses. L'Asie, derrière la Chine et l'Inde, est portée par une culture de l'*espoir* qui est largement le produit de la réussite économique.

Édition actualisée, 2015

288 p. 8 €

9782081363908

LA GÉOPOLITIQUE DES SÉRIES

N

ou le triomphe de la peur

Voici le premier livre qui explique les émotions du monde par les séries télévisées. Car les séries sont devenues des références politiques tout autant que culturelles. Par la force de leurs intuitions, les scénaristes ne sont-ils pas les meilleurs analystes du monde contemporain ?

192 p. 9 €

9782081395879

Edgar **MORIN**

POUR ET CONTRE MARX

Alors que le libéralisme se déploie sur le monde et le plonge dans l'abîme écologique, politique, financier et éthique, Edgar Morin invite à retrouver Marx sous les décombres des marxismes, non pour en tirer des solutions miracles, mais pour penser le monde qui vient.

112 p. 6 €

9782081279872

Marie **PEZÉ**

ILS NE MOURAIENT PAS TOUS MAIS TOUS ÉTAIENT FRAPPÉS

Journal de la consultation « Souffrance et travail » 1997-2008

Les pathologies liées au travail se généralisent et s'aggravent ; l'hyperproductivisme est devenu la norme, fragilisant l'ensemble des salariés, soumettant quotidiennement les personnes au harcèlement, à l'emploi précaire, à la déqualification, au chômage. Tel est le constat terrible de la psychologue Marie Pezé.

216 p. 7,20 €

9782081231665

Matthieu **PIGASSE**

ÉLOGE DE L'ANORMALITÉ

Matthieu Pigasse, banquier d'affaires et actionnaire du *Monde*, s'affirmant de gauche, dénonce dans un texte au vitriol l'incapacité de François Hollande à réformer la France.

208 p. 7 €

9782081347304

RÉVOLUTIONS

L'auteur s'intéresse aux révolutions : celles que le monde est en train de vivre, celles que l'Europe doit accomplir au plus vite pour sortir de la crise... Il est urgent de réinventer un nouveau modèle de croissance en renversant les valeurs, en s'attaquant à la précarité et aux inégalités qui rongent le lien social, en renouant avec les utopies, pour redonner du sens à la vie.

224 p. 8 €

9782081348875

Shlomo **SAND**

COMMENT J'AI CESSÉ D'ÊTRE JUIF

Un regard israélien

Traduit de l'hébreu par Michel Bilis

D'après les lois de l'Etat d'Israël, tout comme selon la loi juive, personne ne peut cesser d'être juif, à moins de se convertir à une autre religion. Le problème pour Shlomo Sand, né juif, est qu'il ne croit en aucun Dieu. Tentant de se libérer de cette étreinte déterministe, il retrace l'histoire complexe des multiples identités collectives juives.

140 p. 6 €

9782081307872

Gilles-Éric **SÉRALINI**

CES OGM QUI CHANGENT LE MONDE

Comment fabrique-t-on des OGM ? Dans quels domaines, et dans quels buts ? La technique est-elle fiable ? Les contrôles suffisants ? Gilles-Éric Séralini répond ici à toutes les questions que l'on se pose, et fait un état des lieux tenant compte des dernières données.

Édition revue et augmentée, 2010

208 p. 8,20 €

9782081235007

TOUS COBAYES !

OGM, pesticides, produits chimiques

Avec un droit de réponse de l'auteur

Entre 2008 et 2011, Gilles-Éric Séralini a mis en place une expérience inédite visant à étudier sur le long terme les effets toxiques d'un OGM alimentaire et du pesticide le plus utilisé dans le monde. Ses découvertes sont alarmantes et remettent en cause toutes nos politiques sanitaires et environnementales. En un « droit de réponse », dans la préface de cette édition de poche, l'auteur revient sur les violentes accusations dont il a fait l'objet.

Édition revue et corrigée, 2013

270 p. 7 €

9782081300927

Yanis **VAROUFAKIS**

MON COURS D'ÉCONOMIE IDÉAL

N

8 brèves leçons pour tout comprendre

Traduit du grec par Vassilis Ithakis

En s'inspirant de films tels que *Matrix* ou *Blade Runner*, en puisant dans la mythologie ou dans la vie quotidienne, Yanis Varoufakis tranche avec le discours des économistes contemporains. Son pari ? Intéresser chacun à l'origine de la richesse, de la puissance économique et de sa distribution dans la société, pour que nous soyons tous conscients de ce qui fait tourner le monde.

224 p. 7 €

9782081375680

Hubert **VÉDRINE**

CONTINUER L'HISTOIRE

Avec la collaboration de Adrien Abécassis et Mohamed Bouabdallah

Hubert Védrine analyse le monde depuis la chute du mur de Berlin : les Occidentaux ont cru trop vite qu'ils avaient gagné la bataille de l'Histoire et que leurs « valeurs » allaient s'imposer partout. En lieu et place d'une « communauté internationale », un monde impitoyable, instable et inquiétant apparaît.

160 p. 5,10 €

9782081211230

Jean-Marc **VITTORI**

L'EFFET SABLIER

Jean-Marc Vittori, éditorialiste aux *Échos*, invite chacun à réagir face à l'actuel écrasement des classes moyennes. Autrefois, la société ressemblait à une pyramide, dans laquelle tous les échelons intermédiaires constituaient les classes moyennes. Aujourd'hui, les uns sont propulsés vers le haut, les autres descendent. À la pyramide succède un sablier.

128 p. 5,10 €

9782081240339

ART

Daniel ARASSE

LE DÉTAIL

Pour une histoire rapprochée de la peinture

Le détail, vu inopinément ou peu à peu découvert, identifié, isolé, découpé de son ensemble, met en question les catégories de l'histoire de l'art qui semblent avoir été établies « de loin ». En étudiant les différents statuts du détail, Daniel Arasse propose une autre histoire de la peinture.

176 ill.

464 p. 11,20 €

9782081220645

LE SUJET DANS LE TABLEAU

Essais d'iconographie analytique

À travers sept études de cas richement illustrées (Mantegna, Piero di Cosimo, Bellini, Titien, etc.), cet ouvrage analyse la question de l'intimité du rapport entre les œuvres et leurs auteurs ou commanditaires. À la Renaissance, l'expression individuelle de l'artiste devient en effet un facteur reconnu dans la genèse et la forme des œuvres d'art.

103 ill.

320 p. 10,20 €

9782081217485

Paul ARDENNE

UN ART CONTEXTUEL

Création artistique en milieu urbain, en situation, d'intervention, de participation

Dès les débuts du XXe siècle, l'œuvre d'art délaisse les musées pour s'immerger dans la réalité brute : art d'intervention et art engagé, art investissant l'espace urbain ou le paysage, esthétiques participatives ou actives dans les champs de l'économie, des médias, ou du spectacle. L'artiste, lui, devient un acteur social impliqué, souvent perturbateur.

Édition révisée, 2009

30 ill.

256 p. 10,20 €

9782081225138

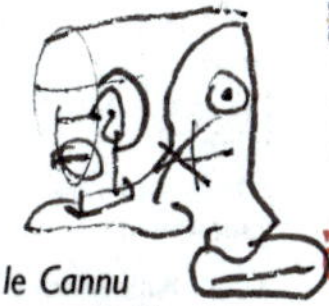

Rudolf ARNHEIM

LA PENSÉE VISUELLE

Traduit de l'anglais par Claude Noël et Marc le Cannu

Toute pensée repose essentiellement sur la perception. Loin d'être une fonction secondaire, la réaction au monde de notre perception constitue ce par quoi nous structurons les faits et aussi ce dont nous faisons dériver les idées – et, de là, le langage.

350 p. 11,20 €

9782080813749

Jurgis BALTRUŠAITIS

LE MOYEN ÂGE FANTASTIQUE

Antiquités et exotismes dans l'art gothique

Tout en évoluant vers la réalité, l'art du Moyen Âge ne perd jamais son côté fantastique et n'abandonne pas les sources qui l'ont alimenté, l'Antiquité classique et l'Orient : le monde gothique, comme le monde roman, est peuplé de monstres millénaires et exotiques. Une relecture fondamentale des rapports stylistiques de l'art oriental et de l'art occidental au Moyen Âge.

188 ill.

320 p. 11 €

9782081220614

LES PERSPECTIVES DÉPRAVÉES

Essai sur la légende des formes

Avec cet essai, Jurgis Baltrušaitis a ouvert un domaine nouveau de l'histoire de l'art. À côté d'une approche historique et d'un raisonnement logique, il y a place pour une histoire romancée et le développement de déviations erratiques.

135 ill.

T. I : Aberrations
272 p. 11 €
9782081217515

LES PERSPECTIVES DÉPRAVÉES

ou Thaumaturgus opticus

Scrutant le patrimoine artistique du XVIe au XXe siècle, l'auteur dévoile les secrets cachés dans des œuvres que tous croient connaître, telle la célèbre anamorphose de tête de mort dans *Les Ambassadeurs* de Holbein.

182 ill.

T. II : Anamorphoses
318 p. 9,20 €
9782081217522

LES PERSPECTIVES DÉPRAVÉES

Essai sur la légende d'un mythe

Comment s'est construit le mythe d'Isis ? Quels sont les fables et les images, les artistes et les penseurs qui lui ont permis de traverser les siècles ? En répondant à ces questions, Jurgis Baltrušaitis démonte la genèse de la trame mythologique égyptienne, et nous offre au passage un véritable roman fantastique.

153 ill.

T. III : La quête d'Isis
368 p. 11 €
9782081227736

Dominique **BAQUÉ**

POUR UN NOUVEL ART POLITIQUE

De l'art contemporain au documentaire

Face à l'effondrement du politique, l'art contemporain ne joue plus son rôle d'éveilleur de consciences. Mais si l'art à vocation politique ou sociale fait ainsi défection, il pourrait bien passer le témoin à d'autres formes visuelles : le documentaire engagé, photographique et plus encore cinématographique, puissante « machine à penser ».

Cahier hors-texte de 8 pages

320 p. 10,20 €
9782081224421

Oskar **BÄTSCHMANN**

POUSSIN

Dialectiques de la peinture

Traduit de l'allemand et de l'anglais par Claire Brunet

À contre-courant des analyses qui, depuis des années, assimilent les œuvres de ce peintre à la simple transcription d'idées en langage pictural, l'auteur s'attache à discerner dans la méthode de travail de Poussin une démarche dialectique.

116 ill.

368 p. 12 €
9782081232051

Jean **BAZAINE**

LE TEMPS DE LA PEINTURE (1938-1998)

Un recueil des textes et des articles de combat (comprenant notamment *Notes sur la peinture d'aujourd'hui*, 1948, et *Exercice de la peinture*, 1973) publiés de son vivant par l'un des plus grands peintres français du XXe siècle, disparu en 2001.

226 p. 8,20 €
9782080800374

Howard S. **BECKER**

LES MONDES DE L'ART

Présentation par Pierre-Michel Menger
Traduit de l'anglais par Jeanne Bouniort

Contribution originale à la sociologie de l'art, ce livre défend l'idée que toute œuvre est une action collective. Fabricants de matériels, intermédiaires diffusant l'œuvre, critiques et théoriciens… : tous agissent sur la base de conventions communes qui s'incarnent dans des savoirs, des techniques, des habitudes de travail, des catégories de perception.

Nouvelle édition, 2010

42 ill.

384 p. 11,20 €

9782081245648

André **BERNE-JOFFROY**

LE DOSSIER CARAVAGE

Psychologie des attributions et psychologie de l'art

Avant-propos d'Yves Bonnefoy
Préface et notes d'Arnauld Brejon de Lavergnée

Pourquoi les milieux académiques européens qui dominaient la critique d'art au XIXe siècle nourrissaient-ils tant d'incompréhension à l'égard de la peinture caravagesque ? Les réponses nous sont données au cours d'une véritable enquête menée par l'auteur.

150 ill.

720 p. 15 €

9782081240834

Yves **BONNEFOY**

ROME, 1630

L'horizon du premier baroque

Suivi de « Un des siècles du culte des images »

En 1630, Rome voit naître les fondements du baroque avec le Baldaquin du Bernin à Saint-Pierre, mais aussi les prémices de l'art moderne : Vélasquez peint ses vues de jardins et Claude Lorrain ses ports au soleil couchant. Yves Bonnefoy analyse ce moment exceptionnel dans l'histoire de l'art, qui voit se croiser à Rome des artistes aussi divers que Valentin, Pierre de Cortone ou Poussin.

153 ill.

288 p. 12 €

9782081282599

Fernand **BRAUDEL**

LE MODÈLE ITALIEN

Un essai sur la grandeur de l'Italie de 1450 à 1650, de la Renaissance esquissée au Baroque triomphant. Durant deux siècles, l'Italie donne le spectacle de ses réussites intellectuelles et artistiques, de ses acrobaties économiques, de ses nouveautés, de ses révolutions culturelles : elle sera le miroir du monde occidental.

224 p. 7,20 €

9782081217454

Manlio **BRUSATIN**

HISTOIRE DE LA LIGNE

Traduit de l'italien par Anne Guglielmetti

Puisant ses exemples dans toute l'histoire du dessin, Manlio Brusatin propose la première enquête, abondamment illustrée, sur cet étrange objet qu'est la ligne : ce qui sépare le dedans du dehors, le dessus du dessous, la droite de la gauche…

Nouvelle édition, 2013

46 ill.

240 p. 13 €

9782081310742

HISTOIRE DES COULEURS

Traduit de l'italien par Claude Lauriol
Préface de Louis Marin

Les couleurs ne sont pas la réalité des corps, elles ne sont pas la vie, ni une loi de la Nature ; elles sont le reflet d'une abstraction de la Nature, l'artifice dans le naturel, c'est-à-dire, en fait, des figures… Le domaine de la couleur se situe à la jonction de l'art et de la science, de la physique et de la psychologie ; il occupe un terrain qui interroge les limites des deux cultures, pour brouiller la clarté de leurs idées.

192 p. 8 €

9782081227774

André **CHASTEL**

INTRODUCTION À L'HISTOIRE DE L'ART FRANÇAIS

Avant-propos de Paule-Marie Grand-Chastel

Divisé en quatre parties (le physique, l'institutionnel, le mental, l'historique), un essai en forme de testament par l'historien de l'art français le plus célèbre du XXe siècle, sur la fiabilité des outils de l'historien, l'ambiguïté toujours polysémique de sa matière et l'obsédante quête de l'identité de l'art français.

226 p. 8 €

9782081217461

LE TABLEAU DANS LE TABLEAU

Suivi de « La figure dans l'encadrement de la porte chez Velázquez »

Le Tableau dans le tableau réunit deux des plus importants textes d'André Chastel publiés dans le célèbre *Fables, formes, figures*. André Chastel nous invite à une véritable enquête à travers l'histoire de l'art, qui s'ouvre au XVe siècle et se termine au XXe siècle. Il s'interroge sur la présence du cadre qui délimite aussi bien l'existence d'une œuvre que la présence d'un être, et qui devient « motif » chez Rembrandt, Vermeer, Velázquez ou Magritte.

24 ill.

112 p. 10 €

9782081288683

Anne-Marie **CHRISTIN**

L'IMAGE ÉCRITE OU LA DÉRAISON GRAPHIQUE

Système d'idéogrammes ou alphabet, l'écriture est née de la combinaison du langage et de l'image qui, contrairement à l'idée reçue qui attribue à l'écriture une origine verbale, a été le medium déterminant dans cette combinaison. D'où le caractère profondément déraisonnable de l'écriture, que notre civilisation s'est longtemps efforcée d'ignorer.

Édition revue et augmentée, 2009

Cahier hors-texte de 32 pages

464 p. 13 €

9782081228900

L'INVENTION DE LA FIGURE

C'est à l'alphabet que nous devons notre conception de la « figure » comme « représentation », qui projette dans le monde de l'image un modèle directement inspiré par la lettre.

53 ill.

208 p. 12 €

9782081266018

Edmond **COUCHOT** – Norbert **HILLAIRE**

L'ART NUMÉRIQUE

Comment la technologie vient au monde de l'art

De nouvelles formes artistiques – images de synthèse, dispositifs interactifs, multimédia, art en réseau – gagnent les arts contemporains ; la photo, le cinéma, la vidéo, les spectacles vivants se transforment. Histoire de l'art numérique et analyse de sa mise à l'écart du champ artistique « officiel », panorama mondial des nouvelles tendances, cet ouvrage souligne en quoi il est en rupture ou en continuité avec les objets, les fonctions, les supports et les territoires antérieurs de l'art.

272 p. 8,20 €

9782081225121

Philippe **DAGEN**

LE PEINTRE, LE POÈTE, LE SAUVAGE

Les voies du primitivisme dans l'art français

Cet ouvrage propose une histoire artistique et culturelle du primitivisme. Peinture et sculpture y tiennent un rôle central, mais poésie, littérature, critique et travaux savants y ont aussi leur part. La préhistoire, les miniatures médiévales, les primitifs italiens, l'Égypte, Byzance : les références sont nombreuses et hétérogènes dès l'époque de Gauguin.

60 ill.

606 p. 15 €

9782081244610

Hubert **DAMISCH**

LE JUGEMENT DE PÂRIS

Iconologie analytique 1

L'art européen n'a cessé de travailler sur les données que lui fournissait le mythe du jugement de Pâris : du chef-d'œuvre de Raphaël (*Les Trois Grâces*) au *Déjeuner sur l'herbe* de Manet, revu par Picasso, de Cranach à Rubens et à Watteau, n'est-ce pas toujours la même situation, version païenne du péché originel, qui est réinterprétée ?

Édition revue et augmentée, 2011

111 ill.

448 p. 13 €

9782081266001

L'ORIGINE DE LA PERSPECTIVE

La « relève » dont la perspective des peintres a fait l'objet dans la géométrie, aussi bien que les aventures qu'elle a connues dans le champ même de l'art (du dispositif de Brunelleschi aux *Ménines* de Vélasquez), montre qu'on ne saurait en faire, pas plus que des autres formes de représentation, une histoire linéaire et évolutionniste.

Nouvelle édition, 2012

135 ill.

478 p. 13 €

9782081282582

Robert DESNOS

ÉCRITS SUR LES PEINTRES

Préface de Marie-Claire Dumas
Avec la collaboration de Marie-Claire Dumas, Jacques Fraenkel et Cécile Ritzenthaler

Sont rassemblés ici divers écrits que Robert Desnos a consacrés aux peintres, de 1922 à 1944 : le surréalisme dans les années 1920, avec Marcel Duchamp, Picabia, Max Ernst, Man Ray... ; Per Krohg, Tihanyi, Papazoff... pour les années 1930 ; les œuvres de Labisse et de Picasso... à partir de 1940. Desnos fut aussi dessinateur et peintre à ses heures : les divers dessins qui ornent ce recueil en témoignent.

54 ill.

286 p. 9 €

9782081219984

Georges DIDI-HUBERMAN

FRA ANGELICO

Dissemblance et figuration

Ce livre est un regard nouveau posé sur la peinture de la Renaissance italienne. Découvrant une partie inédite et surprenante d'une œuvre de Fra Angelico, l'auteur s'engage dans une enquête qui finira par renverser un certain nombre de nos idées sur la peinture figurative du XVe siècle.

98 ill. noir et blanc

448 p. 12,20 €

9782081227750

Marcel DUCHAMP

DUCHAMP DU SIGNE

Textes choisis et présentés par Michel Sanouillet et Paul Matisse

En 1923, Duchamp mettait la dernière main à son *Grand Verre* et entreprenait de se taire. C'est dans ce contexte qu'il faut lire cet ouvrage. Dans son laconisme lapidaire, il nous donne une idée de ce que Duchamp eût aimé faire de ce monde, en reculant les bornes du possible.

Édition revue et corrigée, 2013, avec la collaboration d'Anne Sanouillet et de Paul B. Franklin

320 p. 13 €

9782081300644

NOTES

Avant-propos de Paul Matisse
Préface de Pontus Hulten

Certaines œuvres sont indissociables de leur cheminement : celle de Duchamp, si elle est éclairée par ses écrits officiels (*Duchamp du signe*), mérite d'être appréciée à la lumière de ces *Notes*, longtemps restées inaccessibles au public.

160 p. 9 €

9782081217416

Eugène FROMENTIN

UN ÉTÉ DANS LE SAHARA

Texte établi et présenté par Anne-Marie Christin

Un été dans le Sahara est le récit du voyage d'Eugène Fromentin à travers le sud algérien et de son séjour à Laghouat pendant l'été 1853. C'est aussi le premier livre d'un peintre qui a voulu rendre sensible à l'imaginaire d'un lecteur une présence du soleil et du vide si puissante et si absolue qu'elle ne pouvait se traduire par la peinture.

386 p. 12 €

9782081233591

Françoise FRONTISI-DUCROUX

DU MASQUE AU VISAGE

Aspects de l'identité en Grèce ancienne

Pour nommer le masque, la langue grecque utilise le mot *prosopo*, qui est aussi le nom du visage. Masque scénique, rituel ou cultuel, les pensées et les émotions s'y lisent à fleur de peau. C'est avec le masque que se façonne la personnalité du citoyen, en tête à tête avec des doubles de lui-même, ou des figures de l'autre.

Édition révisée, 2012

106 ill.

352 p. 12 €

9782081288690

Marc **FUMAROLI**

L'ÉCOLE DU SILENCE

Le sentiment des images au XVIIe siècle

Abolissant notre division contemporaine des savoirs, Marc Fumaroli renoue avec l'esprit de synthèse et de curiosité de l'« honnête homme » du XVIIe siècle, formé à l'école des rhéteurs et des prédicateurs, néanmoins mécène et amateur d'art, pour lequel quelques-uns des chefs-d'œuvre les plus admirables ont été conçus.

150 ill.

672 p. 12,20 €

9782081217546

André **GRABAR**

L'ICONOCLASME BYZANTIN

Le dossier archéologique

Cet ouvrage propose la première interprétation de l'iconoclasme byzantin (728-843) fondée sur l'étude directe des œuvres d'art et des monuments, et non plus seulement sur les œuvres écrites.

Nouvelle édition, 2011

135 ill.

672 p. 15 €

9782081256729

LES VOIES DE LA CRÉATION EN ICONOGRAPHIE CHRÉTIENNE

Antiquité et Moyen Âge

Magnifique vue d'ensemble de l'histoire de la création en matière d'iconographie chrétienne dans tous les pays chrétiens et pendant un millier d'années, cet ouvrage est consacré aux interprétations par l'image des sujets religieux dans l'Antiquité et au Moyen Âge : c'est-à-dire aux époques où ces transpositions furent les plus élaborées et déterminantes dans la vie des églises et des fidèles.

246 ill.

446 p. 11,20 €

9782081220652

Oleg **GRABAR**

LA FORMATION DE L'ART ISLAMIQUE

Traduit de l'anglais par Yves Thoraval

S'appuyant sur des éléments de doctrine et sur l'étude de monuments célèbres – les mosquées de Damas et de Cordoue, le dôme du Rocher à Jérusalem, les grands palais abbassides –, l'auteur poursuit deux objectifs : distinguer, d'une part, les formes neuves de celles héritées du passé méditerranéen et iranien, et identifier, d'autre part, les principes généraux, idéologiques et sociaux, qui expliquent le développement d'une tradition artistique nouvelle.

130 ill. noir et blanc

336 p. 10 €

9782081217539

L'ORNEMENT

Formes et fonctions dans l'art islamique

Traduit de l'anglais par Jean-François Allain

L'art islamique est reconnu comme étant « ornemental » ou « décoratif » : deux termes qui prêtent à confusion. Oleg Grabar, ex-professeur d'histoire de l'art islamique à Harvard, propose de définir l'ornement comme une forme intermédiaire qui rend possible la transmission de la communication visuelle dans la création et l'histoire des arts en général. Un texte de référence et remarquablement illustré.

188 ill.

416 p. 14 €

9782081310759

Francis HASKELL

LA NORME ET LE CAPRICE

Redécouvertes en art : aspects du goût, de la mode et de la collection en France et en Angleterre, 1789-1914

Traduit de l'anglais par Robert Fohr

Une analyse de l'évolution du goût artistique en Angleterre et en France de la Révolution française à la Première Guerre mondiale et un hommage aux critiques, collectionneurs et écrivains qui, en regard d'un goût « officiel » flottant, éclectique, voire inexistant, furent de véritables découvreurs.

286 p. 12,20 €

9782080816047

Christian HECK

L'ÉCHELLE CÉLESTE DANS L'ART DU MOYEN ÂGE

Une histoire de la quête du ciel

Cet ouvrage révèle l'importance d'un thème majeur de l'imaginaire occidental : allégorie de l'ascension spirituelle, l'échelle céleste exprime un fervent désir du ciel, mais aussi des notions capitales de la pensée religieuse, de la cosmologie et de la topographie chrétiennes.

195 ill. noir et blanc

368 p. 11,20 €

9782080816399

LE CORBUSIER

L'ART DÉCORATIF D'AUJOURD'HUI

« Que s'est-il passé ? Une époque machiniste est née. Nos effusions, notre compréhension vive de la nature, de ses beautés, de ses forces, tout s'est intégré dans un système d'organisation architecturale. Car la science, en nous révélant le phénomène cosmique, nous a donné une grande puissance créatrice, et l'architecture est la condition de la création humaine. » (Le Corbusier)

224 p. 10 €

9782081220621

URBANISME

L'énoncé volontairement provoquant dès 1925 d'une nouvelle problématique architecturale prenant en compte les bouleversements entraînés par le machinisme aux trois échelles où intervient l'architecte : celles de l'édifice, de la ville et de l'ameublement.

304 p. 12,20 €

9782081262195

VERS UNE ARCHITECTURE

Publié en 1923, *Vers une architecture* est l'ouvrage le plus important écrit par Le Corbusier. Véritable « théorie de l'architecture » du XXe siècle, il est indispensable à la compréhension de la pensée architecturale moderne, à l'heure où le problème de l'aménagement du cadre de vie s'impose à tous.

Édition revue et augmentée d'une lettre inédite de l'auteur présentée par Eugène Claudius-Petit

260 p. 12,20 €

9782081217447

Jacqueline LICHTENSTEIN

LA COULEUR ÉLOQUENTE

Rhétorique et peinture à l'âge classique

Longtemps condamnée par les philosophes et les moralistes – Platon dénonçait le pouvoir du coloriste, qu'il comparait à celui de l'orateur –, la couleur trouve ses défenseurs les plus ardents au XVIIe siècle, avec Roger de Piles et les rubénistes : l'illusion et la séduction que seul exerce le « coloris » forment, selon eux, l'essence même de la peinture.

Nouvelle édition, 2013

368 p. 14 €

9782081310728

Michel MAKARIUS

RUINES

Représentations dans l'art de la Renaissance à nos jours

Figure du fragment et allégorie de la temporalité, la ruine est aussi un objet conceptuel. Cet ouvrage en expose la place singulière dans la sensibilité européenne en décryptant les significations symboliques, philosophiques et culturelles de ses représentations artistiques.

68 ill.

318 p. 12,20 €

9782081244603

Émile **MÂLE**

NOTRE-DAME DE CHARTRES

Sous la conduite du meilleur cicérone et racontée dans une langue magique, l'histoire de cet édifice prestigieux à travers son plan, son élévation, l'immense décor sculpté des portails et des porches et l'exceptionnel ensemble que représentent ses cent soixante-treize vitraux.

Photographies de Pierre Devinoy

192 p. 9 €

9782080816139

Louis **MARIN**

DÉTRUIRE LA PEINTURE

À l'occasion d'un va-et-vient entre les *Bergers d'Arcadie* de Poussin et la merveilleuse *Méduse* du Caravage, l'auteur nous entraîne dans une réflexion sur le droit du langage à rendre compte du pictural.

22 ill.

222 p. 10 €

9782081217430

Catherine **MILLET**

L'ART CONTEMPORAIN

Histoire et géographie

Depuis quand l'art « moderne » est-il devenu « contemporain » ? Comment expliquer qu'il s'engage dans des voies si contradictoires ? Pourquoi les artistes ont-ils voulu transformer le rapport des spectateurs avec les œuvres ? Ce livre révèle en quoi l'art contemporain est avant tout une aire de liberté pour penser et agir différemment quand les idéologies et les systèmes philosophiques qui nous guident sont en crise.

Édition revue et augmentée, 2006

Cahier hors-texte de 12 pages

226 p. 9,20 €

9782081224148

L'ART CONTEMPORAIN EN FRANCE

L'Art contemporain en France est un classique sur l'art en France des années 1960 à nos jours. Tout en respectant la chronologie des faits, Catherine Millet met en valeur les liens – parfois inattendus – entre les mouvements, tout en soulignant leurs contradictions et prenant en compte les changements de la société.

482 p. 12 €

9782081343849

Philippe **MOREL**

LES GROTESQUES

Les figures de l'imaginaire dans la peinture italienne de la fin de la Renaissance

Avant d'être identifié au bizarre ou au ridicule, le grotesque désignait, au début du XVIe siècle, des peintures murales largement inspirées des fresques et des reliefs antiques – un genre décoratif qui connut, un siècle durant, un immense succès. Il constitue une expression emblématique de la culture maniériste, auquel ce livre est le premier à consacrer une étude achevée.

181 ill.

432 p. 13 €

9782081256743

Raymonde **MOULIN**

L'ARTISTE, L'INSTITUTION ET LE MARCHÉ

Avec la collaboration de Pascaline Costa

Diagnostic exact de l'art contemporain en France, ce livre est un instrument de recherche précieux par ses informations inédites sur l'action de l'État dans le secteur des arts plastiques, mais aussi par la somme de témoignages d'artistes, de collectionneurs et de marchands d'art qu'il rassemble. Il apparaît comme une référence indispensable pour tous les professionnels du monde de l'art.

446 p. 11,20 €

9782081227743

LE MARCHÉ DE L'ART

Mondialisation et nouvelles technologies

Une réflexion sur la constitution des valeurs artistiques, à l'articulation du champ artistique et du marché. Une interrogation sur les défis posés aux marchés de l'art par les transformations économiques et artistiques à l'œuvre depuis la fin du XXe siècle, la mondialisation des échanges et des réseaux et les nouveaux supports impliquant la démultiplication et la dématérialisation des œuvres.

Édition révisée, 2009

160 p. 8 €

9782081225114

Hector **OBALK**

ANDY WARHOL N'EST PAS UN GRAND ARTISTE

Texte original augmenté de deux essais

Ou comment les processus de création chez Andy Warhol (choix du sujet, technique utilisée, exposition) renvoient à ceux de la publicité moderne (concept directeur, direction artistique, conception-rédaction), sans épuiser toute la richesse conceptuelle de l'œuvre de Warhol.

206 p. 11,20 €

9782081370555

Erwin **PANOFSKY**

LA RENAISSANCE ET SES AVANT-COURRIERS DANS L'ART D'OCCIDENT

Traduit de l'anglais par Laure Meyer

Y a-t-il eu une « Renaissance » ? En quoi a-t-elle différé des renouveaux qui se sont succédé durant tout le Moyen Âge ? Comment caractériser son originalité ? Qu'a été la peinture du Trecento dans son rapport à l'antique et comment s'est ancrée son influence à travers l'Europe ? À toutes ces questions clés, Panofsky apporte ici des réponses fondamentales.

444 p. 11,20 €

9782081217478

Roland **PENROSE**

PICASSO

Traduit de l'anglais par Jacques Chavy et Paul Peyrelevade

Postface de Guillaume Apollinaire

« Nous ne pouvons pas dire ce qu'est vraiment le réel. Ce n'est que par le processus dialectique adopté par Picasso qu'il est possible de l'explorer, par une oscillation continuelle entre le réel et le non-réel, entre le positif et le négatif. C'est sur ce point que Picasso trouve son affinité la plus étroite avec ses compatriotes, Goya, Cervantès et Gongora. »

628 p. 12,20 €

9782080816078

Paul **PHILIPPOT**

LA PEINTURE DANS LES ANCIENS PAYS-BAS

XVe-XVIe siècles

Longtemps ancrée dans la tradition gothique, la peinture flamande assimile entre le XVe et le XVIe siècle l'expression humaniste de l'Italie et le maniérisme, tout en apportant, avec Gossaert, Metsys, van Scorel, Bruegel et bien d'autres, de profonds renouvellements thématiques qui conduiront à un art davantage tourné vers le monde social. D'un siècle d'or à l'autre, cet ouvrage retrace ainsi un parcours où l'identité flamande se définit par la recherche d'un nouvel humanisme.

114 ill.

352 p. 10 €

9782081217423

Rodolphe **RAPETTI**

LE SYMBOLISME N

Panorama du courant symboliste, qui a marqué la littérature et les arts en Europe des années 1880 à 1914. En révolte contre le positivisme de l'époque, c'est un art de l'idée et de la subjectivité qui propose une vision particulière de la place de l'homme dans l'univers.

Édition revue et augmentée

15 ill. en couleurs

400 p. 12 €

9782081388710

Mark ROTHKO

ÉCRITS SUR L'ART

1934-1969

Traduit de l'anglais par Claude Bondy

Lettres à ses amis, récits de voyage en Europe, descriptions d'étés en famille dans les campus américains où il donne cours, cahier de notes où Rothko parle de l'importance du surréalisme, confessions amères sur le règne des marchands et des critiques d'art, manifestes et réponses à des conservateurs, ces *Écrits sur l'art* rassemblent les textes de Mark Rothko depuis ses débuts en 1934 jusqu'en 1969.

272 p. 10,20 €

9782081218970

LA RÉALITÉ DE L'ARTISTE

Philosophies de l'art

Introduction de Christopher Rothko

Traduit de l'anglais par Pierre-Emmanuel Dauzat

Exhumé en 1988, ce manuscrit de Rothko fut publié pour la première fois en 2005. Dans les années 1940, confronté aux limites de la figuration et éprouvé par l'hostilité que rencontre son travail, Rothko s'arrête de peindre. De cette crise naît *La Réalité de l'artiste*, méditation sur les grandes catégories de l'art occidental, réflexion sur les principaux courants artistiques de la Renaissance au surréalisme, plongée dans l'œuvre des maîtres, qui dévoile la pensée d'un des peintres les plus mystérieux du XXe siècle.

320 p. 11 €

9782081307643

Antoine SCHNAPPER

LE GÉANT, LA LICORNE ET LA TULIPE

Les cabinets de curiosités en France au XVIIe siècle

Les cabinets de curiosités sont un résumé du monde au moyen de ce qu'il offre de plus bizarre et de plus exotique. En analysant le cas français, Antoine Schnapper livre un panorama de la curiosité encyclopédique qui fonde la plupart des cabinets du XVIIe siècle.

2e édition revue et augmentée à partir des notes de l'auteur par Sophie Mouquin, Patrick Michel et Mikaël Szanto

T. I : Histoire et histoire naturelle

768 p. 15 €

9782081282636

CURIEUX DU GRAND SIÈCLE

Collections et collectionneurs dans la France du XVIIe siècle

Cet ouvrage fondamental dans l'étude de l'histoire du goût renouvelle la conception du monde de la curiosité en analysant l'émergence des collections artistiques (tapisseries, porcelaines, sculptures antiques et tableaux) du règne de Marie de Médicis à celui de Louis XIV.

138 ill. noir et blanc

T. II : Œuvres d'art 576 p. 14,20 €

9782080801548

Victor SEGALEN

CHINE, LA GRANDE STATUAIRE

Suivi de « Les origines de la statuaire en Chine »

Avant-propos d'Annie Joly-Segalen

Traduit de l'anglais par Jeanne Bouniort

Ce livre offre sur un art méconnu un regard enthousiaste et cependant d'une véritable rigueur scientifique. Des grands Han aux Ts'ing, de l'âge d'or à la décadence, deux mille ans d'histoire chinoise revivent à travers leurs traces monumentales.

57 ill.

240 p. 12 €

9782081245068

Jean SEZNEC

LA SURVIVANCE DES DIEUX ANTIQUES

Essai sur le rôle de la tradition mythologique dans l'humanisme et dans l'art de la Renaissance

Depuis le déclin du paganisme au IVe siècle après Jésus-Christ jusqu'au XVIIe siècle, les dieux grecs ont connu diverses formes de survie dans l'art comme dans la pensée. Un grand classique de l'histoire des faits de civilisation.

Nouvelle édition, 2011

448 p. 12 €

9782081265998

Rolf A. **STEIN**

LE MONDE EN PETIT

Jardins en miniature et habitations dans la pensée religieuse d'Extrême-Orient

Les jardins en miniature, observés par l'auteur lors d'un voyage au Vietnam en 1940, ont pour lui un caractère religieux évident, permettant à chacun de faire ici-bas l'expérience du sacré. Partant de cette intuition, il étend son étude aux correspondances entre corps et maison d'une part ; corps et Univers d'autre part : une analogie qui éclaire aussi bien les architectures chinoise et tibétaine que les représentations religieuses des habitants de Sibérie et des Mongols.

352 p. 12,20 €

9782080800268

Serge **TISSERON**

LE MYSTÈRE DE LA CHAMBRE CLAIRE

Photographie et inconscient

La photographie est toujours partagée entre deux désirs opposés, arrêter le temps et accompagner le mouvement du monde : telle est la conviction de l'auteur de cet ouvrage, qui s'intéresse à la pratique de la photographie, en amont des images, donc aux gestes du photographe, professionnel ou amateur.

192 p. 8,20 €

9782081214767

Bernard **VOUILLOUX**

LE TABLEAU VIVANT

Phryné, l'orateur et le peintre

Bernard Vouilloux fait du mythe de Phryné le point de départ d'une impressionnante enquête sur la nudité féminine et le dévoilement qui balaie l'ensemble de la tradition occidentale, et qui se déploie dans les champs de réflexion les plus variés : la rhétorique, la peinture, les sciences humaines, la sculpture, le monde du spectacle, l'esthétique et la critique d'art.

16 ill.

880 p. 16 €

9782081357938

Pierre **WAT**

NAISSANCE DE L'ART ROMANTIQUE

Peinture et théorie de l'imitation en Allemagne et en Angleterre

Écartant les clichés sur le romantisme, Pierre Wat montre que celui-ci se construit sur la subversion de l'image néo-classique en proposant un art nouveau pour un monde nouveau. Pour ce faire, il se concentre sur l'Allemagne – Caspar David Friedrich, Goethe… – et l'Angleterre – William Blake, John Constable…

Édition revue et corrigée, 2013

19 ill.

320 p. 14 €

9782081292987

Harrison & Cynthia **WHITE**

LA CARRIÈRE DES PEINTRES AU XIXe SIÈCLE

Du système académique au marché des impressionnistes

Traduit de l'anglais par Antoine Jaccottet
Préface de Jean-Paul Bouillon

Le monde de la peinture française connaît au XIXe siècle un ensemble de transformations essentielles : l'organisation académique de la formation et de la carrière des peintres décline. Analysant la carrière de plusieurs grands impressionnistes, les auteurs montrent comment émerge un nouveau système fondé sur l'importance croissante des marchands.

288 p. 12 €

9782081228894

Heinrich **WÖLFFLIN**

RÉFLEXIONS SUR L'HISTOIRE DE L'ART

Présentation par Joseph Gantner
Traduit de l'allemand par Rainer Rochlitz

Testament de l'ancien élève de Burckhardt, les *Réflexions sur l'histoire de l'art*, parues en 1941, offrent à Wölfflin l'occasion de revenir sur le rêve de sa carrière : l'immense chantier d'une histoire de l'art formaliste qui chercherait, à travers l'essai critique des œuvres et des styles, le secret de la création artistique.

224 p. 8,20 €

9782081220607

BD

Jean-Marie **APOSTOLIDÈS**

LES MÉTAMORPHOSES DE TINTIN

Préface de Cyrille Mozgovine

Ce livre pionnier constitue la première étude critique des 22 albums canoniques des *Aventures de Tintin*. Jean-Marie Apostolidès se livre, pour le plus grand bonheur des tintinologues, à une enquête passionnante sur l'histoire de Tintin. D'où vient-il ? A-t-il une famille ? Et des opinions politiques ? Comment vieillit-il ?

448 p. 10,20 €

9782081249073

Jan **BAETENS**

HERGÉ ÉCRIVAIN

L'œuvre d'Hergé, qui transforme la bande dessinée en genre littéraire, invente un nouvel équilibre entre l'iconique et le verbal.Dans le « style » d'Hergé, le souci du texte complète le goût des histoires et l'invention linguistique renforce les trouvailles de mise en page ; dans les jeux de mots, les lettres, les phylactères et la narration, on découvre un Hergé « écrivain ».

224 p. 10,20 €

9782081246157

Benoît **PEETERS**

HERGÉ FILS DE TINTIN

Par-delà leur apparente simplicité, les *Aventures de Tintin* constituent une autobiographie indirecte, une sorte de journal à travers lequel se donnent à lire tous les événements, publics ou privés, qui marquèrent Georges Rémi, dit Hergé. Album après album, Tintin a fait l'éducation d'Hergé.

642 p. 10,20 €

9782081267893

LIRE LA BANDE DESSINÉE

À partir d'exemples variés – empruntés notamment à Töpffer, McCay, Hergé, Jacobs, Franquin, Fred, Lewis Trondheim… –, l'un des plus grands scénaristes de bande dessinée actuels donne des clés d'accès à ce genre si complexe et si riche, levant ainsi quelques malentendus.

192 p. 8,20 €

9782081244856

LA PETITE BIBLIOTHÈQUE DU TINTINOLOGUE

Coffret 3 volumes

Contient *Les Métamorphoses de Tintin* de Jean-Marie Apostolidès, *Hergé écrivain* de Jan Baetens et *Hergé, fils de Tintin* de Benoît Peeters.

1316 p. 30,60 €

9782081268999

Nicolas **ROUVIÈRE**

ASTÉRIX OU LA PARODIE DES IDENTITÉS

D'où vient le succès des aventures du petit village gaulois ? Nicolas Rouvière y voit une mise en scène franche et savoureuse de nos stéréotypes historiques et culturels : parodie de l'imagerie scolaire de « nos ancêtres les Gaulois », satire de la société française des quarante dernières années, caricature des peuples étrangers et de leurs coutumes…

340 p. 9,20 €

9782081209268

Serge **TISSERON**

PSYCHANALYSE DE LA BANDE DESSINÉE

Que se passe-t-il lorsque nous lisons une bande dessinée ? Pourquoi certains d'entre nous en sont-ils férus et d'autres non ? Quand la psychanalyse scrute les mécanismes et les effets sur la vie psychique d'une lecture au parfum d'enfance…

160 p. 7,20 €

9782080814722

CINÉMA ET THÉÂTRE

Daniel **BANDA** – José **MOURE**

CHARLOT, HISTOIRE D'UN MYTHE

Textes choisis et présentés par Daniel Banda et José Moure

Plus qu'un personnage, Charlot est un mythe, capable de faire communier en un même rire le petit peuple et les puissants. Ce héros du cinéma muet a suscité un flot d'écrits de toutes sortes. Charlot tel que l'ont projeté et nourri artistes, critiques d'art et de cinéma, intellectuels et politiques de tous les pays (d'Aragon à Desnos en passant par Churchill) : tel est l'objet de cette anthologie sans équivalent en France.

288 p. 9 €

9782081285811

LE CINÉMA : NAISSANCE D'UN ART

Premiers écrits (1895-1920)

Textes choisis et présentés par Daniel Banda et José Moure

Composée de textes souvent inédits, ignorés ou jamais traduits, cette anthologie offre le témoignage d'écrivains (Gorki, Apollinaire, Tolstoï, Colette, Kafka, Aragon…), de cinéastes en devenir (Méliès, Griffith, Chaplin, Dreyer, Delluc, L'Herbier, Gance…) et de penseurs (Freud, Bergson, Lukács, Élie Faure) sur la naissance du cinéma, à la toute fin du XIXe siècle.

532 p. 13,20 €

9782081210110

LE CINÉMA : L'ART D'UNE CIVILISATION

(1920-1960)

Textes choisis et présentés par Daniel Banda et José Moure

Ce second volume anthologique consacré à l'histoire du cinéma mènera son lecteur des débuts du parlant aux expérimentations de la Nouvelle Vague en passant par la participation du septième art au développement d'une culture de masse. Un instrument de travail privilégié pour les étudiants en cinéma et pour tous ceux qui s'intéressent à l'histoire du septième art.

496 p. 14,20 €

9782081239265

Raymond **BORDE** – Étienne **CHAUMETON**

PANORAMA DU FILM NOIR AMÉRICAIN

1944-1953

Préface de Marcel Duhamel

De 1941 à 1953, Orson Welles, Hitchcock, Fritz Lang… tournèrent ce qu'il est convenu d'appeler des « thrillers ». Tour à tour insolite, érotique ou cruel, le film noir a créé un malaise spécifique. R. Borde et É. Chaumeton analysent ici ce courant artistique qui a marqué l'histoire du cinéma.

Cahier hors-texte de 4 pages

288 p. 11,50 €

9782080815088

Michel **BOUJUT**

WIM WENDERS

Un voyage dans ses films

Alice dans les villes, *Hammett*, *Paris Texas*, entre autres, sont entrés dans l'imaginaire de tous les cinéphiles. Wim Wenders et son œuvre font désormais partie de l'histoire du cinéma.

Cahier hors-texte de 4 pages

224 p. 10,20 €

9782080815156

Jean **CLÉDER** – Laurent **JULLIER**

ANALYSER UNE ADAPTATION

N

Du texte à l'écran

Inédit

Comment analyser le passage de l'œuvre littéraire au film en allant au-delà de la simple énumération des changements ? Genres, personnages, narration, ellipses, suspense… des clés de réflexion faciles à prendre en main, pour réfléchir à ce qui réunit ou sépare littérature et cinéma.

416 p. 15 €

9782081395954

Lotte H. **EISNER**

FRITZ LANG

Traduit de l'allemand par Bernard Eisenschitz

Une biographie qui épouse la chronologie de l'œuvre et s'articule en autant de chapitres que de films. Lang lui-même en a relu le texte. Somme d'informations et monument critique, c'est l'un des livres de référence sur le grand cinéaste.

446 p. 11,20 €

9782080815095

Federico **FELLINI**

FELLINI PAR FELLINI

Entretiens avec Giovanni Grazzini
Traduit de l'italien par Nino Frank

Fellini parle de Fellini… Au cours de ces entretiens habilement conduits et orientés par Giovanni Grazzini, le critique cinématographique du *Corriere della serra*, l'homme et le metteur en scène se racontent avec une extraordinaire volonté de franchise et une humilité à la fois orgueilleuse et sincère.

320 p. 9,20 €

9782081202993

Jean-Luc **GODARD**

GODARD PAR GODARD

Les années Cahiers (1950 à 1959)

De 1950 à 1959, Godard écrivit dans les *Cahiers du cinéma*, et c'est ainsi qu'il apprit à aimer et à faire aimer de nombreux cinéastes. On retrouvera dans ce livre la plupart de ces articles, dont certains furent de véritables manifestes de la Nouvelle Vague.

Édition révisée, 2007

Cahier hors-texte

T. I : 256 p. 9,20 €

9782081202979

GODARD PAR GODARD

Les années Karina (1960 à 1967)

Présentation par Alain Bergala

Les « années Karina » couvrent la période créatrice du célèbre metteur en scène. Épouse de Jean-Luc Godard, Anna Karina joue dans la plupart des films tournés de 1960 à 1967. Ce volume contient des entretiens parus notamment dans les *Cahiers du cinéma* , des articles et des listes des « dix meilleurs films de l'année » qui permettent d'évaluer ce que furent ces sept années dans la vie de Godard.

Édition révisée, 2007

Cahier hors-texte de 4 pages

T. II : 256 p. 8,20 €

9782081202986

GODARD PAR GODARD

Des années Mao aux années 80

L'évolution de la carrière et de la personnalité de Jean-Luc Godard. De *La Chinoise* (1967) aux « années vidéo », *Ici et ailleurs* (1974), *Comment ça va*

(1975), en passant par *Pravda*, *Vent d'est*…

Édition révisée, 2007

Cahier hors-texte de 4 pages

T. III : 190 p. 9,20 €

9782081203020

Louis JOUVET

LE COMÉDIEN DÉSINCARNÉ

Le meilleur des réflexions de Louis Jouvet sur le théâtre, en deux volumes.

400 p. 9,20 €

9782081219977

TÉMOIGNAGES SUR LE THÉÂTRE

336 p. 8,20 €

9782081219960

Laurent JULLIER

ANALYSER UN FILM

De l'émotion à l'interprétation

L'objectif de ce livre est de donner à l'étudiant comme au cinéphile la possibilité de comprendre d'où vient son émotion face au film, en l'initiant : 1) à l'analyse de l'histoire ; 2) à l'analyse des formes ; 3) à l'interprétation du film, pour laquelle il met en œuvre une dizaine de théories.

432 p. 14 €

9782081249615

Pier Paolo PASOLINI

ÉCRITS CORSAIRES

Traduit de l'italien par Philippe Guilhom

Préface d'Alberto Moravia et Aldo Tortorella

Les textes ici rassemblés témoignent, par leur violence polémique, d'une démarche provocatrice. L'auteur de *Théorème* examine tour à tour le problème de l'avortement, le référendum sur le divorce, le fascisme et l'antifascisme et, surtout, le phénomène de la consommation de masse qui conduit à la déshumanisation de la société et à la destruction de l'identité italienne.

286 p. 9,20 €

9782081226623

Jean RENOIR

MA VIE ET MES FILMS

L'autobiographie de Jean Renoir, fils du peintre Auguste Renoir et auteur de *La Grande Illusion*, *La Règle du jeu*, *Le Carrosse d'or*.

Édition révisée, 2006

286 p. 8,20 €

9782081214736

Éric ROHMER

LE GOÛT DE LA BEAUTÉ

Des articles remarquables de qualité littéraire et de pénétration d'analyse par l'auteur de *Ma nuit chez Maud*, qui fit partie de l'équipe des critiques des *Cahiers du cinéma* et collabora à d'autres revues.

284 p. 9,20 €

9782080815118

Roberto ROSSELLINI

LE CINÉMA RÉVÉLÉ

Textes réunis et préfacés par Alain Bergala

Père du néoréalisme, l'auteur de *Rome, ville ouverte* et de *Voyage en Italie* parle ici de sa carrière cinématographique, d'Ingrid Bergman, de la civilisation contemporaine ou de la télévision avec lucidité, générosité et enthousiasme.

Cahier hors-texte de 8 pages

288 p. 8,20 €

9782081214750

Aldo TASSONE

ANTONIONI

Traduit de l'italien par Caecilia Pieri
avec la collaboration de Josiane Tourrès
et Vincent Forestier

Une introduction claire, documentée et exhaustive à la vie et à l'œuvre de ce grand novateur et poète de l'image. Chaque film est analysé de façon détaillée ; les chapitres consacrés à sa biographie, à ses activités de critique de cinéma, de peintre et d'écrivain, mettent en exergue de nouveaux aspects de l'homme et de l'artiste.

416 p. 11,20 €

9782081203013

François **TRUFFAUT**

LES FILMS DE MA VIE

Préface d'Emmanuel Burdeau

Sont ici réunis des articles de critique cinématographique écrits par Truffaut et parus notamment dans les *Cahiers du cinéma* et dans *Arts*. Ces textes n'ont rien perdu de leur enthousiasme juvénile et demeurent comme les documents les plus significatifs sur le renouvellement et l'enrichissement de la culture cinématographique en France.

Nouvelle édition, 2012

Cahier hors-texte de 8 pages

320 p. 8 €

9782081279438

LE PLAISIR DES YEUX

Textes choisis et présentés par Jean Narboni et Serge Toubiana

Au début des années 80, François Truffaut avait le projet d'un nouveau recueil d'articles, qui prolongerait *Les Films de ma vie*. En suivant les notes de travail qu'il a laissées, Jean Narboni et Serge Toubiana ont réuni dans ce volume ses principaux textes, qui reflètent l'intense activité d'écriture d'un « moraliste » du cinéma.

288 p. 8,20 €

9782081214743

Louis-Jean **CALVET**

ROLAND BARTHES

1915-1980

Louis-Jean Calvet retrace l'itinéraire qui mena, hors des chemins tracés, ce « pupille de la nation », tout juste licencié de lettres, au Collège de France. François Mitterrand, Claude Lévi-Strauss, Philippe Sollers, Edgar Morin et bien d'autres ont accepté de raconter, de confier lettres et souvenirs.

342 p. 9 €

9782081342699

André **CHOURAQUI**

MOÏSE

Voyage aux confins d'un mystère révélé et d'une utopie réalisable

L'auteur analyse l'impact laissé par la pensée mosaïque dans l'histoire d'Israël, de l'Église, de l'Islam. Davantage qu'une biographie, un manifeste nécessaire à la compréhension du passé et des éclosions à venir.

512 p. 11 €

9782081249547

Catherine **CLÉMENT**

MÉMOIRE

Catherine Clément dévoile des souvenirs longtemps enfouis. On la découvre jeune enseignante, engagée au parti communiste ou proche de certains politiques, parmi lesquels Jacques Chirac et François Mitterrand. On lira avec émotion les portraits qu'elle trace de Jankélévitch, Lacan, Lévi-Strauss, Roland Barthes, Jean-Paul Sartre…

Édition révisée, 2011

592 p. 10,20 €

9782081244849

Patrice **DEBRÉ**

LOUIS PASTEUR

Plongée fascinante dans la logique du progrès scientifique, cette biographie de Pasteur nous dévoile en outre les concepts unificateurs qui ont ouvert la voie à la recherche moderne : la biologie et l'immunologie.

578 p. 13,20 €

9782081240773

Didier **ERIBON**

MICHEL FOUCAULT

Cette biographie magistrale de Michel Foucault, figure centrale de la vie intellectuelle française, mais également homme engagé dans les combats politiques de l'après-68, vaut aussi comme radiographie de la vie intellectuelle française.

Édition révisée, 2011

448 p. 11,20 €

9782081218000

Philippe **FRANK**

EINSTEIN

Sa vie et son temps

Traduit de l'anglais
(avec un chapitre complémentaire)
par André George

L'itinéraire intellectuel, universitaire et politique du père de la relativité et un tableau de la science physique dans la première partie du XXe siècle.

Édition révisée, 2011

448 p. 10,20 €

9782081224957

Anna **HURWIC**

PIERRE CURIE

Préface de Pierre-Gilles de Gennes

Aussi peu connu que Marie Curie est célèbre, pourtant passionnément convaincu des bienfaits du progrès que devait apporter le développement de la science, Pierre Curie fut l'un des premiers à prendre conscience des dangers qu'il pouvait également entraîner.

220 p. 9,20 €

9782080813985

Hadrien LAROCHE

LE DERNIER GENET

Histoire des hommes infâmes

Ce livre est une traversée des questions soulevées par Jean Genet entre 1968 et 1986, et, dans le même temps, une longue et patiente destruction/déconstruction des fictions données par l'écrivain en réponse à ces questions. Une biographie originale par l'« un des chercheurs les plus originaux et les plus doués de sa génération » (Jacques Derrida).

Édition revue et augmentée, 2010

400 p. 10,20 €

9782081240575

Pierre LEPAPE

DIDEROT

Parce qu'il est maître d'œuvre du plus grand projet intellectuel du siècle des Lumières, l'*Encyclopédie*, inventeur de la critique d'art moderne, penseur matérialiste, amant épistolier prolixe, créateur d'une forme romanesque d'avant-garde, infatigable débatteur, philosophe et homme engagé, Diderot échappe à toutes les étiquettes.

464 p. 10 €

9782081331556

Marie-Anne LESCOURRET

EMMANUEL LEVINAS

Né russe dans la province de Lituanie en 1905, mort en 1995, Emmanuel Levinas acquiert la nationalité française en 1930 et participe après la guerre à la renaissance du judaïsme. En 1968, il est professeur à Nanterre ; à sa retraite, titulaire de la chaire de philosophie morale de la Sorbonne. Mais son cheminement n'est pas celui d'un universitaire ordinaire.

448 p. 11,20 €

9782080813671

Benoît PEETERS

PAUL VALÉRY

Une vie

Nourri d'archives et de correspondances inédites, un portrait empathique d'une des plus fascinantes figures d'écrivain qui ait jamais existé, qui renouvelle avec brio la lecture de son œuvre.

400 p. 11 €

9782081379558

Jean-François DE SAUVERZAC

FRANÇOISE DOLTO

Itinéraire d'une psychanalyste

Ce livre, qui évoque aussi bien la jeunesse de Dolto, la naissance de sa vocation que les figures de ses maîtres, ses apports théoriques et sa pratique de clinicienne, est le témoignage d'un fin connaisseur de son œuvre, qui fut l'un de ses interlocuteurs privilégiés.

Édition revue et augmentée, 2008

432 p. 8,20 €

9782081217980

Dominique URVOY

AVERROÈS

Les ambitions d'un intellectuel musulman

Tout à la fois médecin, cadi, juriste et philosophe, Averroès (1126-1198) fut, avant la lettre, un intellectuel musulman à qui l'Occident chrétien doit la découverte d'Aristote, mais aussi un homme public, habitué des cours royales, qui connut aussi bien la faveur que l'exil.

252 p. 9,20 €

9782081217997

Jean-Didier VINCENT

ÉLISÉE RECLUS, GÉOGRAPHE, ANARCHISTE, ÉCOLOGISTE

Une biographie d'Élisée Reclus, intellectuel anarchiste et inventeur de la géographie sociale, qui se lit comme un roman d'aventures. Laissant découvrir ses multiples facettes, l'ouvrage rapporte les paroles de ses amis ou collaborateurs.

Prix Femina essai, 2010

525 p. 11 €

9782081295780

LES CLASSIQUES

Claude **BERNARD**

INTRODUCTION
À L'ÉTUDE DE LA MÉDECINE
EXPÉRIMENTALE

Préface et chronologie de François Dagognet

Équivalent pour nous ce que fut le *Discours de la méthode* pour le XVIIe et le XVIIIe siècles, ce texte fonde l'avènement des sciences biologiques.

Nouvelle édition, 2013

384 p. 8 €

9782081307582

Franz **BOAS**

ANTHROPOLOGIE
AMÉRINDIENNE

N

Inédit

Traduit de l'allemand et de l'anglais et présenté par Isabelle Kalinowski et Camille Joseph

Pour la première fois en France, un panorama complet de l'œuvre de Franz Boas, grand auteur classique des sciences sociales. Par ses travaux fondateurs sur les tribus indiennes de la côte nord-est des États-Unis, il inspira notamment Marcel Mauss et Lévi-Strauss.

550 p. 16 €

9782081270817

Jean-Anthelme **BRILLAT-SAVARIN**

PHYSIOLOGIE
DU GOÛT

40 ans

Préface d'Hervé This

Texte fondateur de la gastronomie, la *Physiologie du goût* est un recueil de mémoires où il est question de cuisine avec un rien de pompe, un zeste de solennité et beaucoup de gaieté.

400 p. 9 €

9782081416482

Benjamin **CONSTANT**

DE LA FORCE DU
GOUVERNEMENT ACTUEL
DE LA FRANCE ET DE LA
NÉCESSITÉ DE S'Y RALLIER

Suivi de « Des réactions politiques » et de « Des effets de la Terreur »

Préface et notes de Philippe Raynaud

Un plaidoyer pour la modération en même temps qu'une apologie du régime issu de la convention.

Nouvelle édition, 2013

206 p. 8 €

9782081307599

Émile **DURKHEIM**

LES RÈGLES
DE LA MÉTHODE
SOCIOLOGIQUE

40 ans

Présentation par Lucien Mucchielli

Édition établie par Jean-Michel Berthelot

Préface de Florence Weber

L'ouvrage fondateur de la sociologie, édité par Laurent Mucchielli comme un véritable guide pour aborder le texte aujourd'hui.

336 p. 8 €

9782081416536

Camille **FLAMMARION**

ASTRONOMIE POPULAIRE

Ce livre, devenu un classique, constitue une somme sur les connaissances astronomiques de son temps, présentées avec un enthousiasme admirable, un joyeux dévouement à la diffusion des idées, une joie d'enseigner, qui ne sont pas les moindres de ses qualités. Les deux volumes sont illustrés par les figures, les planches et les cartes du ciel de l'édition originale.

T. I : 544 p. 13,20 €

9782081223929

T. II 672 p. 12,20 €

9782081223936

Pierre FONTANIER

LES FIGURES DU DISCOURS

Introduction de Gérard Genette

Aucune œuvre ne peut mieux faire revivre pour nous cette rhétorique des figures dont l'héritage est revendiqué depuis quelques années par la linguistique structurale.

512 p. 8,20 €

9782081223103

Sigmund FREUD

MÉTAPSYCHOLOGIE

« Vie et œuvre de Freud » par Jacques Sédat
Introduction de Paul-Laurent Assoun
Traduit de l'allemand par Philippe Koeppel

En 1915, l'heure est venue pour le créateur de la psychanalyse de présenter une synthèse de ses acquis. Inachevée, il n'en demeure que ces essais précieux, ici retraduits et présentés de façon à en montrer la genèse et l'héritage. Ce livre a la portée d'un véritable Discours de la méthode psychanalytique.

336 p. 8 €

9782081257535

SUR LA PSYCHANALYSE

Cinq leçons données à la Clark University

Introduction de Paul-Laurent Assoun
Traduit de l'allemand et présenté par Fernand Cambon

D'abord paru en français sous le titre *Cinq leçons sur la psychanalyse,* ce texte constitue la toute première introduction à la psychanalyse en même temps que son coup d'envoi. En août 1909, Freud est invité par une université américaine à venir présenter ses découvertes et résultats. En cinq leçons, il saura donner à son public profane une vue d'ensemble de sa méthode d'investigation et de guérison.

268 p. 5,60 €

9782081329799

SUR LE RÊVE

Introduction de Maurice Dayan
Traduit de l'allemand et présenté par Fernand Cambon

En 1901, Freud publie *Sur le rêve,* un « résumé » de *L'Interprétation du rêve,* paru un an plus tôt. Et il y accomplit un tour de force : exposer de façon alerte, claire et concise les concepts ayant une valeur opératoire pour l'élucidation des rêves, qu'il illustre par de nombreux exemples.

288 p. 6,10 €

9782081231726

TROIS ESSAIS SUR LA THÉORIE SEXUELLE

1905-1924

Traduit de l'allemand et présenté par Fernand Cambon
Préface d'Alain Vanier

Ces *Trois Essais*, parus en 1905, constituent le grand livre de Freud sur la sexualité infantile. Ils sont le lieu d'apports conceptuels majeurs, sur la libido, la pulsion, la perversion, les pulsions partielles, les zones érogènes, la sublimation, la fixation, la régression, etc.

260 p. 9,20 €

9782081242593

FUSTEL DE COULANGES

LA CITÉ ANTIQUE

Introduction de Bruno Karsenti
Préface de François Hartog

Fustel de Coulanges analyse l'importance de la religion dans les sociétés anciennes. Il brosse le tableau de la vie de la Cité dans les civilisations grecque et romaine à travers les cultes, le droit et les institutions. Un grand classique.

676 p. 14,20 €

9782081223905

Maurice **HALBWACHS**

LA PSYCHOLOGIE COLLECTIVE

Présentation et notes par Thomas Hirsch

Inédit

Pensé comme une introduction générale à la sociologie, ce cours de 1944, ultime synthèse de l'œuvre protéiforme de Maurice Halbwachs, se trouve ici édité pour la première fois.

384 p. 14 €

9782081279414

HEGEL

INTRODUCTION À L'ESTHÉTIQUE

Le Beau

Traduit de l'allemand par S. Jankélévitch

« L'art imprime une valeur à des objets insignifiants en soi et, malgré leur insignifiance, il les fixe pour lui en en faisant son but et en attirant notre attention sur des choses qui, sans lui, nous échapperaient complètement. »

384 p. 8,20 €

9782081223837

L'HERNE

NOAM CHOMSKY

Préface et choix des textes par Yves-Jean Harder

Cet ouvrage reprend l'essentiel du Cahier de L'Herne paru en 2007, sous la direction de Jean Bricmont et de Julie Franck. Les textes sélectionnés présentent une vision d'ensemble de la pensée de Chomsky et rendent hommage à l'importance de son œuvre dans des domaines variés : linguistique théorique, philosophie de l'esprit, neurosciences cognitives, analyse de l'idéologie et du pouvoir...

416 p. 14 €

9782081333543

EMIL CIORAN

Préface et choix des textes par Yves-Jean Harder

Cet ouvrage reprend l'essentiel du Cahier de L'Herne paru en 2009, sous la direction de Laurence Tâcu et Vincent Piednoir. Traversé de contradictions, le parcours humain et intellectuel de Cioran est encore aujourd'hui l'objet de débats passionnés ; les textes ici rassemblés éclairent ses riches dissonances.

386 p. 13 €

9782081333536

CLAUDE LÉVI-STRAUSS

Préface et choix des textes par Yves-Jean Harder

Cet ouvrage reprend l'essentiel du Cahier de L'Herne paru en 2004, sous la direction de Michel Izard. Les textes sélectionnés rendent compte du parcours d'exception de Lévi-Strauss, dont sont particulièrement signalés certains moments cruciaux, tels la rencontre des Indiens brésiliens ou l'exil new-yorkais lors de la Seconde Guerre mondiale.

425 p. 10 €

9782081333550

FRIEDRICH NIETZSCHE

Préface et choix des textes par Yves-Jean Harder

Cet ouvrage reprend l'essentiel du Cahier de L'Herne paru en 2006, sous la direction de Marc Crépon. Les textes sélectionnés analysent la pensée de Nietzsche à partir de ses rapports avec la langue, les Grecs et la musique, et offrent des regards variés sur sa philosophie.

368 p. 10 €

9782081333482

William **JAMES**

ESSAI D'EMPIRISME RADICAL

Traduit de l'anglais et préfacé par Guillaume Garreta et Mathias Girel

N'admettre que ce dont on puisse faire l'expérience et rendre justice à tout ce qui peut être objet d'expérience : voilà en une phrase le programme de William James dans cet ouvrage. Il s'agit bien d'un programme philosophique, mais qui vise à ressaisir la vie concrète, derrière les abstractions de la philosophie académique.

240 p. 9,20 €

9782080801760

LE PRAGMATISME

Un nouveau nom pour d'anciennes manières de penser

Traduit de l'anglais par Nathalie Ferron
Préface de Stéphane Madelrieux

Cet ouvrage publié pour la première fois en 1907, est le remède idéal contre les « crampes philosophiques » qui gênent périodiquement le débat d'idées. Il est donc temps de revenir à ce texte fondamental de la philosophie américaine, enfin disponible dans une nouvelle traduction présentée et annotée.

352 p. 8,20 €
9782081255821

Jean JAURÈS

DISCOURS ET CONFÉRENCES

Textes choisis et présentés par Thomas Hirsch

Qu'il s'agisse de l'homme politique, farouche défenseur de la République et socialiste convaincu, du militant pacifiste, du philosophe ou du poète, ce recueil de discours et de conférences constitue la meilleure approche du « tribun extraordinaire ».

304 p. 9 €
9782081307629

Henri LABORIT

L'HOMME ET LA VILLE

Préface de Christophe Brun

L'auteur démontre que la ville est l'un des moyens utilisés par tout groupe social pour maintenir sa structure. Tout y est fait pour assurer la défense de la propriété des objets, des êtres, des moyens de production, des niveaux hiérarchiques.

220 p. 8,20 €
9782081252431

Claire LALOUETTE

CONTES ET RÉCITS DE L'ÉGYPTE ANCIENNE

C'est en Égypte qu'est née l'épopée, plus de trois siècles avant Homère : Claire Lalouette nous relate, en conteuse, les légendes divines (Rê, Osiris, Isis…), qui mêlent inextricablement la vie des dieux et celle des hommes, mais aussi les récits d'aventures souvent sculptés sur les murs des temples et des tombeaux.

254 p. 8,20 €
9782081223851

Lucien LÉVY-BRUHL

LA MENTALITÉ PRIMITIVE

Présentation par Frédéric Keck

Dans ce classique de la littérature ethnologique, étape incontournable de l'histoire de la discipline, Lévy-Bruhl s'attache à définir la « mentalité primitive » en la distinguant de la mentalité « civilisée ». Largement critiqué par la suite, tant pour ses thèses que pour sa méthode, cet ouvrage demeure un texte de référence pour l'anthropologie mais aussi pour la philosophie du second XXe siècle.

658 p. 15,30 €
9782081231672

Karl MARX

LE CAPITAL

Traduit de l'allemand par Joseph Roy
Préface de Louis Althusser

L'objet analysé dans le livre I du *Capital*, « c'est le mode de production capitaliste et les rapports de production et d'échange qui sont les siens. »

Édition révisée, 2014

Livre I sections I à IV
672 p. 9,20 €
9782081217966

Livre I sections V à VIII
448 p. 9 €
9782081342651

ÉCRITS PHILOSOPHIQUES

Textes choisis, traduits et présentés par Lucien Sève

Comme le montrent les cent textes rassemblés dans cette anthologie, l'œuvre de Marx est d'une éclatante richesse philosophique. L'introduction de Lucien Sève revisite le corpus marxien et expose pour la première fois avec précision le réseau catégoriel qui constitue le fond de la « Logique du *Capital* ».

432 p. 10,20 €
9782081264311

Jules MICHELET

HISTOIRE DE FRANCE

Textes choisis et présentés par Paule Petitier

L'*Histoire de France* de Michelet, c'est une saga de 7 000 pages, des origines (les Gaulois) à la Révolution de 1789.

Ce livre en offre les extraits les plus passionnants, car Michelet sait raconter comme nul autre.

570 p. 10 €

9782081307650

PHILOSOPHIE DE L'HISTOIRE

N

Textes présentés par Aurélien Aramini

Inédit

Ce volume contient : « Discours sur l'unité de la science » (1825) – « Discours sur le système et la vie de Vico » (1827) – Cours de philosophie à l'École préparatoire (1828-1829, inédit) – Introduction à l'histoire universelle (1831). Ces quatre textes, jusqu'ici inédits ou indisponibles, mettent en pleine lumière un Michelet inconnu.

576 p. 16 €

9782081364578

John Stuart **MILL**

L'UTILITARISME

Traduit de l'anglais et présenté par Georges Tanesse

Comprenant que même une morale utilitariste ne saurait se passer d'éléments intérieurs, Mill a voulu la doter d'une conscience. Il observe qu'on trouve d'autant mieux le bonheur qu'on le cherche moins, et qu'on le trouve en travaillant au bonheur des autres. Un classique de la réflexion morale (1863).

190 p. 7,20 €

9782081217942

Louis **PASTEUR**

ÉCRITS SCIENTIFIQUES ET MÉDICAUX

Textes choisis et présentés par André Pichot

Un volume anthologique qui reflète l'itinéraire scientifique du savant qui révolutionna la médecine : comptes rendus d'expérimentation, mémoires ou communications effectuées lors de congrès rendent compte des traits caractéristiques se son parcours.

400 p. 9 €

9782081284685

Élisée **RECLUS**

LES GRANDS TEXTES

Choisis et présentés par Christophe Brun

Le meilleur des écrits de celui qui fut, au XIXe siècle, le géographe le plus célèbre au monde et une gloire nationale.

512 p. 12 €

9782081289901

Ernest **RENAN**

QU'EST-CE QU'UNE NATION ?

Suivi de « Le judaïsme comme race et comme religion »

Présentation par Shlomo Sand

La nation est-elle simplement composée de membres qui auraient une origine unique ? Les nations sont-elles éternelles ? Ernest Renan a donné à ces questions des réponses originales devenues célèbres. Ses vues sur la place et l'évolution des juifs dans l'histoire sont moins connues. Les deux conférences ici réunies sont introduites par trois textes de l'historien israélien Shlomo Sand.

128 p. 6,10 €

9782081240308

Carl **SCHMITT**

LA NOTION DE POLITIQUE

Suivi de « Théorie du partisan »

Traduit de l'allemand par Marie-Louise Steinhauser

Préface de Julien Freund

Dans *La Notion de politique*, Carl Schmitt (1892-1985) soutient que le concept d'État présuppose celui de politique. La politique continuerait même si l'État devait disparaître. La *Théorie du partisan* (1962) examine la situation créée par l'effritement du monopole politique de l'État à partir de 1945. Apparaît alors le partisan, que nous appelons parfois le terroriste, figure emblématique de notre modernité.

324 p. 8,20 €

9782081228733

Isha **SCHWALLER DE LUBICZ**

HER-BAK « POIS CHICHE »

Visage vivant de l'ancienne Égypte

L'histoire met en scène un jeune garçon égyptien et se situe dans la contrée du temple de Karnak vers la XXe dynastie. Le récit dépeint l'éveil de

conscience de l'enfant et sa montée progressive vers le « Temple », édifice total de la Connaissance égyptienne.
Édition revue et corrigée, 2014
534 p. 9 €
9782081307674

HER-BAK, « DISCIPLE » DE LA SAGESSE ÉGYPTIENNE
Le maître d'Her-Bak est la Sagesse traditionnelle de l'ancienne Égypte : il répond aux questions du disciple en lui donnant la solution conforme au témoignage légué par cette Sagesse en son langage architectural, sculptural et hiéroglyphique.
544 p. 9 €
9782081307667

René A. SCHWALLER DE LUBICZ

LE MIRACLE ÉGYPTIEN
Présentation par Isha Schwaller de Lubicz
Préface du docteur J. Ricord
Pourquoi le miracle égyptien ? L'auteur l'explique en apportant la certitude d'une révélation qui, dès les premières dynasties, a fait de l'Égypte le dépositaire de la Grande Sagesse.
318 p. 8,20 €
9782081245518

LE ROI DE LA THÉOCRATIE PHARAONIQUE
La théocratie pharaonique est une institution exceptionnelle, un ordre gouvernemental et social sans équivalent dans l'histoire occidentale, qui échappe à notre mentalité. Le but de ce livre est de nous faire comprendre comment et pourquoi le pouvoir et la directive religieuse peuvent être unifiés.
374 p. 9 €
9782081348707

Emmanuel SIEYÈS

QU'EST-CE QUE LE TIERS-ÉTAT ?
Préface de Jean-Denis Bredin
Grand brûlot politique, écrit avec une vigueur et une brutalité rares, ce texte publié en janvier 1789 rend immédiatement son auteur célèbre et connaît un succès retentissant.
190 p. 7,20 €
9782081227699

SUN TZU

L'ART DE LA GUERRE
N
Avant-propos de Basil H. Liddel Hart
Traduit de l'anglais par Francis Wang
Préface de Samuel B. Griffith
Il y a vingt-six siècles, dans la Chine des « Royaumes Combattants », était rédigé le premier traité de l'art de la guerre. Il faut lire Sun Tzu comme on lit un grand classique empreint de sagesse, mais aussi comme la clé d'une meilleure compréhension des stratégies d'aujourd'hui, dans tous les domaines.
Nouvelle édition, 2017
352 p. 6,80 €
9782081404328

Max WEBER

L'ÉTHIQUE PROTESTANTE ET L'ESPRIT DU CAPITALISME
Précédé de « Remarque préliminaire au recueil d'études des sociologie de la religion, I » et suivi de « Les sectes protestantes et l'esprit du capitalisme »
Traduit de l'allemand et présenté par Isabelle Kalinowski
Le manifeste inaugural d'une sociologie de la religion qui sort le fait religieux de l'irrationnel pour en étudier les effets sociaux et économiques. Un indispensable classique de la sociologie, complété par deux autres textes et enrichi par un appareil critique complet.
Édition révisée, 2017
400 p. 11 €
9782081416789

HINDOUISME ET BOUDDHISME
Traduit de l'allemand et présenté par Isabelle Kalinowski et Roland Lardinois
Ce texte constitue une œuvre majeure du point de vue de la connaissance des religions, de la sociologie et de l'anthropologie de l'Inde. Il décrit une société dominée par les savants et les religieux, et analyse les relations qu'ils entretiennent avec les puissances temporelles et économiques.
636 p. 14 €
9782081307711

LE JUDAÏSME ANTIQUE

Traduit de l'allemand et présenté par Isabelle Kalinowski avec la collaboration de Camille Joseph et Benjamin Lévy

Le Judaïsme antique clôt la vaste série des études de sociologie des religions de Max Weber. Qu'étaient les Juifs sociologiquement ? Quelle place occupaient-ils dans la société ? Sur quelle autorité s'assoie le groupe religieux ? Quelle est la signification des rites ? Autant de questions que Weber explore avec une immense maîtrise des sources anciennes.

768 p. 15,30 €

9782081211162

SOCIOLOGIE DE LA RELIGION

Économie et société

Traduit de l'allemand et présenté par Isabelle Kalinowski

Le grand manuel synthétique qui fait pendant aux études de Max Weber sur le protestantisme, le judaïsme et les religions de l'Asie. Max Weber y livre les outils d'une approche systématique et remarquablement subtile des pratiques religieuses. Source d'inspiration pour le sociologue, l'historien ou l'anthropologue, c'est aussi une leçon de tolérance par l'éducation à la finesse du regard.

Nouvelle édition, 2013

512 p. 11 €

9782081307704

Simone **WEIL** ✳

L'ENRACINEMENT

ou Prélude à une déclaration des devoirs envers l'être humain

Établissement du texte et appareil critique par Florence de Lussy

Dans un monde en mouvement et mondialisé, cet essai de Simone Weil apporte quelques clés aux interrogations liées à l'idée de nation et de collectivité. Achevé en 1943, peu de temps avant sa mort, *L'Enracinement* est une lecture nécessaire pour qui veut saisir la totalité et la subtilité de sa pensée.

480 p. 10 €

9782081295865

LES GRANDS TEXTES DE...

LES DÉCLARATIONS DES DROITS DE L'HOMME

Textes choisis et présentés par Frédéric Rouvillois

Du Bill of Rights à la Charte de l'environnement en passant par la constitution de la République de Haïti, ou encore la Charte de l'Union européenne, cette anthologie parcourt la préhistoire des droits de l'homme, puis leur affirmation dans la France révolutionnaire, enfin leur développement tous azimuts, tendant à l'universalisation.

272 p. 8,20 €

9782081228702

ÉCRITS FÉMINISTES

de Christine de Pizan à Simone de Beauvoir

Textes choisis et présentés par Nicole Pellegrin

Dans cette anthologie, point de discours théoriques, de dates ni de définitions, mais la voix passionnée de celles, femmes de lettres ou femmes d'action, qui ont revendiqué des droits politiques, ont lutté pour leur droit à l'expression, à l'éducation, au travail, ou à l'amour libre.

254 p. 9,20 €

9782081231641

LES GRANDS ARTICLES QUI ONT FAIT L'HISTOIRE

Textes choisis et présentés par Patrick Eveno

De 1789 au 11 septembre 2001, cette anthologie propose un parcours à travers les événements et les débats majeurs de l'histoire de France, racontés ou commentés « à chaud » par d'illustres plumes (Condorcet, Benjamin Constant, Émile de Girardin, Sainte-Beuve, Mirbeau, Zola, Vallès, Jaurès, Albert Londres, Jo-

seph Kessel, Camus, Cendrars, Françoise Giroud, Edgar Morin…).
368 p. 8,20 €
9782081249578

LES GRANDS DISCOURS DU XXe SIÈCLE
Textes choisis et présentés par Christophe Boutin
De Jaurès à Obama, en passant par Lénine, Hitler, de Gaulle, Mao Zedong, Martin Luther King, Simone Veil ou Jean-Paul II, ce recueil rassemble les grands discours qui ont marqué le XXe siècle. Il nous renvoie l'écho des débats et des combats qui, au fil du siècle, n'ont cessé d'agiter les consciences.
368 p. 8,20 €
9782081228986

LES GRANDS TEXTES DE LA DROITE
N
Textes choisis et présentés par Grégoire Franconie
Les grands textes qui ont forgé la droite française, de la Révolution à nos jours. On y croisera, parmi tant d'autres, la comtesse de Ségur, Charles Maurras, Léon Bloy, Bernanos, Charles de Gaulle, Raymond Aron, Jacques Chirac, Jean d'Ormesson, Dominique de Villepin...
416 p. 10 €
9782081395893

LES GRANDS TEXTES DE LA GAUCHE
N
Textes choisis et présentés par Grégoire Franconie et Jacques Julliard
Les grands textes qui ont forgé la gauche française, de la Révolution à nos jours. On y croisera, parmi tant d'autres, Robespierre, Victor Hugo, Jean Jaurès, Léon Blum, Simone Weil, Aragon, Simone de Beauvoir, François Mitterrand, Robert Badinter, Lionel Jospin, Jean-Luc Mélenchon, une militante de la « Nuit debout »…
416 p. 10 €
9782081395909

LES GRANDS TEXTES DE LA PENSÉE MONÉTAIRE
Textes choisis et présentés par Christian Tutin
Ce livre propose une anthologie des principaux textes qui ont marqué l'histoire des théories monétaires, dont certains encore inédits en français. Des mercantilistes aux néolibéraux contemporains, c'est en particulier le thème de la « neutralité » de la monnaie, toujours démentie par la réalité des crises, qui sert ici de fil rouge.
Édition revue et augmentée, 2014
560 p. 13 €
9782081307742

LES GRANDS TEXTES FONDATEURS DE L'ÉCOLOGIE
Textes choisis et présentés par Ariane Debourdeau
Ce recueil se propose de retracer par les textes la sinueuse invention de l'écologie, depuis les origines du mot jusqu'aux tenants de la *deep ecology*, depuis les naturalistes du XVIIIe siècle (Linné, Humboldt, Haeckel) jusqu'à la « société du risque » (Ulrich Beck).
379 p. 10 €
9782081272316

LES PETITES BIBLIOTHÈQUES

Yves **BALLU**
PETITE BIBLIOTHÈQUE DU MONTAGNARD
Textes choisis et présentés par Yves Ballu
Des récits des premiers voyageurs, tour à tour éblouis ou découragés, aux premières expériences scientifiques en haute montagne, des exploits des alpinistes chevronnés au charme des sports d'hiver… Des textes rares, qui présentent autant de facettes qu'il y a d'expériences de la montagne.
304 p. 8 €
9782081300866

Bernard CHAMBAZ

PETITE BIBLIOTHÈQUE DU COUREUR

Textes choisis et présentés par Bernard Chambaz

Courir : sujet frivole ? Bernard Chambaz, écrivain, professeur et sportif fanatique, nous prouve ici le contraire. Le lecteur lui-même n'a-t-il pas quelque chose du coureur, pour l'allégresse qui le pousse en avant, absorbé par les pages ou la route, sprinteur s'il lit des poèmes, marathonien s'il est plongé dans un gros roman ?

320 p. 8 €

9782081289444

Vincent DELECROIX

PETITE BIBLIOTHÈQUE DU CHANTEUR

Textes choisis et présentés par Vincent Delecroix

L'écrivain Vincent Delecroix rassemble dans ce livre les plus beaux textes et mythes sur le chant – celui des musiciens, des poètes, mais aussi des philosophes et des mystiques. De la lyre d'Orphée au chant des sirènes, du chant lyrique à la chanson populaire, ce recueil invite à une promenade méditative et joyeuse.

304 p. 8 €

9782081270862

Frédéric GROS

PETITE BIBLIOTHÈQUE DU MARCHEUR

Textes choisis et présentés par Frédéric Gros

À quoi sert de marcher ? D'où vient que nous sommes de plus en plus nombreux à randonner ? Marche-t-on différemment en ville, en montagne et en forêt ? Vaut-il mieux cheminer seul ou accompagné ? Poètes, philosophes et écrivains marcheurs répondent à ces questions et à bien d'autres – témoignant de ce que la méditation allante, pourvoyeuse d'énergie et de vigueur, a toujours été le meilleur rempart contre la mélancolie.

304 p. 8,20 €

9782081248830

Sylvie LE BIHAN

PETITE BIBLIOTHÈQUE DU GOURMAND

Textes choisis et présentés par Sylvie Le Bihan

Préface de Pierre Gagnaire

Il y a ceux qui s'appliquent, les « faiseurs » et les studieux ; il y a aussi ceux qui n'ont cure de la manière de faire, mais que la chose à manger emmène loin, dans le plaisir ou dans le souvenir. Il y a encore ceux qui déraillent en cuisine – cheval melba ou gastronomie cannibale… Voici une anthologie poivrée, où cuisine et littérature n'ont pas fini de vous surprendre.

320 p. 8 €

9782081289505

Gilles TIBERGHIEN

PETITE BIBLIOTHÈQUE DE L'AMOUREUX

Textes choisis et présentés par Gilles Tiberghien

Dans cette « Petite Bibliothèque » inédite, Gilles Tiberghien rassemble les plus grands textes philosophiques, poétiques et romanesques sur l'amour : Platon, saint Augustin, Choderlos de Laclos, Nietzsche, Rilke, Proust, Barthes, Thomas Mann, René Girard… À la clé, quelques réponses à des questions que nous nous posons tous : Qui aime-t-on quand on aime ? Est-il plus fort d'aimer ou d'être aimé ? La passion peut-elle durer ?

300 p. 8 €

9782081260863

Des outils pour comprendre, des idées pour agir.

Chris ANDERSON

FREE !

Comment marche l'économie du gratuit

Traduit de l'anglais par Michel Le Séac'h

Comment des entreprises peuvent-elles gagner de l'argent sans faire payer les consommateurs ? L'auteur de *La Longue Traîne* explore ici le concept de la gratuité, « à la fois familier et profondément mystérieux ». La question décisive peut se formuler ainsi : qui paie quoi ?

368 p. 10 €

9782081390522

Dan ARIELY

C'EST (VRAIMENT ?) MOI QUI DÉCIDE

Les raisons cachées de nos choix

Traduit de l'anglais par Christophe Rosson

Pourquoi prenons-nous régulièrement des décisions absurdes ? Nous ne sommes pas aussi rationnels que nous voudrions, et cette irrationalité se traduit par une multitude de « mauvais » choix, qui touchent tant à notre quotidien qu'à des décisions plus engageantes. Conçu à partir d'expériences aussi variées qu'instructives, ce livre aide à déjouer les pièges de notre irrationalité.

304 p. 8 €

9782081390539

Elliot ARONSON – Carol TAVRIS

POURQUOI J'AI TOUJOURS RAISON

N

Et les autres ont tort

Traduit de l'anglais par Salim Hirèche

D'où vient notre besoin de justifier nos idées stupides, nos mauvaises décisions ? Pourquoi avons-nous tant de mal à reconnaître nos propres erreurs ? Comprendre les mécanismes de l'autojustification pour ne plus être condamnés à la subir : tel est le but de ce livre.

416 p. 11 €

9782081392335

Roy F. BAUMEISTER – John TIERNEY

LE POUVOIR DE LA VOLONTÉ

N

La nouvelle science du self-control

La force de la volonté est un élément indispensable de l'explication du comportement. En révélant le fonctionnement des mécanismes psychologiques en jeu, Baumeister et Tierney montrent que l'autonomie peut s'acquérir.

464 p. 11 €

9782081390515

Brian M. CARNEY – Isaac GETZ

LIBERTÉ & CIE

Quand la liberté des salariés fait le succès des entreprises

Traduit de l'anglais par Odile Demange

Notre société a érigé la liberté comme l'une de ses valeurs cardinales. Pourtant, dans le monde du travail, la hiérarchie et le contrôle semblent demeurer la règle. L'enquête de Brian Carney et d'Isaac Getz montre qu'il existe une autre manière d'agir. Sommes-nous à l'aube d'une nouvelle ère du management ?

Prix du livre DCF 2013, catégorie stratégie d'entreprise

Édition actualisée et augmentée, 2016

448 p. 10 €

9782081379510

Charles **DUHIGG**

LE POUVOIR DES HABITUDES

Changer un rien
pour tout changer

Traduit de l'anglais
par Johan-Frédérik Hel Guedj

L'habitude, qui est le pilote automatique de notre cerveau, est un levier puissant : en comprendre le mécanisme, c'est la clé du succès ! Charles Duhigg propose une nouvelle « science » de la formation des habitudes, grâce à laquelle nous pouvons transformer nos entreprises, nos communautés et nos vies.

480 p. 11 €

9782081342620

Malcolm **GLADWELL**

LE POINT DE BASCULE

Comment faire
une grande différence
avec de très petites choses

Traduit de l'anglais
par Danièle Charron

Malcolm Gladwell montre que des changements mineurs, minutieusement planifiés, peuvent provoquer de véritables épidémies sociales. Quel que soit le domaine, on peut provoquer un effet boule de neige.

272 p. 9 €

9782081380295

Nicolas **GUÉGUEN**

PSYCHOLOGIE DU CONSOMMATEUR

N

Pour mieux comprendre
comment on vous influence

Nos actes d'achat sont directement influencés et même déterminés par des facteurs cognitifs extrêmement faciles à mettre en œuvre. On peut désormais mesurer avec précision leurs effets et leur efficacité.

368 p. 9 €

9782081380684

Chip & Dan **HEATH**

COMMENT FAIRE LES BONS CHOIX

N

Déjouer les pièges
de la raison pour prendre
de meilleures décisions

Traduit de l'anglais par Michel Le Séac'h

Alliant les dernières recherches en psychologie comportementale et l'expérience de ses auteurs auprès des plus grands meneurs d'hommes, ce livre nous dote d'une méthode efficace pour décider avec toutes les cartes en main, et, enfin, faire les bons choix.

384 p. 10 €

9782081375666

Daniel **KAHNEMAN**

SYSTÈME 1 / SYSTÈME 2

Les deux vitesses de la pensée

Traduit de l'anglais par Raymond Clarinard

Par quoi sont guidés nos préférences, nos jugements et nos décisions ? Via de multiples expériences, l'auteur expose les deux systèmes qui régissent notre esprit. Aux confins de la psychologie et de l'économie, il dessine une théorie brillante, qui offre des prolongements pratiques immédiats dans la vie quotidienne et professionnelle.

702 p. 14 €

9782081307827

Daniel H. **PINK**

CONVAINQUEZ QUI VOUS VOUDREZ

N

L'étonnante vérité
sur notre capacité d'influence

Traduit de l'anglais par Michel Le Séac'h

Convaincre un banquier, persuader ses collègues, négocier avec ses enfants… Sans le savoir, nous avons constamment recours à un art méconnu : l'art de la vente ! Avec humour et efficacité, Daniel Pink déconstruit les clichés et offre conseils, anecdotes et exercices pour révéler le vendeur qui vit en chacun de nous.

278 p. 8 €

9782081390508

LA VÉRITÉ
SUR CE QUI NOUS MOTIVE

Traduit de l'anglais par Marc Rozenbaum
Préfaces de Frédéric Rey-Millet
et d'Isaac Getz

S'appuyant sur quatre décennies d'études scientifiques et psychologiques, Daniel Pink interroge notre conception de la motivation au travail. Si le taylorisme a fait la part belle au concept de la carotte et du bâton, l'auteur nous explique pourquoi ce modèle est maintenant dépassé et par quoi le remplacer.

256 p. 8 €

9782081379527

Droit, économie, sciences politiques

Éric **ABRAHAMSON** – David H. **FREEDMAN**

UN PEU DE DÉSORDRE = BEAUCOUP DE PROFIT(S)

Traduit de l'anglais par François Boisivon

L'ordre et l'organisation se paient parfois au prix fort. Dit autrement : on peut augmenter les gains et réaliser des économies significatives en tolérant un certain niveau de désordre et de désorganisation.

348 p. 9 €

9782081285019

George A. **AKERLOF** – Robert J. **SHILLER**

LES ESPRITS ANIMAUX

Comment les forces psychologiques mènent la finance et l'économie

Traduit de l'anglais par Corinne Faure-Geors

L'économie réelle est incertaine, irrégulière, sous l'influence de nos « esprits animaux », ces facteurs psychologiques qui lui donnent sa part d'incohérence et d'instabilité naturelles. Akerlof et Schiller, tous deux prix Nobel d'économie, expliquent comment ces esprits animaux font et défont nos économies.

320 p. 12 €

9782081289437

Chris **ANDERSON**

LA LONGUE TRAÎNE

Quand vendre moins, c'est vendre plus

Traduit de l'anglais par Michel Le Séac'h et Brigitte Vadé

Dans ce livre devenu un classique, Chris Anderson explique la façon dont Internet a modifié en profondeur les mécanismes de l'économie. En réduisant les coûts liés au stockage et à la distribution, Internet a fait naître une économie d'abondance où toutes les productions culturelles sont disponibles en permanence. Dès lors, la réussite n'est plus l'apanage d'un petit nombre d'œuvres : les autres produits, qui constituent la « longue traîne », rapportent parfois jusqu'à 90 % du chiffre d'affaires global.

400 p. 10 €

9782081285736

Jacques **ATTALI**

HISTOIRE DE LA MODERNITÉ

Comment l'humanité pense son avenir

La modernité, c'est l'idée qu'une société se fait de son futur. En faire l'histoire, c'est regarder les différentes façons dont les hommes se sont, par le passé, projetés dans l'avenir ; c'est se donner les moyens de remettre en question nos valeurs et d'espérer une nouvelle modernité, altruiste, qui fera du bonheur des générations à venir la condition du nôtre.

208 p. 7 €

9782081357969

Élie **BARNAVI**

DIX THÈSES SUR LA GUERRE

Avec sa clarté rhétorique et son exceptionnelle connaissance des conflits contemporains, l'auteur définit les enjeux politiques, sociaux et philosophiques de la guerre. Sa conclusion, argumentée et convaincante, reste optimiste : la guerre n'est pas une fatalité humaine.

144 p. 6 €

9782081366541

Jean **CARBONNIER**

DROIT ET PASSION DU DROIT

sous la Ve République

La Ve République a attaché au droit sous ses multiples aspects, lois, justice, droits individuels, une importance extrême qui n'a pas eu d'équivalent sous les régimes antérieurs. Les témoignages ne manquent pas que ce soit dans les faits ou dans l'ordre intellectuel, avec l'apogée de l'État de droit. Sur quelques domaines significatifs, le droit pénal par exemple, ou le droit de la famille, ce livre donne un aperçu des changements qui se sont produits, ainsi que des résistances qu'ils ont rencontrées.

276 p. 9,20 €

9782081218864

Dominique **CHAGNOLLAUD** – Jean-Louis **QUERMONNE**

LA Ve RÉPUBLIQUE

Cet ensemble en quatre volumes propose une analyse exhaustive des fondements et des ressorts de la Ve République, de ses origines intellectuelles, de l'impact de l'Union européenne sur les institutions françaises, de la place et du rôle des médias, etc. Il ouvre également à une réflexion plus générale sur l'avenir des institutions.

T. I : Le régime politique
288 p. 10,20 €

9782080814579

T. II : Le pouvoir exécutif et l'administration
288 p. 9,20 €

9782080814739

T. III : Le pouvoir legislatif et le système des partis
288 p. 9,20 €

9782080814746

T. IV : L'État de droit et la justice [Textes et documents]
288 p. 10,20 €

9782080814753

Gérard **CHALIAND** – Jean-Pierre **RAGEAU**

GÉOPOLITIQUE DES EMPIRES

Une géopolitique des empires à travers six mille ans d'histoire n'avait jamais été tentée. C'est ce que réalise cet ouvrage, depuis le premier empire (celui de Sargon, en Mésopotamie) jusqu'à l'effondrement du dernier, l'Union soviétique. Forts de cette appréciation du temps long, les auteurs invitent à appréhender le monde de demain, celui qui suivra la crise majeure que nous traversons.

256 p. 9 €

9782081366565

Daniel **COHEN**

NOS TEMPS MODERNES

Traduit de l'espagnol par Eduardo Carrasco

Si « nos temps modernes » nous paraissent pires que ceux qu'ils ont remplacés, c'est peut-être pour deux raisons : nous vivons une période de transition, une sorte de révolution inachevée, à laquelle fait encore défaut une régulation sociale ; nous sommes par ailleurs assujettis au progrès croissant des techniques, lequel requiert davantage de technique encore pour être maîtrisé.

162 p. 7,20 €

9782081218017

RICHESSE DU MONDE, PAUVRETÉS DES NATIONS

Le monde s'enrichit à un rythme jamais connu auparavant. Les pays les plus peuplés de la planète, l'Inde et la Chine, voient leur richesse croître chaque année. Pendant ce temps, à l'inverse, les vieilles nations occidentales sont rattrapées par un mal dont elles se croyaient guéries, le paupérisme. L'ouvrage de Daniel Cohen invite à réinterpréter les transformations du monde contemporain à l'aube d'une nouvelle révolution industrielle.

176 p. 7 €

9782081237858

Hernando **DE SOTO**

LE MYSTÈRE DU CAPITAL

Pourquoi le capitalisme triomphe en Occident et échoue partout ailleurs

Traduit de l'anglais par Michel Le Séac'h

Les pauvres du tiers monde sont plus riches qu'on ne le croit. Mais, explique Hernando de Soto, les biens qu'ils possèdent constituent un « capital mort », et ce à cause de l'inadaptation du système juridique de la propriété. La pauvreté n'est pas une fatalité. Pour changer le monde, il faut commencer par changer notre regard sur lui. Clair et étayé, cet ouvrage nous invite à cette conversion nécessaire.

304 p. 9,20 €

9782081240803

Alain **DIECKHOFF**

LA NATION DANS TOUS SES ÉTATS

Les identités nationales en mouvement

Le réveil des nations, voilà sans doute une manifestation centrale de la modernité, et un défi que ne relèvent, au fond, ni le libéralisme, ni le républicanisme, ni le multiculturalisme. Comment les sociétés peuvent-elles répondre aux dynamiques identitaires qui animent le monde d'aujourd'hui, du Québec à la Catalogne ? Alain Dieckhoff en appelle à un État démocratique multinational capable de combattre les tentations sécessionnistes.

Nouvelle édition, 2012

334 p. 9 €

9782081283855

Bernard **EDELMAN**

LE DROIT SAISI PAR LA PHOTOGRAPHIE

Éléments pour une théorie marxiste du droit

Suivi de « Le Personnage et son double », « La Rue et le droit d'auteur », « L'Œil du droit : nature et droit d'auteur »

À qui appartient l'image d'un lieu, d'une personne ? Le sujet de droit revêt-il une « forme marchande » ? Bernard Edelman, juriste et philosophe, explore les ramifications du droit d'auteur, depuis les bouleversements induits par la naissance de la photographie et du cinéma, jusqu'à la « privatisation » de la rue ou du paysage, en passant par le respect de la personnalité des personnages de fiction…

200 p. 8,20 €

9782080814777

Frédéric **ENCEL**

GÉOPOLITIQUE DE JÉRUSALEM

Préface d'Yves Lacoste

Sanctifiée par deux milliards et demi de chrétiens, de musulmans et de juifs, disputée par deux nations antagonistes, Jérusalem fait ici l'objet d'une analyse authentiquement géopolitique : stratégies territoriales israéliennes, armes diplomatiques palestiniennes, représentations mystiques… Exposé clair, cet ouvrage constitue, cartes et illustrations à l'appui, un outil de compréhension précieux pour aborder l'extraordinaire complexité de Jérusalem.

Édition révisée, 2015

316 p. 8 €

9782081363465

GÉOPOLITIQUE DE L'APOCALYPSE

La démocratie à l'épreuve de l'islamisme

L'islam serait-il une religion fondamentalement guerrière et intolérante, le monde arabe naturellement belliqueux ? Assiste-t-on à une guerre des civilisations ? Au-delà de ces questions désormais cruciales, une certitude demeure : les démocraties en général, la République française en particulier, sont menacées par ce nouveau fléau totalitaire qu'incarne l'islamisme radical. Son objectif : l'apocalypse…

211 p. 8,20 €

9782080800664

LE MOYEN-ORIENT ENTRE GUERRE ET PAIX

Une géopolitique du Golan

Moins vaste que le département du Val d'Oise, le Golan représente pourtant un enjeu stratégique majeur pour l'ensemble du Moyen-Orient : véritable château d'eau au cœur d'une région semi-aride, il commande la sécurité de la Syrie et d'Israël, tandis que le sort du Liban lui est intimement lié. Le Golan, ou la quintessence de la géopolitique ?

248 p. 8,20 €
9782080800121

Frédéric **ENCEL** – Olivier **GUEZ**

LA GRANDE ALLIANCE
De la Tchétchénie à l'Irak : un nouvel ordre mondial

La guerre d'Irak n'a pas ébranlé la grande alliance stratégique russo-américaine née à la suite des attentats du 11 septembre 2001. La fin des divergences russo-américaines de mars 2003, l'édulcoration de l'axe « Paris-Berlin-Moscou » témoignent de ce que Moscou et Washington ont renoué le dialogue et maintenu un partenariat géostratégique fondé sur des dossiers fondamentaux.

312 p. 8,20 €
9782080800961

Milton **FRIEDMAN**

CAPITALISME ET LIBERTÉ

Traduit de l'anglais par A.-M. Charno
Préface de Gaspard Koenig

Paru pour la première fois en 1962, *Capitalisme et liberté* est l'un des ouvrages clés de la pensée économique. Milton Friedman y défend la liberté économique comme condition nécessaire à toute liberté politique.

320 p. 9 €
9782081358850

Jean **GADREY**

NOUVELLE ÉCONOMIE, NOUVEAU MYTHE ?

Suivi de « Que reste-t-il de la nouvelle économie ? »

Nouvelle croissance, nouvelles technologies, nouveaux marchés, nouveaux emplois… de quoi en effet vouer un culte à la nouvelle économie. Si seulement c'était vrai ! Car cet avatar du libéralisme ne nous conduit-il pas à soumettre l'organisation du travail et la mondialisation de l'économie aux réseaux de la technologie et de la finance ?

288 p. 8,20 €
9782080800237

Bernard **GAZIER**

VERS UN NOUVEAU MODÈLE SOCIAL

Un nouveau modèle social s'invente aujourd'hui en Europe, à la recherche d'un autre plein-emploi respectueux de l'égalité des sexes et des rythmes de vie : rotation des emplois au Danemark, fondations de travail en Autriche, politique du temps des villes italiennes, congés parentaux à la suédoise, compte-épargne-temps un peu partout…

384 p. 10,20 €
9782081224445

Gaël **GIRAUD**

LA THÉORIE DES JEUX

Le propos de la théorie des jeux dépasse très largement le cadre des jeux de société – qui ont constitué son premier objet d'étude. Du paradoxe de Sen au dilemme des prisonniers joué par des automates, des jeux évolutionnaires aux réseaux stratégiques en passant par les modèles de principal agent, se dessine un champ de recherches qui, depuis vingt ans, n'a cessé de se développer jusqu'à toucher l'ensemble des sciences sociales.

Édition revue et augmentée, 2009

416 p. 10,20 €
9782081229068

Gaël **GIRAUD** – Cécile **RENOUARD** (dir.)

VINGT PROPOSITIONS POUR RÉFORMER LE CAPITALISME

Écrit par des experts des marchés financiers et de la finance d'entreprise, par des philosophes, des économistes et des mathématiciens, ce livre veut susciter le débat à partir de réformes concrètes : faut-il interdire la titrisation ou supprimer les dérivés de crédit ? Quel rôle jouent les normes comptables dans la débâcle actuelle ? Peut-on imaginer des formes d'impôt transnationales adaptées à la mondialisation ? Comment revaloriser le salariat ?

Faut-il remettre en cause l'indépendance de la Banque centrale européenne ?
Nouvelle édition, 2012
380 p. 10 €
9782081270909

Malcolm **GLADWELL**

TOUS WINNERS !

Comprendre les logiques du succès

Traduit de l'anglais par Michel Saint-Germain

Présentant une foule de personnages phénoménaux, Malcolm Gladwell brise ici le mythe selon lequel le succès proviendrait seulement d'un talent naturel. Il montre au contraire que les prodiges doivent leur succès à nombre de facteurs extérieurs (circonstances, timing, culture…) et propose un modèle pour mieux tirer parti du potentiel de chacun.
315 p. 9 €
9782081342569

Jean-Marie **GUÉHENNO**

LA FIN DE LA DÉMOCRATIE

Jean-Marie Guéhenno propose une nouvelle grille de lecture pour un monde « impérial », qui devra davantage à l'Asie qu'à la tradition européenne de l'État-nation et de la démocratie : comprendre les règles du jeu de ce monde nouveau, c'est se mettre en mesure non de lutter contre lui, mais de sauver ce qui doit l'être de l'idée de liberté.
192 p. 6,10 €
9782080813220

Ernesto « Che » **GUEVARA**

LA GUERRE DE GUÉRILLA

Traduit de l'espagnol par Laurence Villaume
Nouvelle préface de Janette Habel

Écrit entre 1959 et 1960, ce « manuel » a pour ambition de dégager de manière méthodique les règles et les spécificités de la guerre de guérilla. Les combats menés par Fidel Castro et par son avant-garde servent ici de modèle de lutte contre l'exploitation des populations d'Amérique latine. L'ouvrage se termine par une analyse de la situation cubaine et de son avenir, étayées de propositions politiques, économiques et militaires.
224 p. 8,20 €
9782081226432

JUSTICE GLOBALE

Plaidoyers pour un autre socialisme

Édition établie par Maria del Carmen Ariet Garcia
Traduit de l'espagnol par Eduardo Carrasco

Justice globale réunit trois textes essentiels : « En Algérie », où le Che développe ses idées sur la nature du capitalisme et sur le combat révolutionnaire ; « Le socialisme et l'homme à Cuba » dépeint la réalité de la révolution cubaine, et met en garde contre les absurdités qui voient le jour dans les pays socialistes ; « Créer deux, trois, une multitude de Vietnam, telle est la consigne » est une analyse détaillée de la résistance anti-impérialiste en Indochine, en Afrique, mais aussi en Amérique latine.
128 p. 7,20 €
9782081226425

Jean-Louis **HALPÉRIN**

HISTOIRE DES DROITS EN EUROPE

de 1750 à nos jours

Retracer l'évolution des droits en Europe, c'est faire l'histoire de nos sociétés depuis qu'elles sont entrées dans l'ère contemporaine au milieu du XVIIIe siècle. À l'heure où se pose avec acuité la question du degré souhaitable d'harmonisation dans l'Union européenne, cette perspective historique aide à réfléchir sur la diversité et la communauté des droits.
Édition révisée, 2006
384 p. 10,20 €
9782080801227

Marcela **IACUB**

LE CRIME ÉTAIT PRESQUE SEXUEL

Et autres essais de casuistique juridique

Quand une juriste se penche sur des histoires extraordinaires – le mariage des impuissants, la prohibition des rapports sexuels entre handicapés mentaux, le clonage humain… – pour démasquer les idéologies souvent liberticides qui nourrissent le droit.

348 p. 11,20 €

9782081218895

Paul **JORION**

LE PRIX

Comment les prix se fixent-ils ? Étudiant leur formation à travers de nombreux exemples, Paul Jorion démontre l'invalidité de la loi de l'offre et de la demande.

368 p. 10 €

9782081347496

Tony **JUDT**

RETOUR SUR LE XXe SIÈCLE

Une histoire de la pensée contemporaine

Traduit de l'anglais par Pierre-Emmanuel Dauzat et Sylvie Taussig

Des marxistes français à l'économie de la mondialisation, de Primo Levi à Albert Camus, de la Grande-Bretagne à Israël, les essais réunis ici couvrent un éventail remarquable de sujets et un large espace géographique. Deux préoccupations dominantes sous-tendent le recueil : le rôle des idées et des intellectuels, et la place de l'histoire récente dans une ère d'oubli. Car, pour avancer hardiment dans le suivant, il s'agit d'abord de ne pas tourner le dos au XXe siècle troublé, mais d'y donner un sens et d'en tirer des leçons.

656 p. 13 €

9782081284470

Jacques **JULLIARD** – Jean-Claude **MICHÉA**

LA GAUCHE ET LE PEUPLE

N

Lettres croisées.

Que signifie « être de gauche » de nos jours ? Qu'est-ce que « le peuple » aujourd'hui, et est-il encore de gauche ? Au fil d'un échange de lettres vigoureux, franc et bienveillant, Julliard et Michéa rendent toute sa noblesse au débat politique.

320 p. 9 €

9782081395916

Duncan **KENNEDY**

SEXY DRESSING

Violences sexuelles et érotisation de la domination

Traduit de l'anglais et présenté par Mikhaïl Xifaras

Duncan Kennedy, professeur de droit à Harvard, se demande comment il est possible de sauver le désir, l'humour, voire la provocation, dans les relations de séduction, sans pour autant renoncer à protéger les femmes contre les violences sexuelles. Contribution significative à l'émergence du courant *queer* – dont il est le premier exemple dans le domaine des études juridiques –, *Sexy Dressing* est un jalon dans l'histoire culturelle des États-Unis de l'après-guerre et un apport théorique majeur à la critique sociale.

242 p. 10,20 €

9782081216990

Zaki **LAÏDI**

LA GRANDE PERTURBATION

Le changement social mondial est désormais vécu comme un processus qui déracine sans orienter, qui déchire sans reconstruire, qui prescrit sans rassurer. Ce livre se propose de dresser une des premières synthèses intellectuelles de ce que, faute de mieux, on appelle la mondialisation.

360 p. 8,20 €

9782080801616

LE MONDE SELON OBAMA

La politique étrangère des États-Unis

On imaginait que Barack Obama renouvellerait profondément l'image de l'Amérique dans le monde. Qu'en est-il, et a-t-il pour autant modifié la politique étrangère des États-Unis elle-même ? Cet ouvrage apporte les premiers éléments de réponse sur la base d'un travail exhaustif, rigoureux et totalement inédit.

Nouvelle édition, 2012

416 p. 10 €

9782081284463

LE SACRE DU PRÉSENT

Revenus de toutes les utopies sociales, dépourvus de tout point de vue, nous sommes engagés aujourd'hui dans la seule recherche individuelle d'un présent éternel. Comment en sommes-nous venus à nous incarcérer dans le présent immédiat, à immoler volontairement l'avenir ? Pourquoi ne pensons-nous plus le temps sur le mode de l'espérance, mais sur le mode de l'urgence ? Un essai brillant sur notre condition temporelle nouvelle, celle de l'« homme présent ».

280 p. 8,20 €

9782080800466

Christopher LASCH

LA CULTURE DU NARCISSISME

La vie américaine à un âge de déclin des espérances

Précédé de « Pour en finir avec le XXIe siècle » (par Jean-Claude Michéa)
Traduit de l'anglais par Michel Landa

« Cet ouvrage jette une lumière décisive sur le paradoxe politique le plus étonnant de ces trente dernières années : l'extension à toutes les sphères de la société, à commencer par les médias, d'un esprit de contestation permanente des "valeurs bourgeoises" dont chaque brillante intuition se révèle invariablement n'avoir été que la simple bande-annonce des figures suivantes de l'esprit capitaliste. » *(Jean-Claude Michéa)*

332 p. 9,20 €

9782081218758

LA RÉVOLTE DES ÉLITES

et la trahison de la démocratie

Avant-propos de Jean-Claude Michéa
Traduit de l'anglais par Christian Fournier

Christopher Lasch montre ici comment des élites hédonistes assoient leur pouvoir sur un culte de la marge et sur un fantasme de l'émancipation permanente. Le testament d'un grand intellectuel anticonformiste, politiquement très incorrect.

272 p. 9,20 €

9782081236813

LE SEUL ET VRAI PARADIS

Une histoire de l'idéologie du progrès et de ses critiques

Traduit de l'anglais et présenté par Frédéric Joly

L'auteur montre que les mouvements démocratiques des trois derniers siècles, aussi bien en Europe qu'outre Atlantique, se constituèrent tous en opposition à un « mouvement de l'histoire » auquel ils ne croyaient pas.

Édition révisée, 2006

686 p. 12 €

9782080801593

Bernard MANIN

PRINCIPES DU GOUVERNEMENT REPRÉSENTATIF

Le système représentatif n'a pas pour seule fonction de permettre au peuple de se gouverner lui-même. Il mêle, en fait, des traits démocratiques et aristocratiques. L'élu n'est jamais le double ni le porte-parole de l'électeur, mais il gouverne en anticipant le jour où le public rendra son jugement.

Édition révisée, 2012

320 p. 9 €

9782081286184

Bernard MARIS

HOUELLEBECQ ÉCONOMISTE

N

Comme Balzac fut le romancier du capitalisme triomphant, Houellebecq est celui de la main de fer du marché et du capitalisme à l'agonie. Bernard Maris nous invite à une surprenante lecture de son œuvre pour comprendre la crise du monde contemporain.

160 p. 7 €

9782081375673

Jérôme **MAUCOURANT**

AVEZ-VOUS LU POLANYI ?

Préface d'Alain Caillé

Ce livre présente le parcours intellectuel de Karl Polanyi (1886-1964) à la croisée de l'économie, de l'histoire et de la sociologie, et éclaire l'ensemble de son œuvre, près de trente ans après la publication dans notre langue de son œuvre majeure : *La Grande Transformation*.

272 p. 10,20 €

9782081231719

Sylvie **MESURE** – Alain **RENAUT**

ALTER EGO

Les paradoxes de l'identité démocratique

Notre identité se révèle le produit énigmatique de deux dynamiques antagonistes : chacun ne peut dire « je » qu'en disant aussi « nous ». De là procède l'interrogation de ce livre : réimpliquer l'individu dans la cité, n'est-ce pas lui permettre de réaffirmer socialement cette dimension de lui-même que le libéralisme classique n'avait pu tolérer qu'en la renvoyant à la sphère privée ?

306 p. 9,20 €

9782080800046

Jean-Claude **MICHÉA**

LE COMPLEXE D'ORPHÉE

La gauche, les gens ordinaires et la religion du progrès

Jean-Claude Michéa analyse les points de convergence des valeurs progressistes et libérales de la gauche et de la droite contemporaines, et des pistes pour fonder une nouvelle réflexion de gauche, privilégiant le local, la morale et l'anthropologie.

368 p. 9 €

9782081333208

LA DOUBLE PENSÉE

Retour sur la question libérale

Le libéralisme est une pensée double : apologie de l'économie de marché, d'un côté, de l'État de droit et de la « libération des mœurs » de l'autre. Mais, depuis George Orwell, la double pensée désigne aussi ce mode de fonctionnement psychologique, fondé sur le mensonge à soi-même, qui permet à l'intellectuel totalitaire de soutenir simultanément deux thèses incompatibles.

288 p. 9,20 €

9782081218390

L'EMPIRE DU MOINDRE MAL

Essai sur la civilisation libérale

L'ambition du libéralisme est d'instituer la moins mauvaise société possible, celle qui doit protéger l'humanité de sa folie idéologique. Il fait donc preuve d'un pessimisme profond quant à l'aptitude des hommes à édifier un monde décent. Comment expliquer alors que cette doctrine reprenne un à un tous les motifs de son plus vieil ennemi, le meilleur des mondes ?

208 p. 8,20 €

9782081220430

IMPASSE ADAM SMITH

Brèves remarques sur l'impossibilité de dépasser le capitalisme sur sa gauche

« Ce sont les exigences mêmes d'un combat cohérent contre l'utopie libérale et la société de classes renforcée qu'elle engendre inévitablement qui rendent à présent politiquement nécessaire une rupture radicale avec l'imaginaire intellectuel de la Gauche. »

192 p. 8,20 €

9782081240797

LES MYSTÈRES DE LA GAUCHE

De l'idéal des Lumières au triomphe du capitalisme absolu

Jean-Claude Michéa s'interroge ici sur la signification même du mot « gauche » : qu'entend-on par « être de gauche » ? D'ailleurs, y-a-t-il encore une réelle différence entre la gauche et la droite ? Le philosophe questionne sans relâche le ralliement de la gauche au marché et livre un essai sans compromis.

144 p. 6 €

9782081313026

NOTRE ENNEMI LE CAPITAL

Jean-Claude Michéa brocarde la passion quasi exclusive de la gauche libérale pour les minorités au détriment du peuple ; moque son culte de l'égoïsme et de l'individualisme ; dissèque les manipulations intellectuelles auxquelles elle excelle… Mais analyse aussi les mérites de nouveaux mouvements politiques comme Podemos, et renoue avec l'espoir d'un monde décent.

320 p. 10 €

9782081422339

René PASSET

L'ILLUSION NÉO-LIBÉRALE

Le monde est en pleine mutation. Avec l'ordinateur et sa mise en réseau, le facteur immatériel – l'information – prend la relève de l'énergie comme moteur du développement. Un nouveau type d'économie est en train de naître. Comment faire face à cette révolution culturelle ?

302 p. 10,20 €

9782080800220

Paul SEABRIGHT

SEXONOMICS

Sexes, mensonges et économie

Traduit de l'anglais par Mathieu Bathol

La manière de s'accoupler génère, chez toutes les espèces animales, des types d'économies particuliers. L'homme et la femme n'y échappent pas. En observant notre lointain passé, Paul Seabright décrypte les ressorts de l'échange entre sexes. Ce professeur de sciences économiques et chercheur turbulent met en lumière les empreintes des comportements archaïques qui s'éveillent dans toute situation de séduction et de sélection, et signe ici un essai décapant sur ce que l'on appelle la « guerre des sexes ».

336 p. 10 €

9782081296060

Amartya SEN

L'IDÉE DE JUSTICE

Traduit de l'anglais par Paul Chemla avec la collaboration d'Éloi Laurent

Amartya Sen s'écarte ici des théories de la justice qui – dans la tradition de Hobbes, Rousseau, Locke et Kant, et, à notre époque, John Rawls – veulent définir les *règles* et les *principes* gouvernant des *institutions justes* dans un monde idéal. Il s'inscrit dans une autre tradition des Lumières, portée par Smith, Condorcet, Bentham, Wollstonecraft, Marx et Mill, qui compare – pour combattre les injustices réelles – *différentes situations sociales*.

562 p. 12 €

9782081270695

Pierre-André TAGUIEFF

L'ILLUSION POPULISTE

Essai sur les démagogies de l'âge démocratique

Pierre-André Taguieff tente une définition du populisme. Pour lui, il ne s'agit pas d'une idéologie politique ou d'un type de régime, mais bien d'un style politique fondé sur le recours systématique à l'appel au peuple.

Édition révisée, 2007

464 p. 10,20 €

9782081203655

Jacques VALIER

BRÈVE HISTOIRE DE LA PENSÉE ÉCONOMIQUE

D'Aristote à nos jours

Cette « brève histoire de la pensée économique » propose, d'Aristote à nos jours, un survol extrêmement pédagogique des grandes questions économiques et des différents courants de la pensée économique.

Édition révisée, 2009

242 p. 8 €

9782081342606

Daniel ZAJDENWEBER

ÉCONOMIE DES EXTRÊMES

Krachs, catastrophes et inégalités

Krachs boursiers, catastrophes naturelles ou industrielles, ces phénomènes extrêmes sont loin d'être « anormaux ». Ils sont la conséquence inévitable de la croissance, de la concentration des richesses, et des comportements des acteurs économiques. Mais ils constituent un véritable défi pour les économistes, qui ne parviennent pas à les appréhender correctement. Daniel Zajdenweber propose un ensemble d'outils d'analyse permettant une meilleure évaluation des risques.

Prix Risques-Les Échos, 2001 ; prix Turgot du meilleur livre d'économie financière, 2000-2001

Édition revue et augmentée, 2009

240 p. 9,20 €

9782081229020

Littérature

Theodor ADORNO

NOTES SUR LA LITTÉRATURE

Traduit de l'allemand par Sibylle Muller

Les *Notes sur la littérature* regroupent une série d'essais consacrés à des écrivains (Balzac, Proust, Valéry, Beckett…) et à des thèmes littéraires (le statut du narrateur, la poésie lyrique…). Les théories esthétiques d'Adorno reposent sur l'idée que chaque œuvre d'art renferme un « contenu de vérité » propre, que le critique a pour tâche de déchiffrer. Il accède ainsi à une forme de connaissance unique des conditions de production de l'œuvre, de l'époque et de la société qui l'ont vue naître.

448 p. 10,20 €

9782081221161

Anne BOQUEL – Étienne KERN

UNE HISTOIRE DES HAINES D'ÉCRIVAINS

De Chateaubriand à Proust

Avant d'avoir une vie d'auteur, les écrivains ont une vie sociale : ils se rencontrent et s'estiment, mais aussi s'agacent, voire se haïssent. C'est cette chronique secrète de la littérature française qui nous est racontée ici : jalousies amoureuses ou sexuelles, bassesses pour enfoncer un rival ou accéder à un salon en vue, accusations variées de plagiat, rivalités pour obtenir prix et privilèges…

336 p. 8,20 €

9782081231467

Karl COGARD

INTRODUCTION À LA STYLISTIQUE

Coincée entre littérature et linguistique, la stylistique déroute l'étudiant en lettres, que cette discipline accompagne pourtant tout au long de son parcours. Outre une « petite histoire de la stylistique », cet ouvrage propose un certain nombre d'exercices et d'analyses de textes, conduites sous la forme d'un commentaire achevé ou non, qui permettent au lecteur de se familiariser avec les différents outils de l'apprenti-stylisticien.

320 p. 11,20 €

9782080830104

Jean COHEN

STRUCTURE DU LANGAGE POÉTIQUE

« Sont analysées et interprétées tout au long de l'ouvrage les composantes phoniques et sémantiques de l'activité poétique. Un livre clair et documenté. » (André Jacob)

220 p. 8,20 €

9782081226487

Stéphane GIOCANTI

UNE HISTOIRE POLITIQUE DE LA LITTÉRATURE

De Victor Hugo à Richard Millet

De Victor Hugo à Houellebecq, Giocanti propose ici un ensemble de catégories où ranger les écrivains qui se mêlent de politique : il y a les courtisans, les ambassadeurs, les encartés, les idéologues, les vaillants, les tours d'ivoire, les dilettantes, les prophètes… On ne sera pas toujours d'accord avec ses choix, on grincera parfois des dents, mais une chose est sûre : on ne s'ennuie jamais.

336 p. 9,20 €

9782081249561

Simon **LEYS**

ORWELL OU L'HORREUR DE LA POLITIQUE

Dans ce petit essai, initialement publié pour saluer la date orwellienne de 1984, Simon Leys décortique la théorie politique de cet écrivain majeur et tord le cou à un certain nombre d'idées reçues.

128 p. 6 €

9782081331419

LE STUDIO DE L'INUTILITÉ

Dans sa jeunesse, Simon Leys passa deux ans dans une « cahute » de Hong Kong avec trois amis étudiants – période bénie où « l'étude et la vie ne formaient plus qu'une seule et même entreprise ». C'est en souvenir de ce foyer régi par l'échange et l'émulation, surnommé le « studio de l'inutilité », qu'il a ainsi intitulé le présent recueil d'essais. Tous regardent ses trois domaines de prédilection : la littérature, la Chine, la mer.

320 p. 9 €

9782081303287

Tzvetan **TODOROV**

LA LITTÉRATURE EN PÉRIL

Pour Todorov, la littérature est le meilleur moyen de connaître le monde humain et elle peut apprendre à mieux vivre. Pourquoi, alors, la France d'aujourd'hui se contente-t-elle d'une vision étriquée du rôle de la littérature ?

112 p. 6 €

9782081307803

Heidi **TOELLE** – Katia **ZAKHARIA**

À LA DÉCOUVERTE DE LA LITTÉRATURE ARABE

Du VIe siècle à nos jours

Un panorama de la littérature arabe, en vers ou en prose, des poètes préislamiques à la naissance du roman, de la nouvelle et du théâtre « modernes », en passant par les poètes andalous et les romans de chevalerie. Pour découvrir la richesse d'une littérature qui, trop souvent, n'évoque que les *Mille et Une Nuits*.

Édition révisée, 2014

608 p. 11 €

9782081331563

PHILOSOPHIE

ALAIN

IDÉES

Introduction à la philosophie

Une série d'études (Platon, Aristote…) qui composent une vivante introduction à la philosophie. « Socrate n'est pas mort », disait André Maurois à propos d'Alain.

318 p. 9,20 €

9782081235434

PLATON

Textes établis et présentés par Robert Bourgne et Emmanuel Blondel

« Être Platon » : la formule ramasse ce qu'Alain put comprendre de son « poste d'homme », et la tâche qu'il se donna de réveiller l'homme en chacun. Il le fit par l'invention du « Propos » dans son enseignement et, d'une manière parfaite en son genre, dans les *Onze chapitres sur Platon*, « introduction » dont la profondeur et la puissance ont été unanimement reconnues.

320 p. 10,20 €

9782080801340

Louis **ALTHUSSER**

L'AVENIR DURE LONGTEMPS

Suivi de « Les Faits »

Présentation par Olivier Corpet et Yann Moulier Boutang

Dans ces deux textes autobiographiques, Louis Althusser revient le meurtre de sa femme Hélène, pour soulever la « pierre tombale du silence » posée sur lui depuis cet événement.

620 p. 12 €

9782081284692

Monique **ATLAN** – Roger-Pol **DROIT**

HUMAIN

Une enquête philosophique sur ces révolutions qui changent nos vies

Congeler des embryons et les implanter des années plus tard, augmenter la mémoire, la résistance à la fatigue, la durée de l'existence : l'impossible d'hier devient le possible d'aujourd'hui. Pour cette enquête intellectuelle mondiale autour de l'humanité et de son futur, les auteurs ont recueilli les témoignages d'une cinquantaine de personnalités issues de multiples disciplines.

736 p. 12 €

9782081313019

Paul **AUDI**

SUPÉRIORITÉ DE L'ÉTHIQUE

Tout l'enjeu de ce livre est d'expliquer pourquoi et comment la tâche éthique consiste en une « explication avec soi-même » où il s'agit, en tout dernier ressort, de faire face au désespoir qui est toujours tapi au fond de soi et dont il convient de désespérer pour mieux se supporter soi-même.

366 p. 10,20 €

9782081200784

Alain **BADIOU**

ÉLOGE DE L'AMOUR

Avec Nicolas Truong

Des moralistes français à Levinas, en passant par Schopenhauer, les philosophes ont souvent maltraité l'amour. Pour Alain Badiou, l'amour est aujourd'hui menacé : la puissance de l'événement incommensurable qu'il constitue est niée à la fois par les tenants du marché libéral (pour lesquels tout n'est qu'intérêt) et par ses opposants (pour lesquels l'amour n'est qu'hédonisme). Il est donc à réinventer…

112 p. 5 €

9782081379725

ÉLOGE DES MATHÉMATIQUES

N

Avec Gilles Haéri

Les mathématiques font-elles le bonheur ? Oui ! répond Alain Badiou. Une introduction très accessible à ce que sont les mathématiques, qui explore l'influence décisive qu'elles ont toujours exercée sur les plus grands philosophes.

Prix Tangente 2016

128 p. 6 €

9782081395930

ÉLOGE DU THÉÂTRE

Avec Nicolas Truong

Avec brio et originalité, Alain Badiou fait un état des lieux du théâtre aujourd'hui : sa place dans le discours public et dans l'art contemporain, son influence sur les hommes politiques, son pouvoir sur les spectateurs...

112 p. 6 €

9782081375550

SECOND MANIFESTE POUR LA PHILOSOPHIE

Il y a vingt ans, Alain Badiou faisait paraître un premier Manifeste, qui portait l'estocade à la philosophie française d'inspiration heideggérienne, en particulier aux théories de Jacques Derrida. Aujourd'hui, l'ennemi a changé de camp. « Sous le nom de démocratie, et après l'effondrement du communisme d'État, la politique est ramenée en général à une sorte de mixture entre économie et gestion, avec pas mal de police et de contrôle par-dessus. »

144 p. **6,10 €**

9782081231399

Anouk **BARBEROUSSE** – Max **KISTLER** – Pascal **LUDWIG**

LA PHILOSOPHIE DES SCIENCES AU XXe SIÈCLE

Ce livre présente, dans un ordre logique plutôt que chronologique, les principaux problèmes qui sont discutés aujourd'hui en philosophie des sciences (l'induction, la connaissance incertaine, les lois de la nature, la causalité...). Au coeur de ce projet, une conviction : la pensée philosophique prolonge l'activité scientifique.

350 p. **9,20 €**

9782081255845

Walter **BENJAMIN**

LE CONCEPT DE CRITIQUE ESTHÉTIQUE DANS LE ROMANTISME ALLEMAND

Avant-propos de Philippe Lacoue-Labarthe
Traduit de l'allemand par Philippe Lacoue-Labarthe et Anne-Marie Lang

Ce livre, la première œuvre importante de Benjamin, contient tout l'art poétique du philosophe : il traite fondamentalement de l'art en tant qu'idée et de ses œuvres, parmi lesquelles, pour les romantiques, la poésie tient une place centrale.

192 p. **8,20 €**

9782081218246

ORIGINE DU DRAME BAROQUE ALLEMAND

Traduit de l'allemand par Sibylle Muller (avec le concours de André Hirt)
Préface d'Irving Wolhfarth

Sous ce titre érudit se cache le plus important des ouvrages que Benjamin put mener à terme. Minant la « science littéraire » – après le romantisme et après Nietzsche –, ce livre ouvre à une pensée inédite de la provenance et de la destination de l'art dans le monde moderne.

336 p. **11,20 €**

9782081232174

Jocelyn **BENOIST**

CONCEPTS

Une introduction à la philosophie

Qu'est-ce qu'un concept ? Cette question nous pousse à donner une détermination plus exacte de ce que nous entendons par « pensée ». Mais que veut dire pour la pensée que celle-ci passe par la mise en œuvre de « concepts » ? Et si les concepts sont censés nous ménager une prise sur quelque chose, s'agit-il bien de la réalité elle-même ?

206 p. **9 €**

9782081270855

Simon **BLACKBURN**

PENSER

Une irrésistible introduction à la philosophie

Traduit de l'anglais par Pierre-Emmanuel Dauzat

Un guide irrésistible dans les arcanes de la pensée pour apprendre à vivre et qui traite des grandes questions de l'existence : la connaissance, la conscience, le destin, Dieu, la vérité... Ce livre s'adresse à tous ceux qui pensent que la vie soulève effectivement de grandes questions mais ne savent pas toujours comment les aborder.

382 p. **9,20 €**

9782081222830

Remo **BODEI**

LA PHILOSOPHIE AU XXe SIÈCLE

Traduit de l'italien par Corinne Paul-Maïer avec la collaboration de Pascal Michon

Sur un mode narratif, ce livre offre des instruments pour penser un siècle fertile en transformations imprévues, reconstruit les coordonnées de nos paysages mentaux et retrace les parcours au long desquels la philosophie rencontre les savoirs majeurs de notre temps.

256 p. **11,20 €**

9782080814166

Rémi **BRAGUE**

AU MOYEN DU MOYEN ÂGE

Philosophies médiévales en chrétienté, judaïsme et islam

Qu'est-ce que le Moyen Âge a apporté à la philosophie ? C'est l'objectif de ce livre que de l'expliquer. Rémi Brague nous montre ainsi que les médiévaux ont su aller chercher, en dehors de leur expérience immédiate, chez les Anciens, et même en dehors de leur tradition propre, dans le monde arabe, des données culturelles, qu'ils ont travaillées, développées, prolongées. Et cela, sans jamais oublier que ce qu'ils empruntaient venait du dehors.

Édition revue et corrigée, 2006

434 p. 10,20 €

9782081217850

DU DIEU DES CHRÉTIENS ET D'UN OU DEUX AUTRES

Quel est le dieu des chrétiens ? Quelles en sont les caractéristiques ? Quelle en est la singularité ? À ce sujet vaste et quelque peu intimidant, le philosophe Rémi Brague répond en sept chapitres concis, informés, stimulants. Au terme de cette enquête, le lecteur pourra accepter ou refuser le dieu des chrétiens ; dans les deux cas, il le fera en connaissance de cause.

256 p. 8,20 €

9782081232556

INTRODUCTION AU MONDE GREC

Études d'histoire de la philosophie

Comment la philosophie ancienne est-elle née ? Comment s'est-elle imposée en Grèce ? Comment s'est-elle peu à peu émancipée du mythe ? Explorant les concepts et le déploiement de cette philosophie en train de se faire, qui caractérise les premiers temps de la pensée, Rémi Brague nous convie à un dialogue avec les plus grands auteurs – de Parménide aux Stoïciens en passant par Platon et Aristote – traçant ainsi un chemin entre passé et présent, indispensable à quiconque veut commencer à comprendre la philosophie.

304 p. 9,20 €

9782081217867

MODÉRÉMENT MODERNE

N

Les Temps Modernes ou l'invention d'une supercherie

Avec le recul et la capacité d'analyse que lui permet sa formidable culture, Rémi Brague nous offre une série de réflexions incisives sur les notions de Modernité, de Culture, d'Histoire, de Sécularisation, de Progrès… Chemin faisant, il met en avant des penseurs qui sortent des sentiers battus, et des idées qu'on avait oubliées.

384 p. 10 €

9782081366572

LE PROPRE DE L'HOMME

Sur une légitimité menacée

Il existe des facteurs qui, venant de l'homme lui-même, sapent son humanité propre. Difficiles à saisir, Rémi Brague tâche de les repérer à travers une analyse fulgurante et radicale de l'idée d'humanisme. Il est facile de prêcher un humanisme réduit aux règles du vivre-ensemble, mais comment le fonder ?

272 p. 9 €

9782081347403

Alain **CAILLÉ** – Christian **LAZZERI** – Michel **SENELLART** (dir.)

HISTOIRE RAISONNÉE DE LA PHILOSOPHIE MORALE ET POLITIQUE

Le bonheur et l'utile

Être heureux, seuls ou ensemble : individus ou communautés peuvent-ils s'assigner un autre objectif ? Comment penser cet « être ensemble » ? Au cœur de cette interrogation s'en dissimule une autre, âprement discutée depuis vingt-cinq siècles : est-il d'autre fondement possible au politique et au moral que l'intérêt ? C'est à partir de ces questions que s'organisent ces deux ouvrages, ambitieux et originaux.

T. I : De l'Antiquité aux Lumières
528 p. 13,20 €
9782081208810

T. II : Des Lumières à nos jours
464 p. 13,20 €
9782081208919

Bernard CHAMBAZ

PETITE PHILOSOPHIE DU VÉLO

Réflexion sur le cyclisme à travers une série de thèmes philosophiques allant de la prédestination à Dieu en passant par le langage, l'esthétique, la liberté et la vérité. Chacun est l'occasion d'une anecdote dans laquelle le romancier, au gré de sa mémoire, de ses sensations, de ses émotions, réaffirme sa passion pour le vélo.

112 p. 6 €
9782081331051

Maria DARAKI

DIONYSOS ET LA DÉESSE TERRE

La « raison grecque » nous a été transmise par les philosophes, mais c'est un dieu, transgressif et central, Dionysos, qui nous transmet la « pensée sauvage » de la Grèce. Grâce à lui, elle disposera de son passé comme d'une flamme vive qui se dresse, merveilleuse et paradoxale, dans le jour positif de la Raison.

290 p. 8,20 €
9782080813114

Vincent DELECROIX

CHANTER

Reprendre la parole

Qui sommes-nous lorsque nous chantons ? Libérant le chant de tous ses mythes, des sirènes d'Ulysse au rock and roll, en passant par les métamorphoses d'Orphée ; échappant à la nostalgie des origines, comme à toute sacralisation de la voix, ce gai savoir interroge une époque qu'on prétend « désenchantée ». Il montre, au plus près de l'expérience, comment chanter nous fait reprendre la parole.

352 p. 9 €
9782081347359

Gilles DELEUZE – Claire PARNET

DIALOGUES

Deleuze, opposé à tous les psychanalyses, les interprétations, les langages binaires, a renouvelé les formes de la pensée philosophique française. Écrits en 1977, ces entretiens avec Claire Parnet, journaliste et ancienne élève de Deleuze, témoignant de l'intelligence, de la vivacité et de la passion pour la vie du philosophe disparu en 1995.

190 p. 8,20 €
9782081218031

Jacques DERRIDA

ÉPERONS

Les styles de Nietzsche

Préface de Stefano Agosti

Ayant engagé ailleurs la déconstruction (*Marges*, *La Dissémination*) de ce qu'il nomme phallogocentrisme, Jacques Derrida s'interroge ici à quelles conditions une écriture des femmes – au sujet des femmes et revenant aux femmes – aura-t-elle été, s'il en fut, possible ? On n'évitera pas la provocation de Nietzsche.

Illustrations de François Loubrieu

128 p. 7,20 €
9782081248311

HEIDEGGER ET LA QUESTION

De l'esprit et autres essais

Heidegger soumis à la question ; celle du nazisme, du Bien et du Mal, de l'acquiescement et du oui qui engage.

224 p. 9,20 €
9782081248304

LA VÉRITÉ EN PEINTURE

Ce livre rassemble quatorze études de Derrida « autour de la peinture ». Les prétextes qui donnent lieu à ces grandes dérives autour d'une même interrogation, le discours de la philosophie de l'art, sont : le voyage du dessin d'Adami, « les boîtes » de Titus Carmel, la polémique entre Heidegger et Schapiro sur l'origine des fameux souliers de Van Gogh…

53 ill.

438 p. 10,20 €
9782081248298

Marcel DETIENNE – Jean-Pierre VERNANT

LES RUSES DE L'INTELLIGENCE

La *mètis* des Grecs

Engagée dans le devenir et l'action, cette forme d'intelligence a été, à partir du Ve siècle, refoulée dans l'ombre par les philosophes. Au nom de la métaphysique de l'être et de l'immuable, le savoir conjectural et la connaissance oblique des habiles et des prudents furent rejetés du côté du non-savoir.

318 p. 8,20 €

9782081214828

Eric Robertson DODDS

LES GRECS ET L'IRRATIONNEL

Traduit de l'anglais par Michael Gibron

La culture hellénique est traditionnellement associée au triomphe de l'esprit de raison. L'auteur démontre que les hommes qui créèrent le premier rationalisme furent conscients, même au travers de l'époque hellénistique, de la puissance, de la splendeur et du péril de l'irrationnel.

318 p. 7,20 €

9782080810281

Roger-Pol DROIT

UNE BRÈVE HISTOIRE DE LA PHILOSOPHIE

Où trouver la vérité ? Dans les sciences, les religions, les arts ? Dans la raison humaine ? ou dans la parole divine ? Cette vérité est-elle unique ou multiple ? Existe-t-elle vraiment, ou bien n'est-elle qu'illusion ? Et si c'est une fable, à quel besoin répond-elle ? Les philosophes n'ont cessé de tourner autour de ces questions. Elles servent ici de fil conducteur à un voyage dans la pensée, de Platon à nos jours.

320 p. 8 €

9782081342576

LES HÉROS DE LA SAGESSE

Ils semblent avoir disparu depuis longtemps, mais les « sages » fascinent. En écrivain, Roger-Pol Droit dessine des visages de sages, réels ou légendaires : Diogène, Confucius, Hillel, Bouddha… En philosophe, il montre que le sage n'existe pas, sauf comme un rêve antique, que Montaigne, Spinoza ou Nietzsche tentent de faire revivre.

192 p. 9 €

9782081246621

MAÎTRES À PENSER

Vingt philosophes qui ont fait le XXe siècle

Ce livre propose un voyage en vingt épisodes dans les cercles de la philosophie contemporaine, du début du XXe siècle jusqu'à nos jours. De la « déconstruction » de Derrida au « biopouvoir » de Michel Foucault en passant par « l'être-pour-la-mort » de Heidegger : le vocabulaire intellectuel et les grandes figures de la philosophie contemporaine.

336 p. 8 €

9782081307766

Didier ERIBON

RÉFLEXIONS SUR LA QUESTION GAY

Didier Eribon oriente sa réflexion selon trois axes. D'abord une analyse de l'expérience vécue par les homosexuels de l'infériorité que leur assigne la société. Ensuite la restitution de quelques étapes cruciales de la constitution de l'identité gay moderne au XIXe siècle. Enfin le commentaire des textes de Michel Foucault.

Édition revue et corrigée, 2012

816 p. 11 €

9782081231627

Luc FERRY

APPRENDRE À VIVRE

Traité de philosophie à l'usage des jeunes générations

Luc Ferry nous entraîne dans un passionnant voyage à travers l'histoire de la philosophie, de la sagesse antique à la déconstruction contemporaine en passant par la naissance du christianisme, l'humanisme et la postmodernité. Au terme de cet enseignement, le lecteur est plus instruit – il est aussi plus libre.

350 p. 8 €

9782081342644

Kurt **FLASCH**

INTRODUCTION À LA PHILOSOPHIE MÉDIÉVALE

Traduit de l'allemand par Janine de Bourgknecht
Préface de Ruedi Imbach et François-Xavier Putallaz

Kurt Flasch a choisi d'aborder les œuvres médiévales par le biais des textes polémiques, là où les débats recouvrent des positions philosophiques, théologiques, sociales et politiques tranchées. Il esquisse ainsi l'histoire d'une philosophie à l'état de dispute et de contradiction.

246 p. 8,20 €
9782080814197

René **GIRARD**

ACHEVER CLAUSEWITZ

En collaboration avec Benoît Chantre

Dans ces entretiens, René Girard fait de Carl von Clausewitz (1780-1831) le témoin fasciné d'une accélération de l'histoire. Hanté par le conflit franco-allemand, ce stratège prussien – dont on connaît l'axiome : « La guerre est la continuation de la politique par d'autres moyens » – éclaire mieux qu'aucun autre le mouvement qui va détruire l'Europe.

Édition revue et augmentée, 2011
400 p. 10,20 €
9782081226395

LA CONVERSION DE L'ART

Textes rassemblés par Benoît Chantre et Trevor Cribben Merrill

Cet ouvrage réunit huit essais esthétiques sur Saint-John Perse et Malraux, Stendhal et Valéry, Freud et Proust, Nietzsche et Wagner. Rédigés entre 1953 et 1983, ils sont ici remis en perspective par une préface de l'auteur (2008) et mettent en lumière à quel point la conception du désir mimétique s'est toujours vigoureusement opposée à l'individualisme freudien.

240 p. 9,20 €
9782081226401

Frédéric **GROS**

MARCHER, UNE PHILOSOPHIE

Frédéric Gros explore ici, en une série de méditations philosophiques et en compagnie d'illustres penseurs (Nietzsche et Rimbaud, Rousseau et Thoreau, Nerval et Hölderlin...), mille et une façons de marcher – flânerie, errance ou pèlerinage –, comme autant d'exercices spirituels.

320 p. 8,20 €
9782081249608

Jürgen **HABERMAS**

DE L'ÉTHIQUE DE LA DISCUSSION

Traduit de l'allemand par Mark Hunyadi

Jürgen Habermas tente ici de dépasser l'opposition qui marque les débats, en philosophie morale, entre un universalisme abstrait (« la morale est la même pour tous ») et un relativisme contradictoire (« si chacun peut défendre sa morale, comment précisément se défend-il ? »). Pour Habermas, la question morale centrale n'est plus de savoir comment mener une vie bonne, mais de savoir à quelles conditions une norme peut être dite valide.

Nouvelle édition, 2013
202 p. 9,20 €
9782081305786

ÉCRITS POLITIQUES

Culture, droit, histoire

Traduit de l'allemand par Christian Bouchindhomme et Rainer Rochlitz

Rédigés entre l'automne 1981 et le printemps 1990, ces essais abordent des questions esthétiques, culturelles, juridiques, historiques et politiques autour d'un axe central : celui de la question de l'identité allemande et de la culture européenne.

352 p. 9,20 €
9782081249868

MORALE ET COMMUNICATION

Conscience morale et activité communicationnelle

Traduit de l'allemand et présenté par Christian Bouchindhomme

Jürgen Habermas développe dans ce livre une théorie proprement philosophique des relations humaines dans les sociétés contemporaines, une morale non prescriptive dont les principes ne sont liés qu'à la garantie de l'intercompréhension.

224 p. 9,20 €

9782080814203

Vladimir JANKÉLÉVITCH

L'AVENTURE, L'ENNUI, LE SÉRIEUX

Présentation par Laure Barillas, Pierre-Alban Guinfolleau et Frédéric Worms

Jalon majeur de l'œuvre de Jankélévitch, cet ouvrage constitue une première synthèse de sa pensée, où l'on peut distinguer deux critères essentiels : la dignité philosophique accordée à des objets jugés mineurs, et la volonté radicale de mettre en lumière la dimension temporelle de l'action.

304 p. 9 €

9782081416819

L'IRONIE

L'ironie remet tout en question par ses interrogations indiscrètes, elle ruine toute définition, dérange la pédanterie prête à s'installer dans une déduction satisfaisante. Grâce à elle, la pensée respire plus légèrement…

192 p. 7,20 €

9782081252363

L'IRRÉVERSIBLE ET LA NOSTALGIE

Se servant d'exemples tirés de la vie quotidienne aussi bien que d'œuvres poétiques, philosophiques ou musicales, Vladimir Jankélévitch démontre que l'irréversible – à l'origine de la nostalgie – n'admet qu'un seul remède : le consentement joyeux de l'homme à l'avenir, au futur.

402 p. 10,20 €

9782081252448

LA MORT

Préface de Frédéric Worms

Jankélévitch analyse la mort, événement considéré à la fois dans sa brutalité et dans son étrangeté, dans son tragique familier, bref dans sa contradiction.

640 p. 13 €

9782081416499

LE PUR ET L'IMPUR

« Je suis impur c'est-à-dire mélangé, analysable, descriptible à tout moment, en d'autres termes, concret. Et pourtant, dans un éclair instantané, l'évidence de la pureté reparaît quand je cesse d'en prendre conscience. »

316 p. 8,20 €

9782080810373

LE SÉRIEUX DE L'INTENTION

Traité des vertus I

« Les choses respectables sont relatives et contradictoires, mais le fait de respecter ne l'est pas. La liberté se reconstitue à l'infini, au-delà des déterminismes, dans son irréductible responsabilité. »

288 p. 9,20 €

9782081252370

LES VERTUS ET L'AMOUR

Traité des vertus II

Ces deux volumes sont consacrés à la description des « vertus » depuis le Courage jusqu'à la Charité, en passant par la Fidélité et la Justice. Un livre fondamental par un analyste profond et passionné de l'exigence morale.

T. I : 416 p. 10,20 €

9782081252387

T. II : 360 p. 10,20 €

9782081252394

L'INNOCENCE ET LA MÉCHANCETÉ

Traité des vertus III

« Notre tentateur interne est toujours aux aguets, il utilise les moindres brèches contre ses machinations, endossez l'armure de Dieu. […] Le diable n'était fort que de notre faiblesse, qu'il soit donc faible de notre force. »

464 p. 11,20 €

9782081252400

Lucien JAUME

LES ORIGINES PHILOSOPHIQUES DU LIBÉRALISME

Triomphe du marché et de la société civile, règne de l'individualisme et du « droit à la différence » : telle est la vision associée aujourd'hui au libéralisme. Pourtant, les origines philosophiques du libéralisme contredisent ce schéma : les « classiques » ont mis au centre de leur pensée la souveraineté de la Loi. Que nous enseigne alors cette divergence d'interprétation ?

400 p. 10,20 €

9782081232587

QU'EST-CE QUE L'ESPRIT EUROPÉEN ?

Sait-on encore ce qui fonde l'Europe ? Quel ordre juridique et constitutionnel les peuples européens peuvent-ils et doivent-ils adopter ? Quelle éducation doit être proposée pour perpétuer la civilisation dont nous sommes issus ? Lucien Jaume répond à ces questions en menant une enquête sur la nature de l'esprit européen. Ni « identité » ni « conscience » européenne, ce dernier est bien plutôt un héritage intellectuel, artistique, spirituel et scientifique, ainsi qu'une attitude de l'esprit vis-à-vis de lui-même et de la société.

176 p. 8,20 €

9782081232570

Lucien **JERPHAGNON**

PORTRAITS DE L'ANTIQUITÉ

Platon, Plotin, saint Augustin et les autres

Préface de Christiane Rancé

Avec son érudition savoureuse, Lucien Jerphagnon nous guide à l'école des Anciens et recrée, par-delà les siècles, la plus enthousiasmante des communautés de l'esprit.

272 p. 9 €

9782081353046

Hans **JONAS**

LE PRINCIPE RESPONSABILITÉ

Une éthique pour la civilisation technologique

Traduit de l'allemand par Jean Greisch

Livre majeur de la philosophie du XXe siècle, *Le Principe Responsabilité* discute les idéaux de progrès et les utopies et dessine une philosophie de l'« espérance responsable » fondée sur le respect.

Nouvelle édition, 2013

470 p. 14 €

9782081307698

Tony **JUDT**

CONTRE LE VIDE MORAL

Restaurons la social-démocratie

Traduit de l'anglais et présenté par Pierre-Emmanuel Dauzat

Livre-manifeste, cet ouvrage fournit les outils indispensables à l'élaboration d'une nouvelle forme de gouvernance. Fervent défenseur de la social-démocratie, l'auteur y clame la nécessité de repenser l'État, et incite les prochaines générations à retrouver le sens du politique.

224 p. 8 €

9782081284517

Julia **KRISTEVA**

L'AVENIR D'UNE RÉVOLTE

Soulèvements populaires, jeunesse indignée, dictateurs détrônés, espoirs et libertés réprimés dans des bains de sang. La révolte serait-elle en train de réveiller l'humanité numérique de son rêve hyper-connecté ? Mais de quelle révolte parlons-nous ? Julia Kristeva s'interroge sur ce qu'est une révolte – entendue à la fois comme rénovation politique, renaissance intime et idéal éthique.

128 p. 7 €

9782081282780

Catherine & Raphaël **LARRÈRE**

DU BON USAGE DE LA NATURE

Pour une philosophie de l'environnement

L'ambition de ce livre est d'abord de réexaminer les termes du débat sur l'écologie. Chemin faisant, Catherine et Raphaël Larrère posent les jalons d'une nouvelle vision de la nature. Au-delà de l'opposition entre naturalisme et humanisme, ils en appellent à un bon usage de la nature, un usage écocentré.

356 p. 9,20 €

9782081232563

Guillaume LE BLANC

COURIR

Méditations physiques

Les philosophes ne traitent jamais de la course à pied... L'auteur, coureur de fond lui-même, s'oppose à cette tradition : en autant de textes qu'il y a de kilomètres au marathon, il va à la rencontre des millions de joggers qui ignorent parfois leur propre sagesse.

Prix lycéen du livre de philosophie, 2017

272 p. 9 €

9782081314986

Marie-Anne LESCOURRET

INTRODUCTION À L'ESTHÉTIQUE

Entre philosophie et art, quel est le rôle, au juste, de l'esthétique ? Ce qui appelle d'autres questions, auxquelles cet ouvrage se propose de répondre : quelles sont les raisons qui font de l'art l'objet privilégié de la science du sensible ? Quelle est la teneur du lien entre art et philosophie ?

350 p. 11,20 €

9782080830135

Dominique LESTEL

LES ORIGINES ANIMALES DE LA CULTURE

L'opposition entre nature et culture ne suffit plus à rendre compte de la différence qui sépare l'homme de l'animal. Une véritable ethnologie est désormais nécessaire pour comprendre de nombreuses sociétés animales comme celles des chimpanzés, des éléphants ou de certains mammifères marins. Réexaminant les notions d'outils, de communication, de rationalité, Dominique Lestel montre que les comportements culturels ne constituent pas une rupture propre à l'humain, mais qu'ils émergent progressivement dans l'histoire du vivant.

414 p. 10,20 €

9782081223042

Susan MOLLER OKIN

JUSTICE, GENRE ET FAMILLE

Traduit de l'anglais et présenté par Ludivine Thiaw-Po-Une

Susan Moller Okin conçoit *Justice, genre et famille* comme le complément indispensable à la *Théorie de la justice* de John Rawls, paru près de vingt ans avant elle. « Dans quelle mesure est-il possible de faire coexister la justice et le genre ? », telle est la question posée dans ce livre appelé à devenir un classique.

416 p. 15,30 €

9782081217362

Marco PANZA – Andrea SERENI

INTRODUCTION À LA PHILOSOPHIE DES MATHÉMATIQUES

Le problème de Platon

Édition française établie par Ronan de Calan

Traduit de l'italien par Ronan de Calan et Roberta Locatelli

Cet ouvrage se concentre sur le devenir d'un argument majeur en philosophie des mathématiques : le platonisme ou réalisme mathématique, soit la thèse selon laquelle les assertions des mathématiques, notamment les théorèmes des mathématiques, font référence à un domaine d'objet abstrait, une réalité séparée aussi bien du monde physique que des vécus psychiques, c'est-à-dire des deux dimensions, externes et internes, de notre expérience.

400 p. 15 €

9782081270831

Henri PENA-RUIZ

LE ROMAN DU MONDE

Légendes philosophiques

Le roman du monde, c'est l'aventure même des hommes. Il se compose d'images et de symboles, de personnages mythiques et d'exemples familiers, d'allégories et de métaphores désormais proverbiales : le feu de Prométhée, la tour de Babel, le nez de Cléopâtre, les ailes de l'âme, la chouette de Minerve, Œdipe aveugle, la peau de chagrin, le roseau pensant, Thalès tombant dans un puits… Autant de légendes fortes, tirées des mythologies et des religions, de la littérature et de la philosophie, dans lesquelles la pensée trouve son incarnation sensible.

448 p. 10,20 €

9782081224667

Georges **POLITZER**

CONTRE BERGSON ET QUELQUES AUTRES

Écrits philosophiques, 1924-1939

Présentation et notes par Roger Bruyeron

Ce recueil contient les pamphlets philosophiques de Politzer (contre Bergson, contre Kant, contre Husserl, contre Heidegger) et ses écrits sur la psychologie et la psychanalyse. Le premier des philosophes lecteur de Freud fut un penseur majeur à la vie mouvementée.

436 p. 14 €

9782081286382

Karl **POPPER**

LA CONNAISSANCE OBJECTIVE

Traduit de l'anglais et préfacé par Jean-Jacques Rosat

Fort de cinquante ans de discussions avec physiciens, biologistes et logiciens, Popper renouvelle l'approche des questions les plus traditionnelles de la philosophie avec pour fil conducteur le progrès de la science, replacé dans le cadre plus général d'une philosophie de l'émergence du nouveau (le vrai n'est pas toujours définitif).

580 p. 13,20 €

9782081233645

Willard Van Orman **QUINE**

LE MOT ET LA CHOSE

Avant-propos de Paul Gochet
Traduit de l'anglais par Joseph Dopp et Paul Gochet

Paru en 1960, *Le Mot et la Chose* est sans conteste l'ouvrage central de la philosophie analytique du XXe siècle. Après lui, il n'y a plus de point de vue angélique, ni de philosophie première : la voie est ouverte pour le naturalisme contemporain et les sciences cognitives.

400 p. 11,20 €

9782081234970

Jacques **RANCIÈRE**

LE PHILOSOPHE ET SES PAUVRES

La première question philosophique est une question politique : qui peut philosopher ? Les avis divergent mais une chose est certaine : le philosophe n'est plus roi. Le professionnel de la pensée s'assure à bon compte d'un regard « lucide » sur l'aveuglement de son voisin, pour la bonne cause d'un peuple toujours prié de rester à sa place.

316 p. 10,20 €

9782081235403

Alain **RENAUT**

LA FIN DE L'AUTORITÉ

Si l'exercice de l'autorité consiste à conférer au pouvoir une dimension mystérieuse qui le rende discutable, la crise de l'autorité n'est-elle pas inhérente aux sociétés qui considèrent qu'aucun pouvoir n'est légitime s'il n'a obtenu l'adhésion de ceux sur qui il s'exerce ? Curieusement, nos sociétés n'ont pas encore tiré toutes les conclusions de la conviction qui constitue leur pari le plus audacieux.

272 p. 8,20 €

9782081235052

KANT AUJOURD'HUI

En vue de mesurer l'ampleur des transformations criticistes de la raison, cet ouvrage conduit le lecteur dans un libre dialogue avec l'œuvre de Kant, des interrogations les plus radicales sur la finitude humaine jusqu'aux questions les plus concrètes et les plus présentes sur le droit de l'immigration ou sur les renouvellements contemporains du cosmopolitisme.

514 p. 10,20 €

9782080814364

Myriam **REVAULT D'ALLONNES**

CE QUE L'HOMME FAIT À L'HOMME

Essai sur le mal politique

De l'incidence du langage sur l'expression de la pensée philosophique et les limites de l'apport linguistique dans la connaissance empirique. *Signification et vérité* occupe dans le développement de la propre pensée de Russell et dans celui de la pensée anglo-saxonne une place de première importance.

192 p. 8,20 €

9782081235403

Bertrand **RUSSELL**

SIGNIFICATION ET VÉRITÉ

Traduit de l'anglais et présenté par Philippe Devaux

De l'incidence du langage sur l'expression de la pensée philosophique et les limites de l'apport linguistique dans la connaissance empirique. *Signification et vérité* occupe dans le développement de la propre pensée de Russell et dans celui de la pensée anglo-saxonne une place de première importance.

Nouvelle édition, 2013

478 p. 9 €

9782081307780

Jean **SALEM**

LES ATOMISTES DE L'ANTIQUITÉ

Démocrite, Épicure, Lucrèce

Dans un style rigoureux et clair, Jean Salem éclaire la pensée résolument moderne de trois philosophes atomistes et les liens qu'elle entretient avec la poursuite du plaisir, identifié comme bien souverain. Dans leur projection nouvelle d'un monde composé, construit, assemblé – un monde comme un immense Lego –, la Providence n'a pas sa place. Ainsi devient possible la quête d'un bonheur intense, durable et parfait, dans les limites de la vie terrestre.

Édition revue et corrigée, 2013

320 p. 9 €

9782081289185

LE BONHEUR OU L'ART D'ÊTRE HEUREUX PAR GROS TEMPS

Pouvons-nous espérer le bonheur ? Avons-nous seulement le droit de prétendre à jouir d'un tel luxe quand l'horizon paraît bouché et que le sol semble s'enfoncer sous nos pieds ? Dans un style enlevé, drôle et polémique, Jean Salem mène l'enquête, rompant avec l'idéologie du bonheur individuel, du bonheur New Age, du bonheur « guimauve » et désengagé, induit par la société de consommation.

350 p. 8,20 €

9782081242890

Michael J. **SANDEL**

JUSTICE

N

Traduit de l'anglais par Patrick Savidan

Une situation extrême peut-elle justifier le cannibalisme ? Sommes-nous propriétaires de nous-mêmes ? Une mère porteuse a-t-elle le droit de refuser de donner l'enfant qu'elle a mis au monde et de faire fi du contrat qu'elle a signé ? Michael J. Sandel excelle dans l'art d'aborder, sous un angle éthique, les questions politiques les plus complexes en les ramenant à des enjeux dont chacun peut aisément se saisir.

416 p. 10 €

9782081399396

Michel **SERRES**

ATLAS

Comment se repérer dans le monde, global, qui se lève et paraît remplacer l'ancien, bien classé par lieux divers ? L'espace lui-même change et commande d'autres mappemondes.

238 p. 9,20 €

9782080813404

LE CONTRAT NATUREL

Ce texte est une méditation sur les nouveaux devoirs que nous avons désormais envers

le monde que nous habitons. Pendant longtemps, nous l'avons ignoré, sans voir que nous lui faisions violence. Or la splendeur fragile de la Terre appelle de nous une nouvelle conscience et la nécessité d'un contrat à prévoir, dans le risque d'une lutte à mort.

194 p. 8,20 €

9782081229921

ÉCLAIRCISSEMENTS

Entretiens avec Bruno Latour

L'œuvre de Michel Serres passe parfois pour difficile, ardue, en dépit de sa séduction. D'où ces *Éclaircissements*. Quoique proche, Bruno Latour a su ne pas être un interrogateur complaisant. Il pose de vraies questions. Voilà donc deux paroles loyales, libres et sans apprêts, un vrai dialogue, entêté et de bonne volonté.

318 p. 9,20 €

9782080812711

ÉLOGE DE LA PHILOSOPHIE EN LANGUE FRANÇAISE

« Des mille conflits dont la France, au bout du compte, tira son unité, si rare parmi les nations, naquirent une multitude d'œuvres connues ou moins connues, ces milliers de pages d'où fuse un cri, déchirant de liberté, dont l'allégresse et la gravité distinguent la philosophie écrite en notre langue. »

Nouvelle édition, 2014

278 p. 9 €

9782081332119

LA LÉGENDE DES ANGES

Pour les religions monothéistes comme dans les anciennes légendes, les anges portent les messages. Or nos sciences et techniques produisent cent métiers et moyens de communication : voyons-nous, réalisée partout autour de nous, une nouvelle légende des Anges avec échangeurs et annonceurs, réseaux et passages, Chutes et Démons, Puissances et Dominations, quête de miséricorde ?

256 p. 9,20 €

9782081235359

NOUVELLES DU MONDE

De courts récits – nouvelles et essais – parlent des choses du monde et permettent à l'auteur de construire un rapport au monde moins désespéré.

272 p. 8 €

9782081332089

STATUES

« Jaillissant hors de la tombe, boîte noire fondatrice, les pierres, brutes, les statues, debout, les objets, ouvrés, notre temps et notre vie, ressuscités. »

Nouvelle édition, 2014

350 p. 9 €

9782081332126

Robert **SPAEMANN**

NOTIONS FONDAMENTALES DE MORALE

Traduit de l'allemand et annoté par Stéphane Robilliard

Notions fondamentales de morale, version écrite d'une série de conférences radiophoniques prononcées par Robert Spaemann en 1981, en a conservé le style vivant et très pédagogique. Chacun des huit chapitres présente un concept déterminé (l'éducation, la justice, conviction et responsabilité, la sérénité…) en partant de questions du sens commun : la fin justifie-t-elle les moyens ? Doit-on toujours suivre sa conscience ? L'ouvrage éclaire ces notions par des analyses précises des textes fondateurs de la philosophie morale (Platon, Aristote, Marx, Freud…).

156 p. 7,20 €

9782081255838

George **STEINER**

MARTIN HEIDEGGER

Traduit de l'anglais par Denys de Caprona

« Les questions que pose Heidegger à propos de la naissance et du sens de l'existence sont capitales et contraignantes. En les posant encore et toujours, il a amené au centre d'une perspective nouvelle et radicalement provocatrice de nombreuses régions du comportement humain, de l'histoire sociale et de l'histoire de la pensée… »

224 p. 8,20 €

9782081218772

Bernard STIEGLER

DE LA MISÈRE SYMBOLIQUE

Cet ouvrage réunit les deux volumes de *De la misère symbolique* : *L'Époque hyperindustrielle* (Galilée, 2004) et *La Catastrophe du sensible* (2005). Bernard Stiegler y poursuit sa réflexion sur la canalisation de la libido des consommateurs vers les objets de la consommation. Notre époque se caractérise comme prise de contrôle du symbolique par la technologie industrielle. L'esthétique y est devenue à la fois l'arme et le théâtre de la guerre économique. Il en résulte une misère, le conditionnement se substituant à l'expérience. À cette misère symbolique, il faut opposer une lutte, dont ce livre fournit l'arsenal de concepts.

580 p. 16 €
9782081270824

RÉENCHANTER LE MONDE
La valeur esprit
contre le populisme industriel

Avec « Ars Industrialis » (Marc Crépon, Georges Collins, Catherine Perret et Caroline Shegler)

En ce début de XXIe siècle, les objets communicants poursuivent les temps de cerveaux disponibles où qu'ils aillent. Un capitalisme s'est imposé, que l'on dit tantôt « culturel », tantôt « cognitif », mais qui est avant tout l'organisation ravageuse d'un populisme industriel tirant parti de toutes les évolutions technologiques pour faire de l'esprit un simple organe réflexe. Réenchanter le monde, c'est réévaluer le rôle de l'esprit dans l'organisation de l'économie.

178 p. 6,10 €
9782081217843

LA TÉLÉCRATIE CONTRE LA DÉMOCRATIE

La télécratie ruine la démocratie : elle remplace l'opinion publique par les audiences, court-circuite les appareils politiques et détruit la citoyenneté. Ce devenir infernal n'est pourtant pas une fatalité. La philosophie se constitua à son origine même contre la sophistique. Prônant un nouveau modèle de civilisation industrielle, cet ouvrage affirme qu'un sursaut démocratique contre les abus de la télécratie est possible.

276 p. 7,20 €
9782081217829

Léo STRAUSS

DROIT NATUREL ET HISTOIRE

Traduit de l'anglais par Monique Nathan et Éric de Dampierre

Le besoin de droit naturel est aussi manifeste aujourd'hui qu'il l'a été durant des siècles et même des millénaires. Son abandon conduit au nihilisme ; bien plus, il s'identifie au nihilisme. Reprenant et restituant la pensée de Machiavel, Locke, Hobbes ou Rousseau, Léo Strauss offre ici la plus fondamentale des discussions, celle du fondement du juste et de l'injuste.

328 p. 9,20 €
9782081218901

Pierre-André TAGUIEFF

LE SENS DU PROGRÈS
Une approche historique
et philosophique

La promesse d'une amélioration de la condition humaine demeure un horizon de sens pour l'humanité. Aussi importe-t-il de repenser le progrès. Une telle entreprise suppose d'en retracer quatre siècles d'histoire conceptuelle et politique et d'en analyser les principales théorisations, mais aussi de clarifier les raisons des débats contemporains entre néo- et antiprogressistes.

448 p. 10,20 €
9782080801678

Charles TAYLOR

MULTICULTURALISME
Différence et démocratie

Introduction d'Amy Gutmann
Traduit de l'américain par Denis-Armand Canal
Avec des commentaires de Amy Gutmann, Steven C. Rockfeller, Michael Walzer, Susan Wolf

Cet essai analyse l'enjeu de la demande de reconnaissance par les différents groupes et identités auprès des institutions publiques. Comparant deux formes opposées de gouvernement libéral – l'un ne protège aucune culture particulière, mais assure les droits et le bien-être de tous les citoyens, l'autre en favorise une, tout en protégeant aussi les droits fondamentaux et la vie de ceux qui ne s'y conforment pas –, l'auteur défend en la nuançant la seconde conception.

160 p. 8,20 €

9782081228771

Denis **VERNANT**

INTRODUCTION À LA LOGIQUE STANDARD

Calcul des propositions, des prédicats et des relations

Cet ouvrage s'adresse à tous ceux qui veulent s'initier à la logique contemporaine. Il propose en trois temps (1. Calcul des propositions ; 2. Calcul des prédicats ; 3. Calcul des relations) un exposé complet et pédagogique de ses fondements. Il permet au lecteur de mettre en œuvre ses connaissances au moyen d'exercices corrigés et commentés.

448 p. 10,20 €

9782081265943

Heinz **WISMANN**

PENSER ENTRE LES LANGUES

À la fois livre de philosophie et témoignage, on retrouve dans ces pages si généreusement disparates toute la rigueur et l'exigence morale d'un grand humaniste – d'Homère à Nietzsche, de Platon à Kant, de la philologie à la musique, de la langue au texte…

Prix européen de l'essai Charles Veillon, 2012

320 p. 11 €

9782081314962

Frédéric **WORMS**

REVIVRE

Éprouver nos blessures et nos ressources

Un verbe exprime l'un des secrets de notre être et l'une des clés de notre époque maniaco-dépressive : revivre. Inventaire de nos blessures et de nos ressources, diagnostic du moment présent, parcours dans les idées et les œuvres, ces propos renouent avec les actes les plus intenses de notre vie. Un art de vivre, de revivre, qui pourrait bien être le seul possible aujourd'hui.

Prix lycéen du livre de philosophie, 2016

320 p. 9 €

9782081314993

Patrick **WOTLING**

LA PHILOSOPHIE DE L'ESPRIT LIBRE

Introduction à Nietzsche

Ce livre offre au lecteur une voie d'accès à la pensée de Nietzsche. Ce dernier n'a rien d'un mystique, d'un romantique ou d'un irrationaliste, mais il a bel et bien tout fait pour compliquer la tâche de son lecteur. Et ce, en masquant la cohérence à laquelle il se soumet.

464 p. 10,20 €

9782081218086

Slavoj **ŽIŽEK**

APRÈS LA TRAGÉDIE, LA FARCE !

ou Comment l'histoire se répète

Traduit de l'anglais par Daniel Bismuth

Des milliards de dollars ont été déversés au cœur du système bancaire mondial, mais pourquoi n'avoir pas employé ces mêmes forces pour éradiquer la misère du monde et conjurer la crise environnementale ? Analysant l'implosion soudaine de la sphère financière, Žižek souligne, à la suite de Hegel, Marx et Marcuse, que la répétition de la tragédie sous forme de farce est parfois plus terrifiante que la tragédie initiale.

256 p. 8,20 €

9782081249660

FRAGILE ABSOLU

Pourquoi l'héritage chrétien vaut-il d'être défendu ?

Traduit de l'anglais par François Théron

Žižek confronte le Décalogue avec les droits de l'homme et retrace la genèse de l'Absolu sur le plan philosophique, théologique et psychanalytique. Pour Žižek, christianisme et marxisme doivent combattre main dans la main, agripper le principe de charité et défendre l'Altérité utopique dont toute position révolutionnaire devrait s'inspirer. Cet essai relance les enjeux ontologiques et anthropologiques de la religion.

242 p. 8,20 €

9782081245402

LA SUBJECTIVITÉ À VENIR

Essais critiques

Édition établie par Frédéric Joly et François Théron

Traduit de l'anglais par François Théron

De Richard Wagner à Mel Gibson, en passant par *Matrix* et Alfred Hitchcock, Slavoj Žižek explore l'imaginaire collectif occidental à partir des mutations subjectives à l'œuvre dans l'art moderne, par le biais d'une pensée de l'esthétique qui ne s'embarrasse pas de hiérarchisation et ne se dissocie pas de la question politique et psychanalytique.

224 p. 9,20 €

9782081244788

PSYCHANALYSE

LACAN, L'ÉCRIT, L'IMAGE

Sous la direction de l'École de la Cause freudienne

Préface de Rose-Paule Vinciguerra

Textes de Jacques Aubert, François Chieng, Jean-Claude Milner, François Regnault et Gérard Wacjman

Cinq conférences prononcées par leurs auteurs dans le cadre d'un séminaire consacré à Lacan.

192 p. 7,20 €

9782080814548

Nicolas **ABRAHAM** – Maria **TOROK**

L'ÉCORCE ET LE NOYAU

Préface de Nicholas Rand

Écrits entre 1959 et 1975, les essais de ce recueil désormais classique ont marqué un renouvellement dans la théorie et la pratique psychanalytiques. N. Abraham et M. Torok y inaugurent les notions clés de la psychanalyse contemporaine, le secret de famille transmis d'une génération à l'autre (théorie du fantôme), le deuil impossible d'un être chéri (maladie du deuil), la secrète identification avec un autre (incorporation), l'enterrement d'un vécu inavouable (crypte).

482 p. 12,20 €

9782081223844

LE VERBIER DE L'HOMME AUX LOUPS

Précédé de « Fors » par Jacques Derrida

Ce livre désormais classique commente l'un de cas les plus célèbres de la psychanalyse en montrant le polyglottisme inhérent à son histoire et en mettant en œuvre la notion de « crypte ».

254 p. 8,20 €

9782080814258

Jenny **AUBRY**

PSYCHANALYSE DES ENFANTS SÉPARÉS

Études cliniques (1952-1986)

Texte édité et préfacé par Élisabeth Roudinesco

Médecin des hôpitaux, pédiatre, neuropsychiatre, psychanalyste, membre fondateur de l'École freudienne de Paris, Jenny Aubry (1903-1987) fut la première en France à s'intéresser au destin des très jeunes enfants séparés de leurs familles. Sont réunies ici ses principales études cliniques réalisées entre 1952 et 1986, et destinées aux praticiens de l'enfance en détresse.

480 p. 14,20 €

9782081231689

Virginia AXLINE

DIBS

Développement de la personnalité grâce à la thérapie par le jeu

Introduction de Léonard Carmichael
Traduit de l'américain par Hélène Seynes

Dibs est un enfant profondément perturbé qui a pu développer une personnalité vigoureuse grâce à un traitement de psychothérapie. On donne ici l'enregistrement de toutes les séances.

256 p. 8,20 €
9782081223882

Fethi BENSLAMA

LA PSYCHANALYSE À L'ÉPREUVE DE L'ISLAM

L'islam est absent de la réflexion de Freud. D'où la richesse de la perspective ouverte ici : mettre au jour les refoulements constitutifs de la religion islamique. L'altérité féminine y apparaît comme la nervure centrale du refoulement propre à l'islam. Face à un dérèglement profond de la relation entre le réel et les formes symboliques que trahissent les extrémismes, l'analyse conduit alors vers des questions demeurées impensées, telle l'affirmation coranique selon laquelle Dieu n'est pas le père.

336 p. 10,20 €
9782080800923

Mikkel BORCH-JACOBSEN

LACAN

Le maître absolu

Ni paraphrase d'école, ni critique hâtivement polémique, cet essai se propose d'introduire à la lecture de Lacan. Rien de plus, rien de moins : rendre enfin lisible une œuvre réputée hermétique.

Édition revue et augmentée, 2015

368 p. 11 €
9782081329805

Monique BRÉMOND – Alain GÉRARD

VRAIS DÉPRIMÉS, FAUSSES DÉPRESSIONS

Dans le langage courant, la « dépression » désigne indistinctement la tristesse, l'humeur dépressive, la dépression caractérisée ou la maladie mélancolique qui peut conduire au suicide. En conséquence, certains sont trop hâtivement déclarés malades tandis que d'autres, plus sévèrement atteints, ne sont pas soignés comme ils devraient l'être. Illustré par des récits de cas, ce livre s'emploie à faire comprendre le bon usage des thérapies analytiques et des traitements antidépresseurs.

256 p. 8,20 €
9782080801319

Jacques DERRIDA – Élisabeth ROUDINESCO

DE QUOI DEMAIN...

Dialogue

Au fil d'un dialogue serré et exigeant, le philosophe et dlhistorienne s'attachent à circonscrire les enjeux majeurs de notre temps : comment penser la différence dans l'universel ? La famille a-t-elle encore un avenir ? Que nous dit la souffrance des animaux que nous massacrons ? La page de la révolution est-elle définitivement tournée ? Quelles seront demain les formes nouvelles de l'antisémitisme et comment les combattre ? L'échange s'achève sur un éloge de la psychanalyse, référence commune tout au long du dialogue.

322 p. 10,20 €
9782080800800

Georges DEVEREUX

DE L'ANGOISSE À LA MÉTHODE

dans les sciences du comportement

Préface de Weston La Barre

Pour Georges Devereux, grande figure de la psychanalyse et de l'anthropologie, l'étude scientifique de l'homme est entravée par l'angoisse provoquée par le « chevauchement » du sujet d'étude et de l'observateur, une angoisse qui déforme la perception et l'interprétation des données, et produit des résistances de contre-transfert. Elle invite le savant à chercher d'abord à se comprendre lui-même en tant qu'observateur.

478 p. 12 €
9782081270602

Irène **DIAMANTIS**

LES PHOBIES

ou l'impossible séparation

Les serpents, la nuit noire, la foule... On réduit souvent la phobie à la peur de certains objets. Explication un peu courte, souligne Irène Diamantis, parce qu'elle manque l'essentiel : le vertige du phobique. Alors que le sujet se construit en se séparant de sa mère, la phobie, véritable maladie de la séparation, le ramène à un état fusionnel, hors du temps, qui lui interdit de penser. Illustré de nombreux cas cliniques, un regard très novateur sur les phobies ordinaires et moins ordinaires.

256 p. 8,20 €

9782081225077

Alain **DIDIER-WEILL**

QUARTIER LACAN

Propos recueillis par Alain Didier-Weill, Emil Weiss et Florence Gravas

Introduction d'Alain Didier-Weill

Postface d'Emil Weiss

Comment commençait-on une analyse avec Lacan ? Que disait-il et comment agissait-il « en privé » ? Pourquoi son enseignement de la psychanalyse a-t-il tant fasciné ses auditeurs ? Pourquoi son rayonnement fut-il exceptionnel ? Ce grand théoricien, fut-il aussi un grand clinicien ?

Treize psychanalystes, qui furent pour certains des membres de son entourage immédiat, répondent ici à ces questions, apportant un éclairage original sur ce personnage d'exception.

272 p. 10,20 €

9782081249882

Catherine **DRUON**

À L'ÉCOUTE DU BÉBÉ PRÉMATURÉ

Une vie aux portes de la vie

La prise en charge des nouveau-nés prématurés est une pratique hospitalière délicate et relativement récente. Mais cette médicalisation extrême ne doit pas faire oublier les traumatismes que peut engendrer cette entrée bousculée dans la vie tant chez l'enfant que chez les parents. Catherine Druon décrit dans ce livre le rôle difficile mais fondamental d'écoute et de médiation qui est celui de l'analyste dans l'accueil fait au bébé prématuré.

220 p. 8,20 €

9782081236820

Erik H. **ERIKSON**

ADOLESCENCE ET CRISE

La quête de l'identité

Cet ouvrage constitue la synthèse des recherches faites par Erikson. À propos de la notion d'identité, il illustre le projet fondamental de l'auteur : réviser et élargir la psychanalyse classique par tout l'apport des sciences sociales américaines.

350 p. 8,20 €

9782081255876

Didier **FASSIN** – Richard **RECHTMANN**

L'EMPIRE DU TRAUMATISME

Enquête sur la condition de victime

Nouvelle préface, 2011

Après un siècle de suspicion, la notion de traumatisme offre désormais aux victimes les moyens de leur reconnaissance sociale. Les auteurs ont enquêté sur trois scènes emblématiques où ont été mises en œuvre trois formes de politique du traumatisme : la victimologie psychiatrique à la suite de l'explosion de l'usine AZF à Toulouse ; la psychiatrie humanitaire dans les territoires palestiniens durant la seconde Intifada ; la psycho-traumatologie de l'exil au sein des associations travaillant pour les demandeurs d'asile.

Prix Douglas du meilleur livre d'anthropologie de l'Europe, 2010

464 p. 11,20 €

9782081220201

Ronald R. **FIEVE**

COMMENT BIEN VIVRE AVEC DES TROUBLES BIPOLAIRES

Savoir soigner les bas pour tirer profit des hauts

Tour à tour extrêmement créative et hyperactive, puis déprimée et accablée, la personne bipolaire se met en danger. Pourtant, tirer profit de sa bipolarité est possible, à condition de savoir comment s'y prendre. Le spécialiste Ronald Fieve s'adresse aux personnes bipolaires et à leurs proches dans un langage clair, et avec des conseils concrets pour les aider à affronter la maladie.

336 p. 10 €

9782081313033

Anna **G.**

MON ANALYSE AVEC LE PROFESSEUR FREUD

Ouvrage édité sous la direction d'Anna Koellreuter

Traduit de l'allemand par Jean-Claude Capèle

Anna G. (1894-1982) entre en analyse avec Freud en 1921, à l'âge de vingt-sept ans. Elle est alors médecin-psychiatre au célèbre Burghölzli (Zurich), où elle assiste le directeur, le Dr Bleuler. Tout au long de son analyse, d'avril à juillet, elle tient un journal dans lequel elle rapporte l'essentiel de nombreuses séances, ses propres rêves, ses associations et fantasmes sexuels, mais aussi les réactions de Freud, parfois très détaillées, à tout ce qu'elle lui communique. Le journal est accompagné de commentaires très éclairants de psychanalystes, de médecins et d'historiens.

Cahier hors-texte de 8 pages

368 p. 10 €

9782081270619

Roger **GENTIS**

LEÇONS DU CORPS

Un psychanalyste freudien se prête un jour, par curiosité, à une thérapie reichienne. De cette expérience est né ce livre où Roger Gentis procède à une critique sans concession des auteurs comme Lowen et Janov et, remontant à la source, de Reich lui-même.

236 p. 6,10 €

9782080811141

Alain **GÉRARD**

VRAIS DÉPRIMÉS, FAUSSES DÉPRESSIONS

Dans le langage courant, la « dépression » désigne indistinctement la tristesse, l'humeur dépressive, la dépression caractérisée ou la maladie mélancolique qui peut conduire au suicide. En conséquence, certains sont trop hâtivement déclarés malades tandis que d'autres, plus sévèrement atteints, ne sont pas soignés comme ils devraient l'être. Illustré par des récits de cas, ce livre s'emploie à faire comprendre le bon usage des thérapies analytiques et des traitements antidépresseurs.

256 p. 8,20 €

9782080801319

Roland **GORI**

LOGIQUE DES PASSIONS

Qui a vécu l'état passionnel retrouvera ici ses trois figures originaires : l'amour, la haine, l'ignorance. Et c'est dans une réflexion inédite que nous entraîne Roland Gori, décrivant la passion comme un état produit par la poétique du langage, par une sorte de maladie de la langue qui s'impose à la faveur d'une implacable séduction entre deux êtres.

304 p. 8,20 €

9782081244795

Roland **GORI** – Marie-José **DEL VOLGO**

LA SANTÉ TOTALITAIRE

Essai sur la médicalisation de l'existence

Ce livre nous montre comment la médecine contemporaine transforme le patient en consommateur et le soin en marchandise. Il décrit l'instrumentation de la vie psychique par l'insertion dans une logique hygiéniste de santé publique d'un soin toujours plus technique et comptable.

336 p. 9 €

9782081329911

Wladimir **GRANOFF**

LE DÉSIR D'ANALYSE

Textes cliniques

Présentation et notes par Martine Bacherich
Préface de Jean-François de Sauverzac

Les textes ici réunis traitent tous de la clinique et de la pratique psychanalytiques. Un récit de cas interroge les résistances de l'analyste et montre à l'œuvre le praticien d'exception qu'il fut durant cinq décennies. Des propos à bâtons rompus jettent un éclairage nouveau sur la formation des analystes, l'histoire des transferts et des techniques depuis Ferenczi, Klein, jusqu'aux praticiens qu'il côtoya, Balint, Winnicott, Dolto et Lacan.

304 p. 9,20 €
9782081201095

LA PENSÉE ET LE FÉMININ

Granoff aborde ici un continent dont la psychanalyse, en dépit de ses découvertes sur la bisexualité et le roc du féminin, entretient la méconnaissance. Il approche par des détours imprévus cette inquiétante étrangeté dont le féminin serait porteur : menace pour la représentation, pour la certitude narcissique et phallique. Il cherche à éclairer les origines refoulées de la révolution freudienne, notamment autour du mot-clé *Spalt(ung)*, fente du sexe de la femme mais aussi fente dans la pensée.

490 p. 12,20 €
9782080801074

Wladimir GRANOFF – François PERRIER

LE DÉSIR ET LE FÉMININ

Ce volume rassemble des textes brefs – sur les perversions sexuelles, le masculin et le féminin, plaisir et jouissance, le complexe d'Œdipe – rédigés dans les années 1960 : textes pionniers qui portent la marque des mouvements qui affectaient alors l'héritage freudien.

128 p. 6,10 €
9782080800404

Arthur JANOV

LE CRI PRIMAL

Thérapie primale : traitement pour la guérison de la névrose

Traduit de l'américain par France Daunic et Jeanne Étoré
Préface d'Henri Rey-Flaud

Un livre important dans l'histoire de la psychologie, car il révèle un nouveau traitement de la névrose : la découverte de la thérapie primale.

Édition révisée, 2009
720 p. 9,20 €
9782081225084

Philippe JULIEN

TU QUITTERAS TON PÈRE ET TA MÈRE

Quand un psychanalyste se penche sur la famille moderne et les bouleversements dont elle fait l'objet. Pourquoi faut-il quitter son père et sa mère ? Qu'est-ce que devenir parent ? À quelles conditions la transmission intergénérationnelle peut-elle s'effectuer ?

160 p. 7,20 €
9782080800435

Jean LAPLANCHE

LE PRIMAT DE L'AUTRE EN PSYCHANALYSE

Travaux 1967-1992

Ce volume rassemble les principaux articles de Jean Laplanche parus depuis 1967. Il étudie la « révolution copernicienne » opérée par Freud et ce qu'elle implique au-delà des conceptions du grand précurseur. En effet, Freud fut à lui-même son propre Copernic, mais aussi son propre Ptolémée…

458 p. 11,20 €
9782080813909

VIE ET MORT EN PSYCHANALYSE

« Ce livre tente la gageure – et là réside son originalité profonde – de restituer une structure de la théorie freudienne au-delà des figures successives où elle s'est traduite. » (R. Jacquard, *Le Monde*)

224 p. 8,20 €
9782080800169

Jean-Pierre LEBRUN

LA PERVERSION ORDINAIRE

Vivre ensemble autrui

Des changements sociaux majeurs, accélérés par les progrès techniques, ont mis à l'épreuve les repères jusqu'ici les plus stables (mariage, procréation, différence sexuelle, etc.). Jean-Pierre Lebrun, psychiatre et psychanalyste, décrit ces évolutions qui ont conduit à une véritable mutation du lien social et décrit leurs effets sur la subjectivité en analysant des cas cliniques.

436 p. 12 €

9782081289475

Sylvie **LE POULICHET**

PSYCHANALYSE DE L'INFORME

Dépersonnalisations, addictions, traumatismes

S'appuyant sur une riche expérience clinique, Sylvie Le Poulichet explore les formations symptomatiques qui résultent de « l'informe », ces troubles de l'image de soi qui se manifestent par des « vacillements identificatoires » : perte temporaire de la perception du visage et des contours du corps, sensations d'autoabsorption ou de cadavérisation corporelle partielle, formations addictives, etc.

128 p. 8,20 €

9782081220188

René **MAJOR**

LACAN AVEC DERRIDA

Analyse désistentielle

Au cœur de ce livre, l'examen de quelques conséquences pour la pratique, la théorie et l'institution analytiques du différend théorique entre Lacan et Derrida – car « les voies frayées par les lectures derridiennes de l'œuvre de Freud et de l'œuvre de Lacan sont devenues des voies que la psychanalyse ne saurait oublier ou forclore. Sous peine de s'oublier elle-même ».

208 p. 7,20 €

9782080800213

Georges **MAUCO**

PSYCHANALYSE ET ÉDUCATION

Comment la pédagogie et la rééducation peuvent-elles bénéficier des acquis de la psychanalyse ? Pour répondre à cette question, Georges Mauco rappelle quelles sont les étapes du développement affectif de l'enfant et aborde ensuite la relation pédagogique sous l'angle analytique pour faire comprendre comment l'éducation peut avoir prise sur le symptôme de l'enfant.

Ouvrage couronné par l'Académie française

290 p. 8,20 €

9782080812759

Vannina **MICHELI-RECHTMAN**

LA PSYCHANALYSE FACE À SES DÉTRACTEURS

L'histoire de la psychanalyse est jalonnée de batailles et de remises en question qui montrent la nécessité d'examiner sa place dans la société. L'auteur restitue ici les différentes critiques dans leur contexte historique.

Édition revue et augmentée, 2010

296 p. 10,20 €

9782081249233

Alice **MILLER**

C'EST POUR TON BIEN

Racines de la violence dans l'éducation de l'enfant

Traduit de l'allemand par Jeanne Étoré

La psychose, la drogue, la criminalité sont-elles des répercutions codées des expériences des premières années de la vie ? Alice Miller dénonce les méfaits de l'éducation traditionnelle et montre comment, à l'origine de la violence que l'on inflige, à soi-même ou à autrui, on trouve souvent le meurtre de l'âme enfantine.

400 p. 9 €

9782081347328

NOTRE CORPS NE MENT JAMAIS

Traduit de l'allemand par Léa Marcou

Le conflit entre ce que nous ressentons et ce que nous voudrions ressentir pour nous conformer aux normes morales gravées en nous dès le plus jeune âge : voilà selon Alice Miller la source de tous nos maux. Parmi les premières femmes à faire œuvre en psychanalyse, Alice Miller illustre sa thèse à l'aide de biographies d'écrivains (Rimbaud, Kafka, Woolf…) ou d'hommes et de femmes célèbres.

208 p. 8 €

9782081289499

TA VIE SAUVÉE ENFIN

Traduit de l'allemand par Pierre Vandevoorde

Un livre-somme de toute la pensée d'Alice Miller. Elle y développe sa thèse-phare : pour sortir de la dépression et de la souffrance psychique, il faut reconnaître les souffrances qui nous ont été infligées durant notre enfance.

336 p. 8 €

9782081408159

Alice MILLER

LA CONNAISSANCE INTERDITE

Traduit de l'anglais par Jeanne Jeanne Étoré

« Il n'est pas vrai que le mal, la destruction, la perversion fassent nécessairement partie de l'existence humaine, même si on le répète sans arrêt. Mais il est vrai que le mal se reproduit sans cesse, et qu'il engendre pour des millions d'êtres humains un océan de souffrance qui pourrait aussi être évité. Lorsque sera levée l'ignorance résultant des refoulements de l'enfance, et que l'humanité sera réveillée, cette production du mal pourra prendre fin. »

246 p. 9 €

9782081289482

Catherine MILLOT

FREUD ANTIPÉDAGOGUE

Catherine Millot retrace l'histoire de la recherche, par Freud, d'une nouvelle pédagogie et de son échec. Elle montre, tant d'un point de vue théorique que technique (la pratique thérapeutique) ce qui s'oppose définitivement et avec de fortes raisons à toute idée de pédagogie psychanalytique.

182 p. 8,20 €

9782080813893

Jacques NASSIF

FREUD L'INCONSCIENT

Sur les commencements de la psychanalyse

Ce livre, écrit en 1977 par un jeune psychanalyste élève de Lacan, est un des rares ouvrages en français à étudier, de manière complète, la naissance de la psychanalyse. Il montre comment un médecin viennois, formé à la fin du siècle dernier à la neuropsychologie, va suivre à Paris les leçons de Charcot, puis s'initier à la pratique de l'hypnose et, rassemblant toutes les données de l'étude des névroses, former le concept d'inconscient et formuler une découverte radicale.

644 p. 10,20 €

9782080812605

Christiane OLIVIER

LES FILS D'ORESTE

ou la question du père

Oreste pose la question moderne : l'enfant peut-il ne pas en vouloir inconsciemment à une mère qui renie en lui la part de celui qui l'a engendré ? Christiane Olivier tire la sonnette d'alarme : les « nouveaux pères » sont un mythe, et la plupart des femmes gardent sur l'enfant un pouvoir incontesté qui se vérifie chaque jour en cas de séparation.

208 p. 8,20 €

9782081249844

Gisela PANKOW

L'ÊTRE-LÀ DU SCHIZOPHRÈNE

Contributions à la méthode de structuration dynamique dans les psychoses

À travers la clinique et les souvenirs de ses échanges dans les années 1950 avec d'éminents analystes américains, Gisela Pankow, grande figure de la psychanalyse, présente ici sa conception de la schizophrénie et la méthode originale qu'elle n'a cessé d'affiner pour intervenir dans les processus de déconstruction de la symbolisation qui caractérisent cette pathologie : introduire les patients dans un espace de jeu en les invitant, par le modelage, à représenter l'image de leur corps.

288 p. 9,20 €

9782081255869

L'HOMME ET SA PSYCHOSE

Préface de Jean Laplanche

Dans cet ouvrage désormais classique, Gisela Pankow montre comment donner accès au domaine du psychiquement « non représentable », enjeu du traitement de la psychose. Elle expose les cas de douze malades qui retrouvent les limites de leur corps vécu.

316 p. 8,20 €

9782081218925

STRUCTURE FAMILIALE ET PSYCHOSE

Paru pour la première fois en 1977, augmenté lors de sa réédition en 1983, cet ouvrage se situe dans le prolongement des précédents travaux de Gisela Pankow qui ont ouvert un nouveau champ théorique et thérapeutique pour le traitement psychanalytique des psychoses.

254 p. 8,20 €

9782081218932

Gérard **POMMIER**

COMMENT LES NEUROSCIENCES DÉMONTRENT LA PSYCHANALYSE

Les recherches sur le cerveau ont tant progressé ces dernières années que notre conception de l'homme en est bouleversée : l'amour, le désir ou la poésie ne seraient plus qu'une question d'hormones et de terminaisons nerveuses ; quant à l'activité psychique, les rêves, l'inconscient, les symptômes, de bons médicaments les disciplineraient. Éternel débat que les neuroscientifiques invitent les psychanalystes à remettre sur le métier.

432 p. 10,20 €

9782081244801

LE DÉNOUEMENT D'UNE ANALYSE

Tout en montrant la continuité qui existe de Freud à Lacan, Gérard Pommier tente de dégager ce qui, dans une analyse, peut logiquement se dénouer de ce qui restera indéfini. Faire la part entre le fini et l'infini est un enjeu d'importance, qui permet de délimiter ce que l'on peut attendre de l'invention freudienne.

284 p. 8,20 €

9782080813565

DU BON USAGE ÉROTIQUE DE LA COLÈRE

et quelques-unes de ses conséquences...

Quoi de plus curieux que la querelle de deux amants lorsqu'elle se conclut par un déchaînement de passion amoureuse ? Aussi violente fut l'algarade, aussi sensuel paraît son épilogue. N'est-ce pas le propre de l'amour d'exacerber violemment le désir grâce à un subterfuge ?

288 p. 8,20 €

9782081249653

FREUD APOLITIQUE ?

Cet ouvrage tente d'éclairer les rapports de la psychanalyse et de la politique et montre que le regard de la psychanalyse peut être fécond lorsqu'il s'agit d'observer la réalité sociale.

284 p. 8,20 €

9782080813961

LA MÉLANCOLIE

Vie et œuvre d'Althusser

Cet ouvrage approfondit la notion de mélancolie à partir de Freud et de la psychiatrie. Il étudie, pour ce faire, les relations entre la folie d'Althusser et ses écrits personnels et philosophiques – matériel d'étude unique compte tenu de la profondeur de vue du philosophe.

384 p. 10,20 €

9782081220157

L'ORDRE SEXUEL

Il existe un agencement du désir sexuel. Il s'impose à chacun, qui y répond comme il le peut sans savoir d'où vient cette force ni ce qu'elle doit à l'amour. N'est-il pas accablant de constater que les désirs les plus profonds, qui sembleraient les plus aisés à satisfaire, paraissent la plupart du temps s'empêtrer dans leur propre mouvement et laisser, sinon dans l'insatisfaction, du moins dans une attente indéfiniment reconduite ?

288 p. 8,20 €

9782080813237

QUE VEUT DIRE « FAIRE » L'AMOUR ?

Ce livre explore les puissances qui animent l'acte sexuel, des plus pulsionnelles aux plus culturelles. Il montre comment le choix du genre est loin d'être conforme à l'anatomie et s'appuie sur une bisexualité psychique souvent méconnue. Mais ce livre aborde aussi de façon novatrice la question de l'orgasme. Si la recherche de ce Souverain Bien commande beaucoup plus que le rapport entre les hommes et les femmes, on mesure qu'il y a dans cet essai un enjeu politique, centré sur un ressort secret qui anime la Cité.

448 p. 11 €

9782081293762

Sabine **PROKHORIS**

LE SEXE PRESCRIT

La différence sexuelle en question

La psychanalyse serait-elle la gardienne de la « loi symbolique » ? Nombre de discours veulent nous en persuader. Car c'est la différence des sexes, dont la psychanalyse est supposée détenir la raison, qui serait l'alpha et l'oméga de notre humanité. Mais cet ordre est-il autre chose que l'effet, normatif, de certaines relations de pouvoir que l'on se garde bien d'interroger ?

352 p. 9,20 €

9782080800381

Nicholas **RAND** – Maria **TOROK**

QUESTIONS À FREUD

Du devenir de la psychanalyse

Ce livre débusque les paradoxes de l'œuvre freudienne (autour du rêve, du phantasme, de la réalité, de la littérature…), dégage leur mécanisme et trouve enfin leur raison d'être. Il montre comment et dans quelle mesure un trauma familial a pu influer la recherche de Freud, tantôt en la propulsant, tantôt en la retenant et tantôt en la rendant contradictoire à elle-même.

286 p. 8,20 €

9782080814043

Henri **REY-FLAUD**

L'ENFANT QUI S'EST ARRÊTÉ AU SEUIL DU LANGAGE

Comprendre l'autisme

L'autisme n'est pas un déficit mental irréversible. Les observations les plus récentes des cliniciens ont permis à l'auteur d'établir que les autistes sont arrêtés au stade primordial de la vie, dominé par les sensations, stade où déferlent en permanence sur le nourrisson des flots d'excitations anarchiques et insensés.

496 p. 10,20 €

9782081231580

Michel **REYNAUD**

L'AMOUR EST UNE DROGUE DOUCE… EN GÉNÉRAL

Écrit en collaboration avec Catherine Siguret

L'état amoureux, comme les plaisirs naturels, procède d'un principe chimique : la hausse du débit de la dopamine, un neurotransmetteur entraînant la production de substances euphorisantes. Mais de plus, au même titre que la drogue, l'amour peut forcer le circuit du plaisir, au point d'induire un manque invivable, voire une addiction.

302 p. 9 €

9782081293755

Élisabeth **ROUDINESCO**

POURQUOI LA PSYCHANALYSE ?

Contre les prétentions contemporaines à ériger la science en religion, un essai combatif qui répond à trois questions : pourquoi consacrer tant de temps à la cure par la parole quand les médicaments donnent aujourd'hui des résultats plus rapides ? Les théoriciens du cerveau-machine ont-ils réduit à l'état de chimère les constructions freudiennes ? Dans ces conditions, la psychanalyse a-t-elle un avenir ?

220 p. 7,20 €

9782081218949

Monique SCHNEIDER

GÉNÉALOGIE DU MASCULIN

« L'anatomie, c'est le destin », tel est le maître mot de la tradition patriarcale dans laquelle s'inscrit Freud, et qui ne retient du masculin que la verticalité, emblème du pouvoir. En réduisant la masculinité à son symbole, on relègue la vulnérabilité et le sensoriel du côté du féminin. Ce clivage traverse la culture occidentale depuis ses origines : captive de cet héritage, la psychanalyse le remet cependant en cause en interrogeant l'érotique masculine, centrée sur un phénomène d'irruption incontrôlable.

Édition revue et augmentée, 2006

384 p. 10,20 €

9782080801531

LE PARADIGME FÉMININ

La définition ablative du féminin – « sexe auquel manque le morceau estimé par-dessus tout » – domine la construction freudienne au point de faire oublier que Freud avait au départ fait sienne la « protestation » émise par des femmes : défendre à la fois leur « espace creux » et leur « liberté » contre la pénétration de tout « corps étranger ». Poursuivant la recherche entreprise dans *Généalogie du masculin*, Monique Schneider fait ici un retour à ce Freud des origines pour ébaucher une « symbolisation du sexe de la femme ».

Édition revue et corrigée, 2006

352 p. 10,20 €

9782080801579

Daniel SIBONY

PSYCHANALYSE ET JUDAÏSME

Questions de transmission

Composé de textes inédits, ce livre met en parallèle la transmission symbolique juive, fondée sur les textes (la Bible, le Talmud…) et la question de la transmission que pose la psychanalyse (transmission du symptôme et interprétation de ce dernier) : entre les deux phénomènes, des résonances méritent d'être analysées : rapport à la loi, castration, symbolisation…

320 p. 10,20 €

9782080800152

Conrad STEIN

L'ENFANT IMAGINAIRE

Préface de Danièle Brun

Cet ouvrage met en lumière les modalités de la transmission en psychanalyse et éclaire en même temps les particularités de la situation analytique (régression, transfert, complexe d'Œdipe, complexe de castration). La parole occupe une place privilégiée dans cet ouvrage qui a marqué la littérature psychanalytique.

432 p. 10,20 €

9782081248854

Michel TORT

FIN DU DOGME PATERNEL

Le discours sur le « déclin du père » est devenu un lieu commun. Cette figure patriarcale en crise depuis les années 1980 est en passe de céder la place, dans les sociétés démocratiques occidentales, à de nouveaux rapports de parentalité. Mais la fin d'un père, le « Père » du patriarcat occidental, est la fin d'un monde – pas la fin du monde.

496 p. 11,20 €

9782081207080

Marc VALLEUR – Jean-Claude MATYSIAK

LES NOUVELLES FORMES D'ADDICTION

L'amour – le sexe – les jeux vidéo

Qui dit « addict » suggère plaisir, mais aussi attraction fatale, dépendance infernale. Il y a ceux qui passent des heures à jouer sur leur console, jusqu'à en oublier le reste de leur vie. Ceux qui s'adonnent à la passion, enchaînant un coup de foudre après l'autre. Ceux qui, après une journée sans sexe, sont en état de manque. Et même ceux qui, incapables de se séparer d'un partenaire maltraitant, sont devenus addicts à leur conjoint. Qu'en est-il de ces

dépendances, dites « toxicomanies sans drogue » ?
Édition révisée, 2005
288 p. 9,20 €
9782081238558

Catherine **VANIER**
QU'EST-CE QU'ON A FAIT À FREUD POUR AVOIR DES ENFANTS PAREILS ?
Notes aux parents épris de psychanalyse
Comment être parents de nos jours ? Tandis que la fonction paternelle s'affaiblit, que la différence des sexes s'estompe, qu'une exigence de transparence s'impose vis-à-vis des enfants, les parents d'aujourd'hui s'affolent et perdent pied. Au-delà des réponses toutes faites, et à travers des dizaines de cas pratiques tirés de l'expérience et de la clinique, l'ouvrage de Catherine Vanier ouvre aux parents une autre voie d'accès à la psychanalyse.
272 p. 9 €
9782081270633

RELIGION

BENOÎT XVI – Joseph **RATZINGER**
L'ENFANCE DE JÉSUS
Traduit de l'allemand par mère Marie des Anges Cayeux, o.p., Père Jean Landousies, c.m. et Mgr Jean-Marie Speich
Dialoguant avec les exégètes d'hier et d'aujourd'hui, les Évangiles de Matthieu et de Luc, l'ancien pape propose une interprétation personnelle des récits de l'enfance de Jésus visant à éclairer la figure et le message du Christ.
190 p. 7 €
9782081421714

JÉSUS DE NAZARETH
Du baptême dans le Jourdain à la Transfiguration
Édition française sous la direction de François Duthel
Traduit de l'allemand par Dieter Hornig, Marie-Ange Roy et Dominique Tassel
Un livre important, le premier signé sous le vrai nom de Benoît XVI. Il s'agit d'un face à face passionnant et vital avec l'écriture sainte, mettant en exergue le fait que la véritable identité de Jésus ne peut être comprise qu'en partant du mystère même de Dieu.
432 p. 8,20 €
9782081421721

Madeleine **BIARDEAU**
L'HINDOUISME
Anthropologie d'une civilisation
Un magistral essai d'anthropologie culturelle par une des meilleures spécialistes françaises de l'Inde.
208 p. 9,20 €
9782081227187

Alain de **BOTTON**
PETIT GUIDE DES RELIGIONS À L'USAGE DES MÉCRÉANTS
Traduit de l'anglais par Jean-Pierre Aoustin
Mêlant la plus grande impiété et le plus grand respect, Alain de Botton prend à revers le sempiternel débat qui oppose croyants et non-croyants, invitant les seconds à jouir de tous les outils de connaissance de soi que les religions ont élaborés au fil des siècles.
115 ill.
333 p. 9 €
9782081314894

Hervé **CLERC**
DIEU PAR LA FACE NORD
« Le mot dieu est ambivalent. Il a un adret et un ubac. Une face sud et une face nord. Quand Nietzsche annonce :

"Dieu est mort", il fait référence au dieu personnel, bon, jaloux ou miséricordieux, que le croyant prie dans les églises, mosquées et synagogues. C'est la face sud. La face nord, il n'en souffle mot. Elle est abrupte, lisse, vertigineuse, sans contour, sans fond, nocturne. C'est elle que nous voyons aujourd'hui pointer à l'horizon. »

336 p. 10 €

9782081408920

Alain **DANIÉLOU**

MYTHES ET DIEUX DE L'INDE

Le polythéisme hindou

« Je me suis efforcé de présenter ici une conception du monde et du divin qui m'était familière et telle qu'elle apparaît à l'hindou d'aujourd'hui, sans chercher à en démêler les sources. J'ai cherché à rassembler quelques éléments essentiels pour permettre une meilleure compréhension de la conception hindoue de la multiplicité du divin et des dangers inhérents à l'illusion monothéiste. »

644 p. 13,20 €

9782081232167

Jean **DELUMEAU** (dir.)

LE SAVANT ET LA FOI

Des scientifiques s'expriment

Introduction de Jean Delumeau

Peut-on être à la fois savant et croyant ? Dix-neuf scientifiques partent de leur expérience personnelle et du domaine scientifique qui leur est propre. Avec une idée forte : l'aventure scientifique est constitutive de l'histoire sainte de l'homme. À ce titre, il ne saurait y avoir de rupture entre pensée scientifique et pensée chrétienne.

320 p. 8,20 €

9782080812483

Jean-Pierre **DUPUY**

LA MARQUE DU SACRÉ

Nous sommes tous religieux sans le savoir. Pis encore : parce que nous ne voulons pas le savoir ! C'est cet aveuglement paradoxal qui fonde la raison contemporaine. Ce livre, conçu comme un polar métaphysique et théologique, traque la marque du sacré dans des textes ou des arguments qui se prétendent rationnels.

288 p. 9,20 €

9782081231702

Bernard **FAURE**

BOUDDHISMES, PHILOSOPHIES ET RELIGIONS

Le bouddhisme, souvent décrit comme un humanisme et une spiritualité, est une pensée plurielle, rebelle à toute simplifications. Sa spécificité tient en partie à ce qu'il nous permet d'explorer une forme de rationalité différente, de nous départir de notre logique sans pour autant tomber dans l'irrationnel. Cette « voie du milieu » entre les extrêmes permet de surmonter l'antagonisme si souvent exprimé par les penseurs occidentaux entre philosophie et religion.

288 p. 8,20 €

9782081250338

SEXUALITÉS BOUDDHIQUES

Entre désirs et réalités

Y a-t-il un discours bouddhique sur la sexualité ? Dans une enquête nous menant à travers siècles et pays, Bernard Faure examine les attitudes du bouddhisme à l'égard du sexe et des sexes, montrant l'écart parfois vertigineux entre enseignements normatifs et pratiques effectives. Il résulte de cette histoire tumultueuse un ouvrage décapant qui offre du bouddhisme et de ses pratiquants une image réaliste et libérée des poncifs angéliques.

240 p. 9,20 €

9782080801098

Pape **FRANÇOIS**

L'ÉGLISE QUE J'ESPÈRE

Traduit de l'italien par François Euvé, s.j., Hervé Nicq, s.j., et François Livi

Le pape François s'est longuement entretenu avec le père Antonio Spadaro, directeur de la revue jésuite italienne *La Civiltà cattolica*. Frappant par leur liberté de ton, ces propos ont connu une réception inattendue dans l'Église et au-delà de ses frontières, ouvrant des horizons nouveaux, révélant, en un mot, un visage de l'Église parfois oublié.

239 p. 7 €

9782081348691

Laurent GAGNEBIN – Raphaël PICON

LE PROTESTANTISME

La foi insoumise

Dans le protestantisme, Dieu n'appartient à personne ; aucune Église ne peut l'infléchir, aucun dogme ne peut parler en son nom. Ce livre présente dans toute la profondeur et la richesse de sa théologie cette religion qui valorise la liberté de pensée du croyant, contrastant avec le système d'autorité du catholicisme.

240 p. 8 €

9782081416550

Jean GRENIER

L'ESPRIT DU TAO

Cette anthologie constitue une excellente introduction à ce qu'on a pu considérer comme une thérapeutique : appel au naturel, recherche de la paix et du calme intérieur, harmonie avec le yin et le yang, le mobile et l'immobile… Tous ces thèmes sont évoqués par des textes courts parmi lesquels le lecteur peut naviguer sans contrainte.

244 p. 8,20 €

9782081250352

Danièle HERVIEU-LÉGER

LE PÈLERIN ET LE CONVERTI

La religion en mouvement

Si les églises sont aujourd'hui désertées, les discours sur l'au-delà continuent de fasciner : c'est sur ce paradoxe que se penche l'auteur, qui montre comment les figures du pèlerin et du converti, glanant des références dans différentes religions au lieu de se cantonner à une seule, l'emportent aujourd'hui sur celle du pratiquant. Évolution qui oblige à repenser également la laïcité.

292 p. 9,20 €

9782080800176

François JOURDAN

DIEU DES CHRÉTIENS, DIEU DES MUSULMANS

Des repères pour comprendre

Préface de Rémi Brague

Simplifié jusqu'à la caricature, quand il n'est pas méprisé au nom d'une prétendue ouverture d'esprit, l'aspect doctrinal des religions est aujourd'hui largement ignoré. Or c'est la doctrine qui définit l'identité et la vision du monde de chaque croyant. Pour remédier à cette carence, François Jourdan analyse ici les postulats essentiels de l'islam et du christianisme dans leur cohérence propre.

240 p. 8 €

9782081289932

Rodolphe KASSER – Marvin MEYER – Gregor WURST

L'ÉVANGILE DE JUDAS

Du Codex Tchacos

Traduction intégrale et commentaires des professeurs Rodolphe Kasser, Marvin Meyer et Gregory Wurst

Voilà 1 700 ans qu'il dormait dans le désert égyptien : l'Évangile de Judas, ou « le récit secret de la révélation faite par Jésus à Judas l'Iscariote ». Ce codex, découverte archéologique majeure, est un texte gnostique dont le contenu s'inscrit contre la tradition chrétienne : celui qui vendit Jésus pour trente deniers n'est pas l'apôtre maléfique que l'on croit, mais l'apôtre par excellence, que Jésus choisit pour le livrer.

224 p. 7,20 €

9782081213081

Farhad KHOSROKHAVAR

LES NOUVEAUX MARTYRS D'ALLAH

Les attentats de 2001 ont mis en lumière un des aspects de l'islamisme radical : le martyr qui suscite l'horreur par le nombre élevé de victimes innocentes qu'il fait périr en toute connaissance de cause. Qui sont ces nouveaux candidats à la mort sacrée ?

384 p. 10,20 €

9782080800848

Roland MEYNET

LIRE LA BIBLE

Que sait-on des différents états de la Bible ? Quels problèmes (établissement du texte, traductions, etc.) les textes bibliques posent-ils ? Quelles en sont les différentes méthodes d'interprétation ? L'auteur répond point par point dans ce livre, s'attachant à nous montrer comment l'accès au sens des Écritures dépend étroitement d'une analyse minutieuse de leur forme.

320 p. 9,20 €

9782080800763

Joseph MOINGT s.j.

CROIRE QUAND MÊME

Libres entretiens sur le présent et le futur du catholicisme

Entretiens menés par Karim Mahmoud-Vintam et Lucienne Gouguenheim

Fuite des fidèles, dissensions internes, tarissement du clergé, conflits d'autorité, méfiance envers la science théologique et biblique, remises en ordre et mesures de restauration, rapports distendus entre Rome, les Églises locales et les communautés de fidèles, etc. Telles sont les questions qui ont été posées à l'auteur qui explique pourquoi il faut espérer et « croire quand même ».

256 p. 9 €

9782081294349

Jean-Pierre MOISSET

HISTOIRE DU CATHOLICISME

Ce livre raconte deux mille ans d'une histoire souvent réduite à quelques dates éparses et à quelques images, sanglantes ou suaves ; une histoire pourtant intimement mêlée à notre passé. « Jean-Pierre Moisset est un guide sûr. Il atteste l'émergence d'une nouvelle génération d'historiens » (René Rémond).

Prix « Histoire » du Nouveau Cercle de l'Union

624 p. 12,20 €

9782081220829

Marc-Alain OUAKNIN

INVITATION AU TALMUD

Pour le judaïsme, la première question n'est pas « Qui est Dieu ? » mais « Comment Dieu se révèle-t-il aux hommes ? » Cette interrogation fondamentale, les Maîtres y répondent de façon surprenante : Dieu s'est révélé dans un Livre. La tâche primordiale de l'homme est dès lors de lire, d'étudier, de commenter, d'interpréter, de transmettre… C'est l'objectif du Talmud, commentaire de la Bible rédigé entre le IIe siècle avant J.-C. et le VIe siècle après J.-C et passage obligé pour l'intelligence de la Révélation.

Édition revue et augmentée, 2008

224 p. 8,20 €

9782080800770

Michel QUESNEL

JÉSUS, L'HOMME ET LE FILS DE DIEU

Cet ouvrage dresse l'inventaire des sources disponibles, tant littéraires qu'archéologiques, et les passe au crible de la critique historique. Jésus était-il un prophète ou un sage ? Qui porte la responsabilité de sa mort ? Replacé dans le milieu juif du Ier siècle, l'homme de Nazareth y acquiert une vraisemblance et même une vérité qui satisferont les historiens les plus exigeants.

Édition revue et corrigée, 2008

240 p. 7,20 €

9782081213128

Timothy RADCLIFFE

POURQUOI ALLER À L'ÉGLISE ?

L'eucharistie, un drame en trois actes

Traduit de l'anglais par Micheline Triomphe
Préface de l'archevêque de Canterbury

L'ouvrage de Timothy Radcliffe, ancien maître de l'Ordre dominicain, offre une très belle compréhension de la messe en ses étapes. Dans ces pages riches d'anecdotes et d'expériences, parfois drôles et parfois graves, l'auteur propose une vision très dynamique de la pratique chrétienne et de son sens.

304 p. 8 €

9782081421738

POURQUOI DONC ÊTRE CHRÉTIEN ?

Traduit de l'anglais par Dominique Barrios Delgado

Qu'apporte vraiment le christianisme aux hommes d'aujourd'hui, dans leur manière d'envisager l'existence humaine et de vivre ? Onze chapitres sur l'espérance et sa manifestation dans la vie du chrétien ; la liberté comme apprentissage de la spontanéité ; la joie et son effet apaisant ; le courage, présenté comme la vertu dont l'Église a le plus besoin ; le corps et la sexualité ; l'amour et la recherche de la vérité…

320 p. 8 €

9782081421745

Antoine SFEIR

BRÈVE HISTOIRE DE L'ISLAM À L'USAGE DE TOUS

Pour comprendre l'islam d'aujourd'hui, un détour par l'histoire est nécessaire. L'auteur met l'essentiel de ses connaissances à la portée de tous ; prenant soin d'écarter idées toutes faites et lectures idéologiques, il rapporte les faits historiques en les distinguant des croyances et des mythes, depuis la vie du Prophète jusqu'à l'actualité la plus brûlante.

Édition revue et augmentée, 2015

304 p. 8 €

9782081363472

Paul VALADIER

L'ÉGLISE EN PROCÈS

Catholicisme et société moderne

Au-delà des nostalgies et des naïvetés qui ont parfois suivi le concile, cet essai incisif et ferme jette sur l'Église et sur notre société un regard sans complaisance. Il relève les défis de la modernité. Il ne cache pas l'ampleur des problèmes que doit affronter l'Église.

256 p. 7,20 €

9782080811998

Odon VALLET

LES RELIGIONS DANS LE MONDE

Depuis des décennies, le brassage des croyances dans la mondialisation des échanges bouleverse la géographie de la foi et la stratégie des Églises. Comment les différentes religions cohabitent-elles, entre concurrence et influences mutuelles ?

Édition actualisée et augmentée, 2016

160 p. 7 €

9782081375574

SCIENCES HUMAINES

30 ANS DE DÉBATS (N)

Introduction de Jean Birnbaum

Inédit

Avec Régis Debray, Alain Finkielkraut, Marcel Gauchet, Stéphane Hessel, Étienne Klein, Pierre Nora, Christiane Taubira…

Le débat intellectuel français est-il un champ de ruines ? À lire ces échanges, qui ont opposé depuis 30 ans soixante penseurs, chercheurs et politiques de tous horizons, rien n'est moins sûr !

352 p. 10 €

9782081375635

Bruno Nassim ABOUDRAR

COMMENT LE VOILE EST DEVENU MUSULMAN (N)

Formes noires fantomatiques, silhouettes drapées : pourquoi de telles images dérangent-elles ? Pourquoi le port du voile blesse-t-il à ce point le regard des Européens ? Loin des polémiques, Bruno Nassim Aboudrar renouvelle le débat et met au jour les malentendus qui entourent cette pratique millénaire.

Cahier hors-texte 8 pages.

256 p. 9 €

9782081395862

Jean-Loup AMSELLE

BRANCHEMENTS

Anthropologie de l'universalité des cultures

Bamako, Le Caire et Conakry forment les contours d'une véritable multinationale culturelle : le N'ko. Fondé en 1949 pour exprimer l'identité d'un peuple opprimé, le peuple mandingue, ce mouvement doit beaucoup à l'Europe et à l'islam. À ce titre, le N'ko illustre les « branchements » possibles d'une culture sur une autre, phénomène de dérivations multiples qui montre bien que notre monde globalisé n'est pas une simple juxtaposition d'univers étanches.

256 p. 8,20 €
9782080801388

VERS UN MULTICULTURALISME FRANÇAIS

L'empire de la coutume

Quand un anthropologue, spécialiste de l'Afrique noire, se penche sur le multiculturalisme à la française : dans sa version la plus outrancière, il s'agit d'une bipartition entre une « ethnie française » dominante et des « communautés » minoritaires, distinction qui doit beaucoup à l'histoire coloniale française.

192 p. 7,20 €
9782081240766

Jean-Marie APOSTOLIDÈS

LES TOMBEAUX DE GUY DEBORD

Précédé de « Portrait de Guy-Ernest en jeune libertin » et de « Petits et grands théâtres de Guy Debord »

Guy Debord a toujours fait de la pratique le critère ultime des jugements de valeur portés sur lui-même et sur autrui. Jean-Marie Apostolidès le prend au mot : face à un homme qui n'a eu de cesse, sa vie durant, de se construire une image, il convient de mener une enquête véridique, de court-circuiter la « réception spectaculaire » au profit d'une simple et commune « interprétation ».

320 p. 10,20 €
9782080801555

Nicolas AUBERT

LE CULTE DE L'URGENCE

La société malade du temps

Avec la collaboration de Christophe Roux-Dufort

« Pas le temps ! » À la métaphore traditionnelle du temps qui s'écoule a succédé celle d'un temps qui s'accélère, un temps qui nous échappe sans cesse et dont le manque nous obsède. Avec l'avènement de la communication instantanée et sous la dictature du « temps réel » qui régit l'économie, l'urgence a envahi nos vies.

384 p. 8,20 €
9782081228740

Marc AUGÉ

POUR UNE ANTHROPOLOGIE DES MONDES CONTEMPORAINS

L'auteur fait ici l'inventaire des instruments théoriques de l'anthropologie pour examiner quelques phénomènes caractéristiques de notre temps : les médias, la communication, le rituel politique, les cultes nouveaux ou renouvelés, l'espace chaque jour plus étendu des concentrations urbaines.

192 p. 8,20 €
9782081244863

Ulrich BECK

POUVOIR ET CONTRE-POUVOIR À L'ÈRE DE LA MONDIALISATION

Traduit de l'allemand par Aurélie Duthoo

Les grandes idées de la modernité européenne – nationalisme, communisme, socialisme, néolibéralisme – ont fait leur temps. Aujourd'hui, les États-nations ne sont plus en mesure de réguler la mondialisation du travail et des échanges. Et, à l'heure où chaque personne est membre de différentes communautés à la fois, le cosmopolitisme est la prochaine grande idée du XXIe siècle.

608 p. 10,20 €
9782081228764

LA SOCIÉTÉ DU RISQUE

Sur la voie d'une autre modernité

Traduit de l'allemand par Laure Bernardi
Préface de Bruno Latour

Livre pionnier, traduit en plusieurs langues, sa publication en français intervint au lendemain des attentats du 11 septembre 2001 et de l'explosion d'une usine chimique à Toulouse. Alors que l'on s'interroge sur le « risque zéro », l'assurance, la responsabilité et la prévention, l'ouvrage d'Ulrich Beck fournit des clés pour penser ce que l'auteur diagnostique comme un profond changement de société.

528 p. 12,20 €
9782081218888

Rony **BRAUMAN** – Alain **FINKIELKRAUT**

LA DISCORDE

Israël-Palestine, les Juifs, la France

Conversations avec Élisabeth Lévy

Depuis la deuxième Intifada, en septembre 2000, le conflit israélo-palestinien et la question antisémite sont l'enjeu d'une véritable guerre civile intellectuelle. Les ponts sont coupés entre deux camps. Emblématiques des positions qui s'affrontent, Rony Brauman et Alain Finkielkraut croisent parfois le fer dans l'espace médiatique. Leur commune exigence de vérité les conduira pourtant à accepter un pari difficile : renouer le fil d'un dialogue authentique. Leur confrontation deviendra une conversation, tout en restant une discorde.

378 p. 9,20 €
9782081213760

Roger **CAILLOIS**

BELLONE OU LA PENTE DE LA GUERRE

Préface d'Yves-Jean Harder

Cet ouvrage méconnu de Roger Caillois présente un propos original sur la guerre. D'une part, la guerre, originellement le fait d'une caste guerrière, est devenue, avec l'apparition de l'État moderne et de la démocratie, le fondement et la préoccupation principale de la vie politique. D'autre part, la guerre remplit dans la société mécanisée la même fonction que la fête dans la société primitive.

288 p. 9 €
9782081286191

Bernard **CERQUIGLINI** – Jean-Claude **CORBEIL** – Jean-Marie **KLINKENBERG** – Benoît **PEETERS** (dir.)

LE FRANÇAIS DANS TOUS SES ÉTATS

Avant-propos de Benoît Peeters

Réunissant vingt-sept contributions sous la direction de Bernard Cerquiglini, Jean-Claude Corbeil, Jean-Marie Klinkenberg et Benoît Peeters, cet ouvrage propose un panorama des questions que rencontre aujourd'hui la langue française.

416 p. 10,20 €
9782080800343

Noam **CHOMSKY**

LANGUE, LINGUISTIQUE, POLITIQUE

Entretiens avec Mitsou Ronat
Traduit de l'américain par Mitsou Ronat

Fondateur de la « grammaire générative », Chomsky en expose les enjeux et explique sa conception des rapports entre l'étude du langage et la psychologie, la sociologie et la philosophie. Pour le citoyen, pour le spécialiste, une introduction vivante à la pensée de l'un des plus grands linguistes et intellectuels de notre temps.

220 p. 9 €
9782081363700

RÉFLEXIONS SUR LE LANGAGE

Traduit de l'anglais par Judith Milner, Béatrice Vautherin et Pierre Fiala

Comment un individu, à partir de données très limitées, peut-il développer un savoir aussi riche que le langage ? En étudiant les problèmes posés par l'acquisition du langage, Chomsky rejette les spéculations empiristes et insiste sur les nécessités biologiques qui, *a priori*, déterminent le système cognitif.

288 p. 8,20 €
9782081272163

David **COSANDEY**

LE SECRET DE L'OCCIDENT

Vers une théorie générale du progrès scientifique

Présentation par Christophe Brun

Fruit de plusieurs années de recherche, cet ouvrage met en lumière les raisons politiques et économiques du progrès, en fournissant une explication globale et cohérente de ce qu'il est convenu d'appeler le développement. Dans un souci d'universalité, l'auteur applique sa grille d'analyse à l'Islam, à l'Inde et à la Chine, parvenant à interpréter les périodes d'avancée et de recul de ces diverses civilisations.

866 p. **15,30 €**

9782081218710

Philippe **DESCOLA**

LA COMPOSITION DES MONDES

N

Entretiens avec Pierre Charbonnier

Du Collège de France aux Indiens Jivaros de Haute-Amazonie, Philippe Descola aborde, à travers son parcours d'anthropologue, la question environnementale et le droit des sociétés indigènes.

384 p. **11 €**

9782081395947

Umberto **ECO**

COMMENT ÉCRIRE SA THÈSE

Un guide méthodologique pour tout étudiant en sciences humaines et littérature, mais aussi le témoignage d'un homme plein d'humour et de fantaisie, qui illustre la fécondité pour l'esprit de ces travaux de recherche, chemin de l'épanouissement intellectuel et personnel.

352 p. **10 €**

9782081422421

Mircea **ELIADE**

FORGERONS ET ALCHIMISTES

Collaborer avec la nature, l'aider à produire dans un temps de plus en plus court, changer les modalités de la matière, voilà une des sources de l'idéologie alchimique. Tout comme le forgeron, l'alchimiste travaille sur une matière à la fois vivante et sacrée, ses labeurs poursuivent la transformation de la matière, sa « transmutation ».

192 p. **7,20 €**

9782080810120

Norbert **ELIAS**

LA SOCIÉTÉ DE COUR

Traduit de l'allemand
par Pierre Kamnitzer et Jeanne Etoré
Préface de Roger Chartier

Élaborant de nouvelles relations entre les hommes et, donc, de nouvelles règles de comportement, la société de cour est un moment historique décisif dans la constitution de l'homme occidental. Un livre fondateur.

338 p. **9,20 €**

9782081218024

Pierre **ENCREVÉ** – Rose-Marie **LAGRAVE** (dir.)

TRAVAILLER AVEC BOURDIEU

Préface de Pierre Encrevé
et Rose-Marie Lagrave

Sociologues, historiens, anthropologues, linguistes, économistes, compagnons de route ou proches de Bourdieu, tous témoignent d'une expérience de travail avec lui au double sens du terme : travail en commun et théorie en acte qui continue de réengendrer approches et pratiques scientifiques. La diversité des contributions mais aussi la singularité du ton de cet ouvrage attestent que le travail avec Bourdieu n'a pas calibré la pensée ni les manières de faire.

384 p. **9,20 €**

9782080801128

Didier **ERIBON**

UNE MORALE DU MINORITAIRE

Variations sur un thème de Jean Genet

Tout au long de son œuvre, Jean Genet analyse ce que signifie être un minoritaire. Didier Eribon nous invite à saisir, dans les textes de Genet, les moyens de penser la différence en dehors de la psychanalyse, discipline qui a longtemps représenté pour les intellectuels gays, les féministes, les dissidents de toutes sortes, la promesse d'une émancipation, mais qui s'est transformée, à de notables exceptions près, en discours de la norme.

380 p. 10 €

9782081270848

RETOUR À REIMS

Après la mort de son père, Didier Eribon retourne à Reims, sa ville natale, et retrouve son milieu d'origine, avec lequel il avait plus ou moins rompu trente ans auparavant. Il décide alors de se plonger dans son passé et de retracer l'histoire de sa famille. Évoquant le monde ouvrier de son enfance, restituant son ascension sociale, il mêle à chaque étape de ce récit intime les éléments d'une réflexion sur les classes, le système scolaire, la fabrication des identités, la sexualité, la politique, le vote, la démocratie… Un grand livre de sociologie et de théorie critique.

256 p. 8,20 €

9782081244832

LA SOCIÉTÉ COMME VERDICT

Classes, identités, trajectoires

Après les débats suscités par la parution de *Retour à Reims*, Didier Eribon poursuit ici sa réflexion sur la dimension sociologique et politique de son histoire personnelle et familiale et s'interroge sur les déterminismes sociaux, les moyens de transgresser les rôle et place dévolus à chacun en fonction de sa place dans la société.

256 p. 10 €

9782081314016

Armand FRÉMONT

FRANCE, GÉOGRAPHIE D'UNE SOCIÉTÉ

Voici sous une forme extrêmement synthétique, une géographie sociale de la France qui n'a pas d'équivalent : France centralisée mais dissymétrique, France fragilisée par le chômage, France qui se recompose et doit évoluer…

354 p. 9,20 €

9782081255883

PORTRAIT DE LA FRANCE

Le géographe Armand Frémont propose ici une lecture personnelle de nos villes et de nos régions, à la fois érudite et impressionniste. Mêlant aux données scientifiques les saveurs et les cultures de l'Hexagone, il rappelle que les régions sont avant tout la somme des hommes qui y vivent, de leurs activités, de leur passé, de leur culture et de leurs passions. Le tome I traite des régions « Alsace » à « Midi-Pyrénées ». Le tome II traite des régions « Nord-Pas-de-Calais » à « Rhône-Alpes » ainsi que de l'outre-mer.

Édition revue et augmentée, 2008

T. I : 256 p. 11,20 €

9782081226029

T. II : 512 p. 11,20 €

9782081231757

LA RÉGION, ESPACE VÉCU

Ouvrage théorique pionnier et qui fait désormais référence, *La Région, espace vécu* est un plaidoyer en faveur d'une géographie capable d'intégrer les apports des sciences humaines pour penser l'espace en termes de temps, de rythmes, de lieux, de mémoire, etc. Soucieux de nourrir la réflexion sur l'aménagement du territoire, Armand Frémont défend l'espace « vécu » contre l'espace « aliéné », celui où l'homme devient étranger à lui-même.

256 p. 9,20 €

9782081218727

Francis FUKUYAMA

LA FIN DE L'HISTOIRE ET LE DERNIER HOMME

Traduit de l'anglais par Denis-Armand Canal

Fukuyama s'interroge ici sur le sens de l'histoire et sur sa possible fin. Il montre que deux forces puissantes sont au cœur de l'histoire humaine. L'une est la « logique de la science moderne », l'autre « la lutte pour la reconnaissance ». Inéluctablement, des sociétés culturelles différentes évoluent vers la démocratie libérale. Thèse controversée propre à susciter les polémiques.

452 p. 10,20 €

9782081219021

Marc **FUMAROLI**

PARIS-NEW YORK ET RETOUR

Voyage dans les arts et les images

Ce livre est le journal d'un voyage entre New York, la capitale des images modernes et contemporaines, et Paris, celle des arts de la « Vieille Europe ». Enquête historique dans le temps court des États-Unis et de son industrie de l'entertainment, pèlerinage aussi dans le temps long de la France et de l'Europe des arts visuels, de l'Antiquité gréco-romaine à nos jours, cette exploration érudite devient au fil des pages l'itinéraire d'une conversion esthétique, à laquelle le lecteur est lui aussi convié.

Édition révisée, 2011

928 p. 15,30 €

9782081252486

Carol **GILLIGAN**

UNE VOIX DIFFÉRENTE

Pour une éthique du *care*

Présentation par Sandra Laugier et Patricia Paperman

Traduit de l'américain par Annick Kwiatek et Vanessa Nurock

La morale a-t-elle un sexe ? Les femmes et les hommes ont-ils un sens différent de la moralité ? Aux États-Unis, *Une voix différente* est le texte le plus lu et le plus cité de la « seconde vague » du féminisme. Il a ouvert un débat politique crucial, entre éthique de la justice et éthique du *care*, entre une moralité centrée sur l'équité, l'impartialité et l'autonomie et une moralité formulée « d'une voix différente », reconnue le plus souvent dans l'expérience des femmes.

292 p. 10,20 €

9782081213777

René **GIRARD**

SANGLANTES ORIGINES

Entretiens avec Walter Burkert, Renato Rosaldo et Jonathan Smith

Dans ce recueil sur le phénomène du bouc émissaire, l'académicien René Girard compare le mythe des Indiens yahuna et l'histoire d'Œdipe, qu'il n'hésite pas à rapprocher des récits médiévaux de chasses aux sorcières. Pour approfondir cette théorie de l'origine sacrificielle de tous les mythes et de l'universalité du mécanisme victimaire, l'essai est suivi d'un débat avec trois anthropologues : W. Burkert, R. Rosaldo et J. Smith.

416 p. 11 €

9782081289529

Maurice **GODELIER**

AU FONDEMENT DES SOCIÉTÉS HUMAINES

Ce que nous apprend l'anthropologie

Au fondement des sociétés humaines, il y a du sacré. Sans jamais cesser de s'interroger sur l'histoire, les méthodes et le sens de l'anthropologie, Maurice Godelier, l'anthropologue français le plus discuté à l'étranger après Claude Lévi-Straus, livre ici un ouvrage de référence, qui vaut introduction à l'ensemble de son œuvre.

336 p. 10,20 €

9782081231252

L'ÉNIGME DU DON

Pourquoi doit-on donner ? Pourquoi doit-on accepter ce que l'on vous donne ? Et, quand on a accepté, pourquoi faut-il rendre ? Ce livre jette un éclairage nouveau, et désormais classique, sur un thème jadis défriché par Marcel Mauss.

320 p. 10,20 €

9782081213029

L'IDÉEL ET LE MATÉRIEL

Pensée, économies, sociétés

Comment penser aujourd'hui les rapports de l'homme avec son milieu naturel, mais aussi avec son milieu culturel ? Lequel influe sur l'autre ? Pour l'anthropologue Maurice Godelier, les idées construisent le monde humain autant qu'elles en masquent la vraie nature.

352 p. 11,20 €

9782081238404

MÉTAMORPHOSES
DE LA PARENTÉ

Où nous mènent les bouleversements en cours au sein de la famille ? Revisitant l'histoire de l'étude de la parenté depuis le XIXe siècle, Maurice Godelier élabore des hypothèses fortes : nulle part un homme et une femme ne suffisent à faire un enfant ; nulle part les rapports de parenté ou la famille ne constituent le fondement de la société. Ce à quoi nous assistons depuis trente ans n'est pas la disparition de la parenté, mais une formidable métamorphose qui nous rapproche des sociétés « traditionnelles ».

944 p. 15,30 €

9782081231740

LA PRODUCTION
DES GRANDS HOMMES

Pouvoir et domination masculine chez les Baruya de Nouvelle-Guinée

Un livre de référence de l'anthropologie contemporaine sur les Baruya, cette société tribale de Nouvelle-Guinée, découverte en 1951, chez qui Maurice Godelier a effectué de nombreux séjours à partir de 1967. Il en décrit le mode de vie traditionnel et les transformations subies à la suite de l'irruption de l'ordre colonial, de l'argent et du christianisme : comment une petite société, productrice de Grands Hommes, s'est intégrée peu à peu dans un nouvel ordre mondial.

Cahier hors-texte de 6 pages

416 p. 11,20 €

9782081218734

Yves **GRAFMEYER** – Isaac **JOSEPH**

L'ÉCOLE DE CHICAGO

Naissance de l'écologie urbaine

Avant-propos d'Yves Grafmeyer

Textes traduits et présentés par Isaac Joseph et Yves Grafmeyer

Groupes sociaux, territoires, ségrégation ; mobilité ; réseaux de relations, mentalités, sociabilité : pour la première fois, la ville est pensée comme société, comme culture et, finalement, comme état d'esprit. Grâce à ces nouveaux concepts, les sociologues de Chicago (R. Park, E. Burgess, R. MacKenzie, W. Thomas et L. Wirth) se donnent pour objectif de contribuer scientifiquement à la résolution des problèmes sociaux, particulièrement ceux de l'assimilation de millions d'immigrants à la société américaine.

390 p. 9,20 €

9782081226630

Paul **GUILLAUME**

PSYCHOLOGIE DE LA FORME

La psychologie de la forme, illustrée par les noms de Wertheimer, Kohler, Koffka et Lewin, est née d'une réaction contre les concepts traditionnels de la psychologie classique. Elle a mis en évidence le caractère d'organisation autonome par lequel elle a défini les formes. Ce livre demeure le meilleur exposé d'ensemble de la *Gestalttheorie*.

264 p. 7,20 €

9782080810717

Christophe **GUILLUY**

FRACTURES FRANÇAISES

Une leçon inédite de géographie sociale, dans laquelle l'auteur révèle une situation des couches populaires très différente des représentations caricaturales habituelles. Derrière le trompe-l'œil d'une société apaisée s'affirme en fait une crise profonde du « vivre ensemble », une France minée par un séparatisme social et culturel… À lire de toute urgence pour comprendre la société aujourd'hui.

208 p. 8 €

9782081289611

Robert **HARRISON**

FORÊTS

Essai sur l'imaginaire occidental

Traduit de l'anglais par Florence Naugrette

Robert Harrison raconte ici l'histoire des forêts dans l'imaginaire occidental. En marge des débats actuels, il s'interroge sur notre rapport à notre habitat, puisque l'homme habite non la nature, mais son rapport à la nature. Ainsi s'élabore une écologie de la finitude.

414 p. 8,20 €

9782081234963

Bertrand **HELL**

POSSESSION ET CHAMANISME

Les maîtres du désordre

Partout, que ce soit en Sibérie, en Afrique ou aux Amériques, le recours aux spécialistes des esprits demeure privilégié. En quoi le vaudou haïtien ou le chamanisme coréen permettent-ils de faire face à l'infortune, de surmonter l'adversité ? Comment le couteau ensanglanté du possédé marocain peut-il faire refluer la maladie ? Rompant avec les *a priori* réducteurs, cet ouvrage livre un éclairage original sur l'efficacité symbolique du chamanisme et de la possession.

Nouvelle édition, 2012

392 p. 11 €

9782081279360

Laurent **JAFFRO**

L'ÉCOLE DÉSŒUVRÉE

La nouvelle querelle scolaire

Pour ou contre la pédagogie ? Et si ce débat, destiné depuis les années 1970 à séparer les Anciens des Modernes, n'était qu'une façon de masquer les véritables enjeux de la politique scolaire ?

288 p. 8,20 €

9782080814685

Jacques **JULLIARD**

LE CHOIX DE PASCAL

Entretiens avec Benoît Chantre

Un dialogue avec Benoît Chantre sur Blaise Pascal, sur la distinction des ordres, sur les impasses du rousseauisme et la nécessité de considérer le mal radical comme une composante essentielle de l'action politique. Cette discussion passionnée est pour Jacques Julliard l'occasion de revenir sur ses engagements (la guerre d'Algérie, la CFDT, la Bosnie), sur son œuvre d'historien du syndicalisme révolutionnaire et sur ses convictions religieuses.

Édition revue et augmentée, 2008

336 p. 9,20 €

9782081217379

Yves **LACOSTE**

LA LÉGENDE DE LA TERRE

Voilà près de trois mille ans que l'homme élabore idées et images de la Terre. Il a imaginé la Terre plate ou sphérique, il l'a pensée peuplée de monstres dans ses zones inexplorées, centrée autour de Jérusalem ou encore cernée par le fleuve Océan. Une fois la surface de la Terre parcourue, l'homme a voulu percer les secrets de ses profondeurs, sonder ses océans, connaître les mystères de son atmosphère. Il connaît aujourd'hui sa fragilité. La légende de la Terre est loin d'être achevée : l'homme doit encore apprendre à protéger sa planète, de lui-même surtout.

160 p. 7,20 €

9782080814654

Hervé **LE BRAS**

LES LIMITES DE LA PLANÈTE

Mythes de la nature et de la population

Hervé Le Bras démontre qu'il n'y a pas une parcelle de vérité dans les terribles prédictions chiffrées que nous assènent nos Cassandre. Les chiffres masquent des arguments d'autorité, et les arguments d'autorité sont le paravent de nos préjugés et de nos peurs. La surpopulation est un mythe : telle est en substance la conclusion qui s'impose ici après une analyse serrée. Et, comme tout mythe, celui-ci nous en apprend plus sur nous-mêmes que sur le monde qui nous entoure.

352 p. 8,20 €

9782080813459

Benoît de **L'ESTOILE**

LE GOÛT DES AUTRES

De l'Exposition coloniale aux Arts premiers

Proposant un regard anthropologique et historique sur les façons dont les Européens ont défini leur identité en exposant les cultures d'Asie, d'Afrique, d'Amérique et d'Océanie, cet ouvrage apporte une contribution originale aux interrogations actuelles sur les héritages coloniaux.

624 p. 14,20 €

9782081240247

Michel MAFFESOLI

LA PART DU DIABLE

Précis de subversion postmoderne

Poursuivant depuis trente ans une analyse de la société contemporaine, Michel Maffesoli s'attaque, dans cet ouvrage, au délicat problème de la part d'ombre de notre monde : la place du mal. Silencieuse ou bruyante, la révolte gronde. Passivité par rapport au travail, abstention politique, retrait de la vie sociale en général, ou encore rodéos automobiles, rassemblements festifs et musicaux et autres formes d'effervescence en sont autant de symptômes. Mais la part destructrice, celle de l'excès, n'est-ce pas ce qui précède une harmonie nouvelle ?

252 p. 9,20 €

9782080800978

Pierre MANENT

LA CITÉ DE L'HOMME

La conscience et le désir d'être moderne tiennent à une contradiction irrésolue, que la « modernité » recouvre et dont elle vit : celle entre la cité et l'Église, entre le paganisme et le christianisme, entre la nature et la grâce. L'homme moderne est celui qui, réfutant Athènes par Jérusalem et Jérusalem par Athènes, ne cesse de désirer, et d'apercevoir à sa portée une troisième cité qui, pourtant, ne cesse de lui échapper : la cité de l'homme.

304 p. 11 €

9782081279339

LES MÉTAMORPHOSES DE LA CITÉ

Essai sur la dynamique de l'Occident

Succédant à l'ordre immobile de la famille, la cité a fait rentrer l'Occident dans l'histoire politique. À la cité succéderont l'empire, puis l'Église, jusqu'à ce que soit élaborée la forme politique qui permettra enfin le gouvernement de soi rationnel : la nation. Cependant, celle-ci s'est détruite dans les guerres « hyperboliques » du XXe siècle, et nous sommes aujourd'hui à la recherche d'une nouvelle forme politique. Cette étude retrace cette histoire de l'Occident en la rattachant sans cesse à la question politique centrale : comment nous gouverner nous-mêmes ?

432 p. 11 €

9782081270923

Avishai MARGALIT

LA SOCIÉTÉ DÉCENTE

Traduit de l'anglais par François Billard et Lucien D'Azay

« *La Société décente* est un livre splendide. Un compte-rendu exact des principes moraux guidant nos institutions politiques et nos usages sociaux, mais également un ouvrage merveilleusement attentif aux détails et nuances de la vie quotidienne. » (*Martin Walzer*)

280 p. 10,20 €

9782081207158

Frédéric MARTEL

DE LA CULTURE EN AMÉRIQUE

À partir d'archives inédites et de sept cents entretiens dans trente-cinq États, Frédéric Martel reconstitue ici la politique culturelle américaine, de John F. Kennedy à Barack Obama ; il décrypte le fonctionnement de la philanthropie, des fondations, du mécénat et met au jour le rôle central du gouvernement, la mission artistique des universités et la diversité culturelle américaine. Depuis sa parution, *De la culture en Amérique* est devenu un ouvrage de référence sur les politiques culturelles en général et sur les États-Unis en particulier.

Édition revue et augmentée, 2011

848 p. 15,30 €

9782081260825

Dominique MÉDA

QU'EST-CE QUE LA RICHESSE ?

Nous vivons les yeux rivés sur le taux de croissance du Produit intérieur brut, comme si celui-ci suffisait à faire de nous des sociétés vraiment riches. Indifférent à la manière dont sont répartis les biens, les services, les revenus et les acquis, le PIB n'est affecté, semble-t-il, par aucun facteur social ou idéologique. De quoi devons-nous être productifs aujourd'hui ? Comment donner de la valeur à des activités qui ne sont productrices que de relations, de sens, de qualité de vie ?

430 p. 9,20 €

9782080814623

LE TRAVAIL

Une valeur en voie de disparition

Dominique Méda propose une généalogie de la valeur « travail » et une thèse originale : et si l'époque de la reconnaissance sociale par le travail était révolue ?

Nouvelle édition, 2010

400 p. 8,20 €

9782081237681

Jean-Pierre MOHEN

ARCHÉOLOGIE DE LA FRANCE

Réunion des musées nationaux

Le bilan pluridisciplinaire de trente ans de recherche archéologique en France. Le catalogue d'une exposition qui connut un grand succès.

512 p. 12,20 €

9782080812278

Edgar MORIN

LA COMPLEXITÉ HUMAINE

Textes présentés par Heinz Weinmann

L'unité de la recherche d'Edgar Morin est dans le souci d'une connaissance ni mutilée ni cloisonnée qui puisse respecter l'individuel et le singulier tout en l'insérant dans son contexte et son ensemble. Un choix de textes qui fournit au lecteur une introduction à l'ensemble de l'œuvre d'Edgar Morin.

384 p. 10,20 €

9782081218765

PENSER GLOBAL

N

Nos connaissances sur l'humain, sur la vie, sur l'univers, sont en pleine expansion. Elles sont aussi séparées et dispersées. Comment les relier ? Comment nous situer dans l'aventure de la vie et dans celle de l'univers ? La réponse d'Edgar Morin, avec ce livre, est lumineuse d'intelligence et accessible à tous.

144 p. 7 €

9782081375567

Philippe MURAY

FESTIVUS FESTIVUS

Conversations avec Élisabeth Lévy

L'écrivain Philippe Muray, au fil de sept conversations mouvementées avec Élisabeth Lévy, se demande s'il y a quelque chose à sauver de notre époque. De Bagdad à Paris-Plage, de la Nuit blanche à la canicule noire, des intermittents en éruption au mariage gay, nous suivons les aventures de *Festivus festivus*, « dernier homme » occidental, créature emblématique de la nouvelle humanité.

496 p. 13,20 €

9782081217027

Jean-Baptiste RAUZY

L'ÉCOLE DÉSŒUVRÉE

La nouvelle querelle scolaire

Pour ou contre la pédagogie ? Et si ce débat, destiné depuis les années 1970 à séparer les Anciens des Modernes, n'était qu'une façon de masquer les véritables enjeux de la politique scolaire ?

288 p. 8,20 €

9782080814685

Olivier RAZAC

HISTOIRE POLITIQUE DU BARBELÉ

Préface d'Alain Brossat

Comment le fil de fer barbelé est-il devenu cet outil politique, symbole universel de l'oppression ? En évoquant le rôle décisif du barbelé dans trois des plus grandes catastrophes de la modernité – la conquête de l'Ouest et le génocide des Indiens d'Amérique, la boucherie de 14-18 et les exterminations nazies –, mais aussi en dressant une cartographie de ses usages actuels (propriétés privées, prisons, frontières « chaudes » du globe), Olivier Razac analyse la violence croissante à l'œuvre dans la gestion politique des espaces et des populations.

240 p. 8,20 €

9782081217010

Shlomo SAND

LE CRÉPUSCULE DE L'HISTOIRE

Traduit de l'hébreu par Michel Bilis

Dans cette vaste histoire de l'Histoire, de la Mésopotamie jusqu'à nos jours, Shlomo Sand dénonce les méthodes qui ont construit les mythologies nationales modernes, et la tendance à faire de l'historien le prêtre de la mémoire officielle ou le forgeron des identités nationales.

320 p. 10 €

9782081396166

Jorge SEMPRÚN

UNE TOMBE AU CREUX DES NUAGES

Essais sur l'Europe d'hier et d'aujourd'hui

Traduit de l'espagnol par Serge Mestre

L'histoire de notre XXe siècle peut se lire comme un roman. Comme un roman, elle s'est construite sur des rencontres, des luttes, des trahisons. Des années quarante à la chute du communisme, à la réunification allemande et à la construction européenne, ce livre lucide et passionné est le témoignage d'un grand intellectuel européen sur les épisodes les plus marquants de notre histoire.

336 p. 8,20 €

9782081265936

Isabelle SOMMIER

LE RENOUVEAU DES MOUVEMENTS CONTESTATAIRES

À l'heure de la mondialisation

Depuis les années 1990, on assiste à un renouveau de la contestation et de la critique sociale : jeunes syndicats, mouvements de « sans » et associations de solidarité se manifestent désormais régulièrement dans l'espace public. Quelles sont ces nouvelles minorités actives qui se targuent de ranimer un débat politique atone au nom de la société civile et de la démocratie ? Sont-elles en mesure de présenter des alternatives aux pouvoirs politiques et économiques qu'elles condamnent ?

Édition revue et augmentée, 2003

337 p. 8,20 €

9782080800688

Florence WEBER

BRÈVE HISTOIRE DE L'ANTHROPOLOGIE

Inédit

Cette synthèse à la fois plaisante et exigeante retrace l'histoire de l'anthropologie sociale, ses concepts et ses enjeux. Elle permet de comprendre la lente reconnaissance scientifique de l'ethnographie, pratiquée depuis l'Antiquité, mais dépendante des contextes dans lesquels se produisaient les contacts entre les cultures, souvent marqués par la destruction.

352 p. 12 €

9782081239227

Dominique WOLTON

L'AUTRE MONDIALISATION

Pour affronter le monde d'aujourd'hui, toujours plus ouvert et donc plus incertain, il faut être confiant dans son identité et être prêt à se confronter à d'autres valeurs. Si l'Autre est désormais plus accessible, il est aussi moins compréhensible. Plus nos différences sont visibles, plus elles créent de tensions. À quelles conditions, donc, organiser au niveau mondial une cohabitation des cultures ?

224 p. 9,20 €

9782081249875

ÉLOGE DU GRAND PUBLIC

Une théorie critique de la télévision

La télévision est un formidable outil d'émancipation politique et culturel, aussi important pour l'avenir de l'Europe que l'éducation, la culture et la recherche. À condition de susciter des politiques plus ambitieuses que les modes dont elle est l'objet.

320 p. 8,20 €

9782081272170

INTERNET, ET APRÈS ?

Une théorie critique des nouveaux médias

Quels sont les véritables enjeux d'Internet ? En les replaçant dans une théorie générale de la communication, Dominique Wolton s'attache à comparer les avantages et les inconvénients respectifs des médias classiques et des nouveaux médias en relativisant le thème de la « révolution de la communication » : Internet ne crée pas magiquement une société où toute information circulerait librement et pacifiquement, où les rapports sociaux s'en trouveraient miraculeusement modifiés.

256 p. 9,20 €

9782081240810

NAISSANCE DE L'EUROPE DÉMOCRATIQUE

La dernière utopie

Maastricht clôt quarante années de construction technocratique de l'Europe et ouvre une autre histoire : celle de l'Europe démocratique. Réussir cette Europe nouvelle, la dernière utopie, c'est d'abord accepter de raisonner autrement.

456 p. 11,20 €

9782080813718

PENSER LA COMMUNICATION

Quand la communication technique se développe, il n'est pas rare que la communication humaine s'appauvrisse. S'il n'y a pas de démocratie sans communication, les techniques génèrent aussi des inégalités. Penser la communication, c'est montrer les dangers qui la menacent et dont il faut la protéger, renforcer les identités et respecter ce qui nous sépare.

416 p. 10,20 €

9782081212992

SAUVER LA COMMUNICATION

Il faut sortir la communication du leurre de sa surpuissance. Rappeler, modestement et obstinément, sa dimension humaniste. L'avenir de la communication n'est pas dans le triomphe des techniques et des marchés, mais dans le risque de la rencontre et de l'incompréhension. Communiquer, c'est accepter la cohabitation avec l'autre, le pari de l'échange, l'épreuve de l'incommunication.

224 p. 8,20 €

9782081218789

Slavoj ŽIŽEK

BIENVENUE DANS LE DÉSERT DU RÉEL

Traduit de l'anglais par François Théron

Slavoj Žižek se propose d'analyser les investissements pulsionnels et idéologiques qui ont façonné notre nouvel ordre mondial depuis l'effondrement des tours du World Trade Center, le 11 septembre 2001 à New York. La tâche critique consiste aujourd'hui à replacer l'« événement » dans le contexte des antagonismes du capitalisme mondial.

224 p. 8,20 €

9782081218918

QUE VEUT L'EUROPE ?

Réflexions sur une nécessaire réappropriation

Traduit de l'anglais et présenté par Frédéric Joly

Slavoj Žižek prend à rebours l'idée courante d'une Europe déroutée, mise en difficulté par le dynamisme économique des États-Unis et des pays asiatiques, et met l'accent sur le fait qu'elle constitue notre seule chance si nous ne souhaitons pas vivre dans un monde se réduisant à la seule alternative entre la version nord-américaine et la version chinoise du capitalisme. Dès lors, quel est le cœur de cet héritage européen que nous nous devons absolument de défendre ?

200 p. 8,20 €

9782081200760

Alya **AGLAN**

LA RÉSISTANCE SACRIFIÉE

Histoire du mouvement « Libération-Nord »

Préface de Jean-Pierre Azéma

Le double mythe des Résistances gaulliste et communiste a longtemps occulté l'existence et l'action d'une Résistance socialiste. En faisant revivre Libération-Nord à partir d'archives publiées ici pour la première fois, Alya Aglan révèle la volonté précoce de ce mouvement de dénoncer le régime de Vichy puis ses complicités dans l'asservissement de la France par les nazis.

Nouvelle édition, 2006

460 p. 11,20 €

9782080801517

Fabrice **D'ALMEIDA** – Christian **DELPORTE**

HISTOIRE DES MÉDIAS EN FRANCE

de la Grande Guerre à nos jours

En un siècle, les médias français ont subi les plus profonds bouleversements. Comment les médias français ont-ils évolué ? Quelle a été la place de la liberté de la presse ? Comment la profession s'est-elle structurée depuis la naissance du Syndicat des journalistes ? Autant de questions que les auteurs illustrent de portraits vivants.

512 p. 12,20 €

9782081237704

Götz **ALY**

COMMENT HITLER A ACHETÉ LES ALLEMANDS

Le IIIe Reich, une dictature au service du peuple

Traduit de l'allemand par Marie Gravey

Comment les Allemands ont-ils pu permettre ou commettre des crimes de masse sans précédent, en particulier le génocide des Juifs d'Europe ? Invoquer la haine raciale ne suffit pas. Götz Aly démontre que le consensus entre les dirigeants du Reich et le peuple a eu pour clé… le confort matériel de l'Allemand moyen. Les Allemands, tous complices ? C'est bien la thèse de ce livre, qui a fait date dans l'historiographie de la Shoah.

528 p. 12,20 €

9782081218093

Daniel **ARASSE**

LA GUILLOTINE ET L'IMAGINAIRE DE LA TERREUR

Pourquoi la guillotine est-elle abominable ? Pour répondre, Daniel Arasse interroge cette peur à sa source, au moment où, à peine née, la machine est plantée au cœur d'une mise en scène, d'une exploitation spectaculaire de ses pouvoirs d'épouvante : la Terreur.

220 p. 11,20 €

9782081246911

Jan **ASSMANN**

MOÏSE L'ÉGYPTIEN

Un essai d'histoire de la mémoire

Traduit de l'allemand par Laure Bernardi

Ce livre retrace l'histoire de la confrontation entre les univers religieux d'Israël et de l'Égypte. Jan Assman retrace l'entreprise de « déconstruction » qu'ont opérée, entre autres, John Spencer, Spinoza, Schiller et Freud, afin de réhabiliter la religion égyptienne. Au fil des pages, le débat rencontre quelques-unes des préoccupations essentielles de la civilisation occidentale : le rapport à l'autre, la vérité, la tradition…

412 p. 12,20 €

9782081240780

Jean-Christophe **ATTIAS** – Esther **BENBASSA**

ISRAËL, LA TERRE ET LE SACRÉ

Ce livre retrace, de la Bible à nos jours, l'itinéraire souvent paradoxal de la sacralisation de la « Terre d'Israël » à travers le temps, l'espace et les consciences, et permet de prendre la mesure des enjeux de l'un des plus grands conflits contemporains.

416 p. 10,20 €

9782080800138

Stéphane **AUDOIN-ROUZEAU**

L'ENFANT DE L'ENNEMI

Viol, avortement, infanticide pendant la Grande Guerre

Ce spécialiste de la Première Guerre mondiale mène l'étude des viols, isolés ou en masse, commis durant le conflit. Il resitue le phénomène dans son contexte – volonté de conquête et d'humiliation de l'adversaire à travers le corps de ses femmes, sentiment d'impunité lié au port d'armes et exacerbation de la virilité au sein de groupes d'hommes soudés par cette expérience commune.

264 p. 8 €

9782081308114

Alessandro **BARBERO**

LA BATAILLE DES TROIS EMPIRES

Lépante, 1571

Traduit de l'italien par Patricia Farazzi et Michel Valensi

Le 7 octobre 1571, au large des côtes grecques, débute la plus importante bataille navale de l'histoire moderne : d'un côté la flotte de l'Empire ottoman, de l'autre les galères de Venise. Dans une fresque magistrale, Alessandro Barbero décrypte les jeux d'alliances politiques et militaires, d'intérêts économiques, d'ambitions personnelles, de hasards géographiques, qui ont mené à cet affrontement.

736 p. 14 €

9782081289628

HISTOIRES DE CROISADES

Traduit de l'italien par Jean-Marc Mandosio

Qu'est-ce qu'une croisade ? Quelle image les croisés occidentaux ont-ils donné d'eux-mêmes au cours de leurs expéditions en Orient ? Comment l'idée de « guerre sainte » s'est-elle imposée en Occident ? Quelle relation entretient-elle avec son équivalent oriental, le jihad ? Voici quelques-unes des questions auxquelles répond Alessandro Barbero dans ce petit livre qui décrit les croisades de manière simple et brillante.

160 p. 7,20 €

9782081231474

LE MARCHAND QUI VOULAIT GOUVERNER FLORENCE

N

Et autres histoires du Moyen Âge

Traduit de l'italien par Romane Lafore

Dans la Florence du XIVe siècle, un riche marchand prend la plume. À Sienne, une certaine Catherine fait vœu de chasteté à l'âge de six ans. À Orléans, Jeanne est condamnée à être brûlée... Six vies, six portraits esquissés avec tout l'art d'Alessandro Barbero, et le Moyen Âge revit sous nos yeux.

210 p. 7 €

9782081411944

Élie **BARNAVI**

ISRAËL

Un portrait historique

Une histoire globale de l'État d'Israël, à travers les problèmes qu'il a eu à affronter depuis sa venue au monde, illuminée par la rigoureuse honnêteté intellectuelle d'Élie Barnavi.

Édition revue et augmentée, 2015

448 p. 10 €

9782081347526

Jérôme **BASCHET**

LA CIVILISATION FÉODALE

De l'an mil à la colonisation de l'Amérique

Réputé anarchique, le système féodal repose en fait sur une organisation sociale efficace, qui, dès les X-XIIe siècles, regroupe les populations au sein de villages où la domination des seigneurs s'exerce de manière vigoureuse et équilibrée. Par delà les crises de la fin du Moyen Âge, c'est la force expansive de la chrétienté féodale qui pousse les Occidentaux vers les rivages du

Nouveau Monde et la conquête du continent américain.

866 p. 13,20 €

9782081223912

LA RÉBELLION ZAPATISTE

1er janvier 1994. Dans le sud du Mexique surgit un mouvement politique absolument neuf. Ce soulèvement de paysans indiens a pour porte-parole le sous-commandant Marcos. Leur combat pour la justice sociale et la diversité culturelle s'adresse aux plus démunis mais aussi à tous ceux qui résistent à l'ordre néolibéral. Étude approfondie des idées et des valeurs du zapatisme, ce livre est aussi une mise en perspective de ses apports et de ses stratégies au Mexique et dans le monde.

324 p. 10,20 €

9782080801401

Alain **BOUREAU**

LA PAPESSE JEANNE

Une femme, travestie en homme, aurait occupé la chaire de saint Pierre vers 855. C'est du moins ce qu'affirme une tradition légendaire largement répandue depuis le XIIe siècle, encore vivace de nos jours. Au-delà de son allure romanesque, le récit met en jeu un interdit fondamental de la culture catholique : le refus du sacerdoce féminin. Il pose aussi la question troublante de l'imposture : que se passe-t-il quand un pouvoir suprême se laisse usurper ?

10 ill.

416 p. 9,20 €

9782080812803

Frédéric **BOZO**

LA POLITIQUE ÉTRANGÈRE DE LA FRANCE DEPUIS 1945

Ce livre souligne les dilemmes ou les contradictions de la politique étrangère française, entre projet national, ambition européenne, appartenance occidentale et idéaux universalistes. Puissance moyenne depuis la Seconde Guerre mondiale, la France aspire à un rôle international. Mais avec la fin de la Guerre froide, un cycle de l'histoire de notre pays s'est achevé : à l'ère des blocs a succédé la mondialisation, et la France se cherche un nouveau rôle. Dans un système multipolaire, peut-elle encore déployer une politique étrangère qui lui soit propre ?

250 p. 9 €

9782081229587

Fernand **BRAUDEL**

LA DYNAMIQUE DU CAPITALISME

Fernand Braudel présente ici les résultats de trente ans de recherches. Résumé de l'évolution économique et réflexion sur les règles du jeu capitaliste, ce texte est la meilleure introduction à une œuvre majeure de notre siècle.

Édition revue et corrigée, 2014

112 p. 6 €

9782081307957

ÉCRITS SUR L'HISTOIRE I

Importantes études consacrées aux liens entre l'histoire et les autres sciences de l'homme, à la place qu'occupe la recherche historique dans la société contemporaine et à son insertion dans la dialectique du passé et du présent.

T. I : 314 p. 8,20 €

9782081300996

ÉCRITS SUR L'HISTOIRE II

Avant-propos de Paule Braudel

Faisant suite aux *Écrits sur l'histoire*, ce recueil composé de textes venus d'horizons divers reflète l'extrême curiosité du grand historien français.

T. II : 276 p. 8,20 €

9782080813046

GRAMMAIRE DES CIVILISATIONS

Présentation par Maurice Aymard

La civilisation, définie successivement par référence à l'espace, à la société, à l'économie et aux mentalités collectives, se voit identifiée avec la longue durée elle-même. Tour à tour sont présentées les civilisations de l'Islam, de l'Afrique noire, de l'Extrême-Orient, et de l'Occident. L'ébauche d'une histoire du monde ? À plus d'un titre, cette « grammaire des civilisations » du

monde actuel la prépare et la complète.
Nouvelle édition, 2013
752 p. 12 €
9782081307933

L'IDENTITÉ DE LA FRANCE
Le grand historien nous livre avec rigueur et passion les clefs de l'histoire de France ; il en observe l'extrême diversité, analyse les mouvements profonds et silencieux qui traversent l'espace et situe les enjeux de son milieu géographique, de sa position européenne, de sa démographie et de son économie.
T. I : Espace et histoire
416 p. 9,20 €
9782081218826
T. II : Les hommes et les choses (1re partie)
252 p. 8,20 €
9782081222991
T. III : Les hommes et les choses (2e partie)
540 p. 11,20 €
9782081223004

Coffret 3 volumes
1208 p. 28,60 €
9782081223257

LA MÉDITERRANÉE
Préface de François Hartog
Cet indispensable ensemble de textes nous rappelle que « l'histoire n'est pas autre chose qu'une constante interrogation des temps révolus au nom des problèmes et curiosités [...] du temps présent qui nous entoure et nous assiège. Plus qu'aucun autre univers des hommes, la Méditerranée en est la preuve ; elle ne cesse de se raconter elle-même, de se revivre elle-même. Par plaisir sans doute, non moins par nécessité. Avoir été, c'est une condition pour être. »
352 p. 9 €
9782081416505

Henri BRUNSCHWIG

LE PARTAGE DE L'AFRIQUE NOIRE
L'histoire du partage de l'Afrique noire, période cruciale au cours de laquelle les Africains, soumis à l'impérialisme européen, ont perdu le contrôle de leur propre culture. Une référence pour aborder l'histoire de la colonisation.
190 p. 7,20 €
9782081224131

Isabelle von BUELTZINGSLOEWEN

L'HÉCATOMBE DES FOUS
La famine dans les hôpitaux psychiatriques français sous l'Occupation
Entre 1940 et 1945, 45 000 malades mentaux sont morts de faim et de froid derrière les murs des asiles. Ont-ils été exterminés par le régime de Vichy, qui aurait fait siennes les thèses eugénistes d'un Alexis Carrel ? Les psychiatres étaient-ils complices ? Fruit d'une véritable enquête historique, ce livre reconstitue le drame et exonère finalement Vichy de la responsabilité qu'on lui attribue dans la tragédie : une démonstration qui a suscité la controverse.
528 p. 12,20 €
9782081224797

Marie-Paule CAIRE-JABINET

L'HISTOIRE EN FRANCE DU MOYEN ÂGE À NOS JOURS
Introduction à l'historiographie
L'histoire existait-t-elle au Moyen Âge ? Quand et comment a-t-elle forgé ses propres outils et méthodes ? Qui sont ceux qui lui ont permis de s'ériger en discipline autonome, puis toute-puissante, dès le XIXe siècle ? Comment travaillent les historiens d'hier et d'aujourd'hui ? À quelles influences l'écriture de l'histoire en France a-t-elle été soumise, et quel a été son rayonnement à l'étranger ? Peut-on aujourd'hui parler d'une crise de l'histoire ?
288 p. 10,20 €
9782080830227

Luciano CANFORA

1914
Traduit de l'italien par Pierre Vesperini et Leonor Baldaque
Cette synthèse didactique, en offrant une vision complète de l'Europe durant l'année 1914, permet de comprendre la

pluralité des causes et des conjonctures qui ont conduit à la Première Guerre mondiale.

222 p. 8 €

9782081331549

Claude **CAROZZI** – Huguette **TAVIANI-CAROZZI**

LA FIN DES TEMPS

Terreurs et prophéties au Moyen Âge

Entre le VIe et le XIVe siècles, la chrétienté a été hantée par le thème de la fin de l'histoire : le retour du Christ, la résurrection des morts et le jugement dernier annoncés par les Écritures. Cet ouvrage réunit et présente les plus grands textes millénaristes médiévaux.

256 p. 9,20 €

9782080814463

Olivier **CHALINE**

L'ANNÉE DES QUATRE DAUPHINS

En avril 1711, Louis XIV perd son fils, emporté en quelques jours par la petite vérole. En février 1712, son petit-fils, le duc de Bourgogne, succombe à une maladie foudroyante ; trois semaines plus tard, le fils de celui-ci, le duc de Bretagne, devenu dauphin l'espace d'un mois, meurt à son tour. L'avenir de la dynastie des Bourbons repose sur un enfant de deux ans, arrière-petit-fils du Roi-Soleil, dont les chances de survie semblent bien compromises. Ce moment crépusculaire, raconté d'une plume magnifique par Olivier Chaline, offre un portrait exceptionnel de Louis XIV.

224 p. 8,20 €

9782081249622

LE RÈGNE DE LOUIS XIV

Une somme magistrale pour prendre la mesure du règne de Louis XIV. Au fil de ce livre surgissent la personnalité exceptionnelle du roi et l'emprise grandissante de son État. Et ce qui apparaît aussi, c'est que nous avons oublié à quel point le règne de Louis XIV fut divers et souple – à mille lieues de l'absolutisme roide que nous imaginons.

T. I : 786 p. 12,20 €

9782081220522

T. II : 530 p. 10,20 €

9782081220539

Coffret 2 volumes

Une somme magistrale pour prendre la mesure du règne de Louis XIV. Au fil de ce livre surgissent la personnalité exceptionnelle du roi et l'emprise grandissante de son État. Et ce qui apparaît aussi, c'est que nous avons oublié à quel point le règne de Louis XIV fut divers et souple – à mille lieues de l'absolutisme roide que nous imaginons.

1314 p. 22,40 €

9782081229556

Philippe **CHASSAIGNE**

HISTOIRE DE L'ANGLETERRE

des origines à nos jours

Des origines à nos jours, l'histoire, remarquable de continuité, du pays d'Europe peut-être le plus attaché à ses traditions.

Édition revue et augmentée, 2015

628 p. 11 €

9782081366589

Pierre **CHAUNU**

LA CIVILISATION DE L'EUROPE DES LUMIÈRES

« La civilisation est un héritage, un héritage qui se transforme et qui s'accroît. De tous les legs du passé qui commandent notre présent, le legs du XVIIIe siècle est un des plus importants. C'est, au vrai, que tout ce qui nous vient d'un très lointain passé nous vient à travers l'optique, les choix, les parcimonies des Lumières. » (Pierre Chaunu)

430 p. 10,20 €

9782081240063

Jean-Pierre CHRÉTIEN

L'AFRIQUE DES GRANDS LACS

Deux mille ans d'histoire

Cet ouvrage mobilise tous les outils disponibles – archéologie, linguistique, sources orales, anthropologie, archives… – pour décrypter l'histoire méconnue de l'Afrique des Grands Lacs, depuis son peuplement originel jusqu'aux génocides qui ont ensanglanté la fin du XXe siècle.

410 p. 11,20 €

9782081279407

Pierre CHUVIN

LA MYTHOLOGIE GRECQUE

Du premier homme à l'apothéose d'Héraclès

Explorant les arcanes de la mythologie grecque, l'auteur a choisi l'un des ensembles mythiques les plus cohérents, les mieux bâtis de la Grèce, composé dans les cités d'Argos, Mycènes et Tirynthe. Son récit s'étend du mythe du premier homme à l'apothéose d'Héraclès, le plus grand des héros.

414 p. 11,20 €

9782081255609

Christopher CLARK

LES SOMNAMBULES

Été 1914 : comment l'Europe a marché vers la guerre

Traduit de l'anglais par Marie-Anne de Béru

Après l'assassinat de l'archiduc d'Autriche, le monde plonge dans une guerre qui entraînera la chute de trois empires. Comment l'Europe était-elle devenue si vulnérable à l'impact d'un seul attentat perpétré à sa périphérie ? L'auteur montre que de crise en crise, les hommes qui la gouvernaient, hantés par leurs songes, marchèrent vers le danger comme des somnambules. Une fresque magistrale.

Prix Aujourd'hui 2014 ; prix du livre d'histoire de l'Europe 2014 ; prix Madeleine Laurain-Portemer 2014.

928 p. 13 €

9782081312807

Alain CORBIN

L'AVÈNEMENT DES LOISIRS 1850-1960

Avec la collaboration de Julia Csergo, Jean-Claude Farcy, Roy Porter, André Rauch, Jean-Claude Richez, Léon Strauss, Anne-Marie Thiesse, Gabriella Turnaturi, Georges Vigarello

Comment se sont créés les usages modernes du temps libre ? Comment le désir de voyage, la soif d'aventure ou encore le besoin de quiétude et de découverte de soi se sont-ils combinés à l'accélération des rythmes de vie ? Autant de questions auxquelles répond cet ouvrage collectif, conçu par Alain Corbin.

476 p. 11,20 €

9782081223028

LE CIEL ET LA MER

Alain Corbin s'intéresse ici aux relations entre l'homme et la météorologie, l'eau (douce ou salée) et le littoral au cours de l'histoire.

112 p. 6 €

9782081331938

LES CLOCHES DE LA TERRE

Paysage sonore et culture sensible dans les campagnes au XIXe siècle

En exploitant pour la première fois les quelque dix mille affaires de cloches que le XIXe siècle nous a laissées, ce livre montre à quel point ces sources insolites sont au centre de tout un ordre symbolique. La cloche préside au rythme de la vie rurale, oriente son espace ; elle fonde un système de communication et accompagne des modes oubliés de relations entre les individus, entre les vivants et les morts : maîtriser l'usage de la sonnerie constitue un enjeu majeur dans les luttes de pouvoir qui agitent les microcosmes campagnards.

Nouvelle édition, 2013

500 p. 10 €

9782081307902

LES CONFÉRENCES DE MORTEROLLES

Hiver 1895-1896. À l'écoute d'un monde disparu

Au terme d'un minutieux travail d'archives, Alain Corbin redonne vie à un cycle de conférences oubliées depuis plus d'un siècle. Partant sur les traces de l'orateur, un instituteur zélé de la IIIe République, et de son auditoire, l'historien reconstitue, pas à pas, ces soirées d'hiver où tout un village prenait le chemin de l'école pour s'instruire. Aussi virtuose qu'instructif, cet ouvrage nous fait parvenir l'écho d'un monde disparu.

198 p. 8 €

9782081289451

LA DOUCEUR DE L'OMBRE

L'arbre, source d'émotions de l'Antiquité à nos jours

Alain Corbin se livre à une approche anthropologique, historique et artistique des rapports entre l'homme et l'arbre ; il étudie les métamorphoses des représentations, de l'imaginaire et des usages qui lui sont associés depuis l'Antiquité.

Prix du livre environnement fondation Veolia, 2013

400 p. 11 €

9782081270626

LES FILLES DE NOCE

Misère sexuelle et prostitution au XIXe siècle

Les Filles de noce est le premier ouvrage consacré à la prostitution française par un historien de métier. Une page inédite de la police des corps nous est ici révélée : l'auteur s'efforce d'analyser le contrepoint qui s'instaure entre l'ampleur de la misère sexuelle, les structures de la prostitution, le discours sur les filles publiques et la politique menée par les régimes successifs.

Édition revue et corrigée, 2015

640 p. 10 €

9782081331921

LES FILLES DE RÊVE

Trente ans après *Les Filles de noce*, Alain Corbin se penche sur le versant opposé de l'image des femmes dans la culture occidentale : les « filles de rêve ». Petit livre plein de charme, ce voyage à travers l'amour pur est une délicieuse invitation au fantasme.

176 p. 8 €

9782081371200

L'HARMONIE DES PLAISIRS

Les manières de jouir du siècle des Lumières à l'avènement de la sexologie

Ce livre invite à l'exploration d'un pays étrange : la « vie sexuelle » d'un temps où le mot « sexualité » ne figurait pas dans le dictionnaire. Les convictions qu'il décrit nous paraissent aujourd'hui aussi étrangères qu'un embarquement pour Cythère. Mais elles ont gouverné les plaisirs du lit, ceux de la norme comme ceux de la transgression. Elles ont modelé les désirs, les jouissances et les regrets. C'est pourquoi ce voyage-là vaut la peine d'être entrepris, sous la conduite éclairée d'Alain Corbin.

672 p. 12,20 €

9782081238466

HISTOIRE BUISSONNIÈRE DE LA PLUIE

Stendhal la déteste, Baudelaire en fait un élément du spleen, les souverains et chefs d'État en font un usage politique… Parce qu'on ne l'a pas toujours observée et vécue de la même manière, la pluie a une histoire. Dans la veine de l'Histoire du silence, Alain Corbin la retrace dans ces pages savoureuses.

112 p. 5 €

9782081411937

HISTOIRE DU SILENCE

De la Renaissance à nos jours

Le silence n'est pas la simple absence de bruit. Il réside en nous, dans cette citadelle intérieure que de grands écrivains, penseurs, savants, femmes et hommes de foi, ont cultivée durant des siècles. À l'heure où le bruit envahit tous les espaces, Alain Corbin revient sur l'histoire de cet âge où la parole était rare et précieuse.

224 p. 8 €
9782081408937

LE MIASME ET LA JONQUILLE

L'odorat et l'imaginaire social, XVIIIe-XIXe siècles

Un siècle d'histoire du dégoût et de la purification a bouleversé les représentations sociales et les références symboliques. Sans bien connaître l'histoire de l'odorat, on ne saurait mesurer à quelle profondeur viscérale se situent les conflits sociaux du XIXe siècle, ni expliquer l'importance actuelle de l'écologie.

432 p. 9 €
9782081382411

LE MONDE RETROUVÉ DE LOUIS-FRANÇOIS PINAGOT

Sur les traces d'un inconnu (1798-1876)

En quête d'une existence ordinaire, Alain Corbin a laissé au hasard absolu le soin de lui désigner un être au souvenir aboli : ce fut Louis-François Pinagot (1798-1876), sabotier de la Basse-Frêne, qui ne savait ni lire ni écrire. Pourquoi une telle entreprise ? Peut-être parce que consacrer une biographie à un inconnu si humble, c'était tenter d'inverser le travail des bulldozers aujourd'hui à l'œuvre dans les cimetières de campagne…

368 p. 11 €
9782081382428

SOIS SAGE, C'EST LA GUERRE

N

Souvenirs d'enfance, 1939-1945

« J'avais quatre ans en 1940. Mes impressions et mes émotions de ce temps-là sont restées intactes dans ma mémoire. Me plonger dans ces souvenirs, c'est faire revivre cette France d'autrefois qui, au lendemain du débarquement, ouvrit ses ruines à l'Amérique et à la modernité. » A.C.

160 p. 8 €
9782081375611

LE TEMPS, LE DÉSIR ET L'HORREUR

Essais sur le XIXe siècle

Ce recueil constitué d'articles devenus introuvables traite d'anxiété biologique et de préservation du risque vénérien. Il esquisse une histoire des préoccupations écologiques et analyse la perception des nuisances industrielles. Il propose aussi un regard original sur la prostitution.

256 p. 9 €
9782081307919

LE TERRITOIRE DU VIDE

L'Occident et le désir du rivage (1750-1840)

C'est entre 1750 et 1840 que s'éveille puis se déploie le désir collectif du rivage. Le long des grèves, l'alternance du flux et du reflux, le spectacle d'un peuple de « petits pêcheurs » conduisent à l'errance et la rêverie. Une étude originale et subtile sur l'évolution de la sensibilité en Europe occidentale.

416 p. 9,20 €
9782081237698

LE VILLAGE DES « CANNIBALES »

Alain Corbin reconstitue le climat politique de l'été 1870 en menant l'enquête sur l'énigme et la fascination d'un massacre né de la fureur paysanne : le 16 août 1870, à Hautefaye, un jeune noble est supplicié pendant deux heures puis brûlé vif en présence d'une foule qui l'accuse d'avoir crié « Vive la République ! ».

224 p. 9 €
9782081347502

Liliane **CRÉTÉ**

LES TUDORS

Ce livre raconte les tribulations des Tudors (1457-1603), inséparables de la destinée de l'Angleterre, dont ils firent un royaume puissant et riche, de Henry VII à Elizabeth Ire, en passant par Mary Tudor, dite la Sanglante, fille de Catherine d'Aragon : fresque sanglante et dorée, pleine d'amours contrariées et de meurtres fratricides, de tentatives de coups d'État, de persécutions et de guerres.

288 p. 8 €

9782081412705

Jean-Michel **DAVID**

LA ROMANISATION DE L'ITALIE

Rome ne s'est pas faite en un seul jour… J.-M. David montre comment, de la deuxième guerre punique à la fin du règne d'Auguste, les populations conquises de l'Italie perdirent leurs différentes identités pour former une communauté, pour l'essentiel unifiée, de citoyens romains. Un aspect fondamental de l'histoire de l'Antiquité.

260 p. 8,20 €

9782081224469

Marie-Madeleine **DAVY**

INITIATION À LA SYMBOLIQUE ROMANE

(XIIe siècle)

Du portail de Cluny à la littérature du Graal, Marie-Madeleine Davy nous donne accès à l'extraordinaire richesse symbolique du XIIe siècle, grand âge de l'art roman.

320 p. 8,20 €

9782081218840

Christian **DELPORTE**

LES GRANDS DÉBATS POLITIQUES

Ces émissions qui ont fait l'opinion

Présentation par Christian Delporte

Ce livre rassemble et commente une trentaine de débats, des années 1960 à nos jours. Avec Giscard, Mendès France, Marchais, Le Pen, Sarkozy, Hollande et bien d'autres, au gré des campagnes présidentielles et des soirées électorales mais aussi des temps forts et des grands thèmes de l'actualité (Mai-68, le traité de Maastricht, l'énergie nucléaire, le chômage, l'immigration…), c'est toute l'histoire de la Ve République qu'il retrace.

448 p. 9 €

9782081269903

UNE HISTOIRE DE LA LANGUE DE BOIS

Apparue avec la Révolution française, la langue de bois a eu ses heures de gloire en temps de guerre (Napoléon, Bush), en période de crise (Tchernobyl) ou de rigueur économique (1982-1983), ou sous le joug des différents totalitarismes (URSS, démocraties populaires, Chine, RDA). La préoccupation très contemporaine du « parler vrai » est le dernier-né, sans doute le plus réussi...

360 p. 9,20 €

9782081249554

UNE HISTOIRE DE LA SÉDUCTION POLITIQUE

Ce livre nous éclaire sur le fonctionnement de nos sociétés et sur ce rapport si particulier que les électeurs entretiennent avec celui (ou celle) qu'ils choisissent de porter au pouvoir. C'est un voyage au pays des séducteurs et au cœur des stratégies qu'ils déploient pour satisfaire leurs ambitions ; on y croise des héros adulés, de César à Jaurès, des dictateurs hypnotiques, des foules versatiles, des magiciens de la com', des as du marketing, et aussi : des bimbos, des « first ladies », des traîtrises, des mensonges, des « petites phrases »…

Édition revue et augmentée, 2012

384 p. 9 €

9782081276918

Alain **DEMURGER**

CROISADES ET CROISÉS AU MOYEN ÂGE

Le Moyen Âge tout entier est travaillé par des mouvements collectifs, des pèlerinages exaltés, des guerres saintes, qui rendent la notion de croisade très difficile à appréhender. Aujourd'hui encore, elle suscite des débats houleux parmi les historiens. L'auteur se propose de faire le point sur le sujet, bien moins simple qu'il n'y paraît.

416 p. 11,20 €

9782081234949

Patrick **DESBOIS**

PORTEUR DE MÉMOIRES

Sur les traces de la Shoah par balles

En 1941, les Einsatzgruppen, unités mobiles nazies, avancent en territoire soviétique, perpétrant des milliers d'assassinats dans les villages qu'ils traversent. En 2002, le père Patrick Desbois a suivi leurs traces, pour écouter les témoins directs de cette dimension méconnue de la Shoah. Un ouvrage poignant, qui donne la parole aux survivants et rappelle à tous que l'espèce humaine est aussi capable du pire.

336 p. 9,20 €

9782081224766

Georges **DUBY**

L'ÉCONOMIE RURALE ET LA VIE DES CAMPAGNES DANS L'OCCIDENT MÉDIÉVAL

France, Angleterre, Empire, IXe-XIIe siècle. Essai de synthèse et perspectives de recherches

« Instrument de travail de premier ordre pour l'historien, cette œuvre qui demeure très accessible fournit à l'homme cultivé une matière inépuisable de renseignements et de réflexions. » *(Économie et humanisme)*

T. I : 288 p. 8 €

9782081329843

T. II : 288 p. 8 €

9782081329850

L'EUROPE AU MOYEN ÂGE

« Ce livre entend montrer la signification de l'art dans l'Europe du Moyen Âge et les relations qui le lient à l'ensemble de la société et de la culture. »

288 p. 8,20 €

9782081265608

MÂLE MOYEN ÂGE

De l'amour et autres essais

L'amour courtois fut le remède idéologique le plus efficace aux contradictions internes de la société aristocratique. Il ne cessa jamais d'être un jeu d'hommes. Le seigneur gouvernait de loin l'apparente spontanéité des tournois. Les femmes n'y furent jamais que des figurantes.

286 p. 7 €

9782081329836

SAINT BERNARD

L'art cistercien

Préface de Patrick Boucheron

Parce que l'art cistercien, qui se développe à travers toute l'Europe durant les deux derniers tiers du XIIe siècle, est inséparable de la morale qu'il incarne, on ne peut le comprendre sans étudier l'enseignement de saint Bernard, fait d'exigence morale, de rigueur, de renoncement et de dépassement.

256 p. 9 €

9782081416512

LA SOCIÉTÉ CHEVALERESQUE

Hommes et structures du Moyen Âge I

Comment se sont forgés les représentations mentales qui donnèrent à la chevalerie son armature et l'installèrent au centre de l'édifice social du Moyen Âge ? Comment l'idée de noblesse vint-elle finalement se conjoindre à l'idée de chevalerie ? Autant de questions auxquelles répond Georges Duby dans ce recueil de textes, à partir d'une interrogation fondamentale : qu'est-ce que la féodalité ?

224 p. 8,20 €

9782081223875

SEIGNEURS ET PAYSANS

Hommes et structures du Moyen Âge II

La France du Moyen Âge est immense et diverse. Seule l'universelle présence du grand domaine est un trait fondamental de l'économie rurale. Georges Duby décrit la vie des seigneurs, les bourgs aux pouvoirs partagés, l'effort des moines paysans, la variété même de l'économie du Moyen Âge.

286 p. 8,20 €

9782080811820

Frédéric ENCEL

L'ART DE LA GUERRE PAR L'EXEMPLE

Stratèges et batailles

Comment Alexandre le Grand vainquit-il à quatre reprises les gigantesques armées de Darius ? Qu'est-ce qui provoqua la chute de Napoléon Bonaparte, le vainqueur d'Austerliz ? De Ramsès II à la guerre contre le terrorisme islamiste, des ruses de César et de Xénophon aux théories nucléaires de Kissinger et de Mao, cet ouvrage propose, en soixante-quatre entrées, une véritable initiation à l'art de la stratégie.

Édition revue et augmentée, 2015

368 p. 10 €

9782081359598

John King FAIRBANK

LA GRANDE RÉVOLUTION CHINOISE

1800-1989

Traduit de l'anglais par Sylvie Dreyfus

L'histoire de la Chine de son éveil à nos jours : de la fin de la dynastie mandchoue en passant par la révolution de 1911, J. K. Fairbank étudie les multiples convulsions conduisant à la victoire du parti communiste et le développement de la Chine pendant les quarante années qui suivirent la révolution de 1949.

552 p. 11,20 €

9782081245501

Moses I. FINLEY

L'INVENTION DE LA POLITIQUE

Démocratie et politique en Grèce et dans la Rome républicaine

Traduit de l'anglais par Jeannie Carlier
Préface de Pierre Vidal-Naquet

La politique, telle que nous l'entendons, compte parmi les activités humaines les moins répandues dans le monde prémoderne, mais ce fut bien une invention que firent séparément les Grecs et les Romains. Quelles furent les chances de succès de ces deux civilisations, les affaires qui les mobilisèrent, les pressions idéologiques qui les gouvernèrent ?

224 p. 8,20 €

9782081249592

LES PREMIERS TEMPS DE LA GRÈCE

L'âge du bronze et l'époque archaïque

Traduit de l'anglais par François Hartog

Entre les « origines » préhistoriques et la fin du VIe siècle av. J.-C., il y a eu des hommes dans cet espace géographique que nous appelons la Grèce. De la révolution néolithique à l'avènement de la civilisation mycénienne, Moses Finley évoque les continuités et les ruptures de cette histoire archaïque.

12 ill.

192 p. 8,20 €

9782081260672

Madeleine FOISIL

LE SIRE DE GOUBERVILLE

Un gentilhomme normand au XVIe siècle

Préface de Pierre Chaunu

Le journal du gentilhomme campagnard Gilles de Gouberville est un document exceptionnel sur la vie quotidienne au XVIe siècle et il exerce une véritable fascination sur les historiens. Madeleine Foisil en donne une lecture très vivante.

288 p. 9,20 €

9782080811592

Antonia FRASER

LES FEMMES DANS LA VIE DE LOUIS XIV

Traduit de l'anglais par Anne-Marie Hussein

Raconter la vie de Louis XIV sous un angle inédit, celui des femmes qui le côtoyèrent : telle est l'ambition d'Antonia Fraser. À la frontière de la sphère publique et de la sphère privée, elle révèle une petite histoire parallèle à la grande.

560 p. 12,20 €

9782081220508

François **FURET**

L'ATELIER DE L'HISTOIRE

Qu'est-ce qui a fait de l'histoire la discipline reine des sciences humaines ? Quel était son statut dans la culture classique ? Reste-t-elle un instrument fiable pour comprendre les événements contemporains ? Une vraie réflexion sur la discipline et un inventaire critique, qui ne se prive pas d'incursions sur l'Amérique ou l'histoire juive contemporaines.

316 p. 6,10 €

9782081202962

François **FURET** – Mona **OZOUF**

DICTIONNAIRE CRITIQUE
DE LA RÉVOLUTION FRANÇAISE

Préface de Mona Ozouf

Ces volumes comprennent la préface et les cinq chapitres du *Dictionnaire critique de la Révolution française* publié en 1988 et mis à jour en 2007. Chaque tome comporte des entrées inédites (Saint-Just, Monarchie, Instruction publique…). Les bibliographies ont toutes été révisées.

T. I : Événements
384 p. 7 €

9782081408562

T. II : Acteurs
480 p. 8 €

9782081408579

T. III : Institutions et créations
368 p. 7 €

9782081408586

T. IV : Idées
544 p. 9 €

9782081408593

T. V : Interprètes et historiens
288 p. 7 €

9782081408609

Anne-Claire
de **GAYFFIER-BONNEVILLE**

HISTOIRE
DE L'ÉGYPTE MODERNE

N

L'éveil d'une nation, XIXe-XXe siècle

Berceau d'une des plus anciennes civilisations, l'Égypte est aussi une jeune nation. Ce livre en raconte l'éveil au cours des deux derniers siècles.

624 p. 14 €

9782081386792

Patrick J. **GEARY**

NAISSANCE DE LA FRANCE

Le monde mérovingien

Traduit de l'anglais par Jeannie Carlier et Isabelle Detienne

Ce livre fait revivre une époque multiple et féconde, mettant l'accent sur le rôle éminent de l'Église dans le jeu du pouvoir politique. Passionnante fusion de deux mondes, romain et barbare, l'âge mérovingien voit le sol se couvrir d'abbayes, et se modeler en même temps le paysage politique et culturel de ce qui sera un jour la France.

292 p. 8,20 €

9782081245471

QUAND LES NATIONS
REFONT L'HISTOIRE

L'invention des origines
médiévales de l'Europe

Traduit de l'anglais par Jean-Pierre Ricard

À la fiction du « Nous étions là les premiers », Patrick Geary, grand spécialiste du Moyen Âge, oppose une Europe médiévale sans cesse remodelée par les conquêtes et les migrations : une Europe multiculturelle avant l'heure. Il signe ainsi un livre engagé, contre les manipulations de l'Histoire par les nationalismes ethniques.

220 p. 9,20 €

9782081245464

Bronislaw **GEREMEK**

LES FILS DE CAÏN

Pauvres et vagabonds dans la
littérature européenne (XVe-XVIIe)

Avant-propos de Francesco M. Cataluccio
Traduit du polonais
par Joanna Arnold-Moricet

Source de compassion et de vénération, de sarcasmes et de rejets, le mendiant sert souvent à montrer les heurs et les malheurs du destin. Souvent aussi, il apparaît comme marginal et dissident, porteur de la vérité suprême et d'un sens moral aigu. Bronislaw Geremek étudie dans ce livre les rapports entre les représentations littéraires de ces « fils de Caïn » et la réalité sociale.

418 p. 10,20 €
9782080813879

LES MARGINAUX PARISIENS AUX XIVe ET XVe SIÈCLES

Traduit du polonais par Daniel Beauvois

Une étude désormais classique sur l'appareil répressif mis en place face à la marginalité parisienne des XIVe et XVe siècles et sur la topographie sociale du Paris souterrain.

384 p. 9,20 €
9782081223899

Louis GERNET

ANTHROPOLOGIE DE LA GRÈCE ANTIQUE

Préface de Jean-Pierre Vernant

Le grand historien et sociologue Louis Gernet a réexaminé l'expérience grecque en la confrontant aux autres grandes civilisations. Notre « humanisme » se trouve ainsi resitué historiquement et relativisé tandis que, dépouillé de sa prétention à incarner l'Esprit absolu, le monde grec retrouve couleur et relief.

284 p. 8,20 €
9782080811059

DROIT ET INSTITUTIONS EN GRÈCE ANTIQUE

Ce second recueil de Louis Gernet manifeste son double souci méthodologique : partir des réalités collectives, à tous les niveaux, en bien mesurer le poids social, mais ne jamais les séparer des attitudes psychologiques, des mécanismes mentaux sans lesquels ni l'avènement, ni la marche, ni les changements des institutions ne sont intelligibles.

336 p. 7,20 €
9782080811066

Carlo GINZBURG

LES BATAILLES NOCTURNES

Traduit de l'italien par Giordana Charuty

Faisant revivre l'étrange secte agraire des « Benandanti », confrérie de sorciers frioulans contemporains de nos guerres de religion, Ginzburg prouve dans ce livre magistral que l'érudition la plus scrupuleuse devient parfois la forme accomplie du fantastique.

272 p. 8,20 €
9782081244771

Léon GOLDENSOHN

LES ENTRETIENS DE NUREMBERG

Introduction et notes de Robert Gellately
Traduit de l'anglais par Pierre-Emmanuel Dauzat

Pendant sept mois, le psychiatre américain Leon Goldensohn interviewa quotidiennement les criminels nazis accusés au procès de Nuremberg. Antécédents familiaux, vie sexuelle, carrière dans le parti, relations avec Hitler, participation à l'extermination des Juifs : Goldensohn note méthodiquement ses questions et les réponses de Göring, Rosenberg, Ribbentrop, Streicher, etc. Un témoignage extraordinaire sur la psychologie des nazis.

800 p. 12,20 €
9782081224803

Thomas GOMEZ

L'INVENTION DE L'AMÉRIQUE

Mythes et réalités de la conquête

Ce livre fait revivre l'un des épisodes majeurs de l'expansion européenne (description des précédents, des conditions et des difficultés de la découverte de l'Amérique), en même temps qu'il fait la part du mythe et remet dans leur juste perspective les idées incomplètes ou fausses qu'on a pu s'en faire.

Édition revue et corrigée, 2014

384 p. 10 €
9782081331914

Pierre GOUBERT

CENT MILLE PROVINCIAUX AU XVIIe SIÈCLE

Beauvais et le Beauvaisis de 1600 à 1730

Un tableau contrasté des structures profondes de la région du Beauvaisis au XVIIe siècle, rendant compte de la variété de sa population : des plus modestes manouvriers et des tisserands les plus démunis jusqu'aux gentilshommes campagnards et aux opulents

marchands d'étoffes. Une des plus belles réussites de l'histoire économique et sociale.
446 p. 11,20 €
9782080810182

Pierre GRIMAL

LA CIVILISATION ROMAINE

Avec ses lumières et ses ombres, ses vertus et ses vices (qu'une tradition méchante se plaît à peindre sous les plus noires couleurs), Rome n'en reste pas moins l'un des grands moments de l'humanité, que nous ne saurions oublier sans mutiler le plus profond de notre être. Un grand classique de l'histoire ancienne et des études latines.
384 p. 10,20 €
9782081223035

VIRGILE
ou la seconde naissance de Rome

On sait peu de chose de la vie de Virgile, mais on a pu en reconstituer les grandes lignes. Pierre Grimal montre comment ce jeune provincial devint le plus grand poète du siècle d'Auguste – et de tout l'Occident.
258 p. 7,20 €
9782080812087

Alfred GROSSER

AFFAIRES EXTÉRIEURES
La politique de la France 1944-1989

Quarante-cinq années d'engagements dans le monde, d'octobre 1944 à nos jours. Affaires extérieures ? La décolonisation, la construction de l'Europe, les relations avec l'allié américain et l'Union soviétique… Malgré les alternances, on trouve une grande continuité dans la politique extérieure de la France.
384 p. 9,20 €
9782080812094

Olivier GUEZ

L'IMPOSSIBLE RETOUR
Une histoire des Juifs en Allemagne depuis 1945

L'Allemagne est aujourd'hui la première terre d'émigration juive. Pour comprendre ce fait surprenant, Olivier Guez a mené une enquête passionnante, qui s'appuie tant sur un fond universitaire rigoureux que sur une multitude d'interviews réalisées avec des témoins directs de l'histoire de ces soixante dernières années.
Prix du livre d'histoire et de recherche juives, 2007
416 p. 10,20 €
9782081224780

Victor Davis HANSON

CARNAGE ET CULTURE
Les grandes batailles qui ont fait l'Occident

Traduit de l'anglais par Pierre-Emmanuel Dauzat
L'issue d'une guerre ne dépend pas toujours du nombre de combattants, de la connaissance du terrain, ni même de la stratégie des chefs. Hanson avance une théorie iconoclaste : la victoire, sur le champ de bataille, tient à la cristallisation de valeurs économiques, politiques et culturelles.
608 p. 12,20 €
9782080800930

LA GUERRE DU PÉLOPONNÈSE

Traduit de l'anglais par Jean-Pierre Ricard
La guerre du Péloponnèse fut un affrontement titanesque entre deux superpuissances et leurs alliés ; ce fut une sanglante guerre civile, puisqu'elle mit aux prises des hommes qui adoraient les mêmes dieux et parlaient la même langue ; ce fut une guerre sale, qui inventa de nouvelles méthodes de terreur. Ce livre nous fait toucher du doigt la chair même de la guerre : le sort d'Athènes livrée à une peste meurtrière, l'effroi des assiégés mourant de faim, le désespoir de généraux illustres, la mort, loin de chez eux, d'humbles soldats paysans…
592 p. 12,20 €
9782081231450

François HARTOG

CROIRE EN L'HISTOIRE N

Depuis les années 1980, la toute-puissance de l'histoire est mise en cause. Notre rapport au passé est désormais affaire de mémoire plus que d'histoire. Quel sens lui donner aujourd'hui ?

304 p. 10 €

9782081392991

Gilles **HAVARD** – Cécile **VIDAL**

HISTOIRE DE L'AMÉRIQUE FRANÇAISE

Empire colonial français : on pense Afrique noire, Indochine, Algérie. Et on en oublie la Nouvelle-France qui, à son apogée au début du XVIIIe siècle, s'étendait sur près des deux tiers du continent nord-américain, du Canada à la Louisiane en passant par les prairies du Midwest. Alliance avec les Indiens, métissage des populations, rivalités avec les anglais... : pour la première fois, l'histoire de cet empire méconnu nous est racontée.

Édition révisée, 2014

864 p. 13 €

9782081336759

Sudhir **HAZAREESINGH**

CE PAYS QUI AIME LES IDÉES

N

Traduit de l'anglais par Marie-Anne de Béru

Existe-t-il une façon de penser typiquement française ? Pour Sudhir Hazareesingh, brillant professeur d'Oxford, la réponse est sans ambiguïté : « oui » ! Dans un livre aussi synthétique que savoureux, il met au jour ces grands paradoxes sur lesquels notre pensée s'est construite, mêlant universalisme et exception française, amour du désordre et de la synthèse, volonté de grandeur et sentiment de déclin.

Édition revue et augmentée, 2017

480 p. 12 €

9782081396159

Françoise **HILDESHEIMER**

LA DOUBLE MORT DU ROI LOUIS XIII

Dans la galerie des rois de France, Louis XIII fait grise mine, coincé entre son père, Henri IV, et son fils, Louis XIV. S'intéresse-t-on à son règne, c'est le nom de Richelieu, son ministre, qui flamboie. Mais Louis a survécu six mois à son ministre : six mois capitaux pour l'histoire de France. Car entre décembre 1642 et mai 1643, il est à la tête d'un pays en guerre contre l'Espagne, au centre d'une Cour déchirée par les cabales.

432 p. 9,20 €

9782081265585

DU SIÈCLE D'OR AU GRAND SIÈCLE

L'État en France et en Espagne (XVIe-XVIIe siècles)

Il y a un paradoxe du pouvoir à l'époque moderne, en proie à un double mouvement de sacralisation, à l'image du modèle romain, et de sécularisation qui l'en émancipe. La France, qui conquiert alors sa prépondérance européenne, et l'Espagne, dont l'essor s'enraye en dépit de sa précocité administrative, sont les laboratoires privilégiés de cette évolution, d'où sort tout droit la notion moderne de souveraineté.

350 p. 10,20 €

9782080830173

Christophe **HUGONIOT**

ROME EN AFRIQUE

De la chute de Carthage aux débuts de la conquête arabe

Pendant près de huit siècles, l'Afrique du Nord (du Maroc à la Libye) fut romaine. Évoquer la romanisation de cet espace immense et hétérogène, c'est aborder trois problèmes étroitement liés : le passage d'une politique d'exploitation coloniale à une politique d'intégration (Ier siècle av. J.-C.-IIIe siècle apr. J.-C.), la question du christianisme et de son rôle dans le processus de romanisation (IIIe-Ve siècles), le débat sur les continuités et les ruptures de la civilisation romaine dans le Maghreb (IIIe-VIIe siècles).

350 p. 10,20 €

9782080830036

John ILIFFE

LES AFRICAINS

Histoire d'un continent

Traduit de l'anglais par Jean-Paul Mourlon, avec la participation d'Anne Hugon

Une histoire générale de l'Afrique, des origines de l'humanité jusqu'à la fin de l'apartheid, qui embrasse aussi bien les populations du Maghreb que celles de l'Afrique noire. L'édition 2016 propose, outre une mise à jour des données sur la préhistoire et la traite atlantique, un chapitre supplémentaire (« Au temps du sida ») prolongeant la réflexion jusqu'à nos jours.

Édition révisée, 2016

688 p. 12 €

9782081390492

Dominique IOGNA-PRAT

ORDONNER ET EXCLURE

Cluny et la société chrétienne face à l'hérésie, au judaïsme et à l'islam (1000-1150)

Du IXe siècle au XIIe siècle, la chrétienté latine se définit et se structure : de communauté spirituelle, elle devient une institution, l'Église, dont la fonction est d'inclure la société. L'irrésistible expansion de l'Occident latin est étudiée à travers le prisme de Cluny qui, à son apogée, rayonnera de la péninsule Ibérique jusqu'en Terre sainte.

508 p. 11,20 €

9782080801012

Paulin ISMARD

L'ÉVÉNEMENT SOCRATE

N

Épisode fameux de l'Athènes classique, la condamnation du philosophe devient le péché originel de la démocratie et donne naissance à la figure de l'intellectuel victime de l'obscurantisme. Paulin Ismard mène une enquête fouillée et captivante sur l'événement qu'a constitué le procès de Socrate, et sur l'écho ininterrompu qui l'a suivi.

Prix du Sénat du livre d'histoire, 2014

304 p. 10 €

9782081347489

Philippe JACQUIN – Daniel ROYOT

GO WEST !

Histoire de l'Ouest américain d'hier à aujourd'hui

L'Ouest américain, mythe et réalité : de l'Eldorado convoité par les conquistadors aux laboratoires high-tech de la Silicon Valley, des cow-boys aux producteurs hollywoodiens. Passé et présent se répondent dans ce livre qui tente de déchiffrer les énigmes d'une région immense.

384 p. 9,20 €

9782080800916

Annie JOURDAN

LA RÉVOLUTION, UNE EXCEPTION FRANÇAISE ?

Voici des générations que les manuels d'histoire nous l'enseignent : la Révolution française a balayé des siècles de despotisme, éclairé les nations du monde entier et scellé la naissance de l'Europe moderne. Et s'il était temps d'élargir ce point de vue franco-français ? C'est ce que fait ici Annie Jourdan, rappelant que les Lumières se sont propagées à l'appui des canons et montrant que, loin d'avoir l'exclusive de l'esprit révolutionnaire, la France de 1789 s'est inscrite dans un mouvement lancé plus tôt par les États-Unis et les Provinces-Unies.

Édition révisée, 2006

464 p. 10,20 €

9782080801234

Jacques JULLIARD

LES GAUCHES FRANÇAISES, 1762-2012

Histoire et politique

Jacques Julliard ose dans cet ouvrage l'étude de l'évolution historique de la gauche depuis sa naissance au XVIIIe siècle jusqu'à ses avatars les plus récents, à partir de ses temps forts : les Lumières, la Révolution, le libéralisme censitaire, l'idée républicaine, le radicalisme, le grand schisme de l'entre-deux-guerres, la reconstruction mitterrandienne. Un ouvrage qui fait date pour ses analyses brillantes et novatrices de notre histoire politique et intellectuelle.

Prix Jean-Zay ; prix de l'Œuvre politique de l'année 2012 ; grand prix Gobert de l'Académie française

T. I 904 p. 12 €

9782081307865

Jacques **JULLIARD** – Grégoire **FRANCONIE**

LES GAUCHES FRANÇAISES 1762-2012

Figures et paroles

Ce corpus multiforme réunit des portraits de grands intellectuels et politiques français, ainsi que des textes incontournables, permettant ainsi de croiser la perspective théorique, militante et philosophique des gauches en France, depuis le XVIIIe siècle.

Prix Guizot-Institut de France, 2014

T. II 816 p. 12 €

9782081342590

Ryszard **KAPUŚCIŃSKI**

LE NÉGUS

Traduit du polonais par Véronique Patte
Préface de Christophe Brun

Éthiopie, 1975 : c'est le chaos. Un pays exsangue, affamé, divisé se rebelle et détrône son empereur. À Addis-Abeba, Ryszard Kapuściński, déjouant la vigilance des patrouilles, arpentant des ruelles sinueuses à la tombée de la nuit, enquête et cherche à comprendre : qui était le Négus, le Roi des Rois – Hailé Sélassié, dernier empereur d'Éthiopie ? Un portrait saisissant qui raconte la folie et la soif de pouvoir d'un empereur divinisé – jusqu'à sa chute.

236 p. 8,20 €

9782081227002

LE SHAH

Traduit du polonais et préfacé par Véronique Patte

Téhéran, 1980 : les révolutionnaires prennent le pouvoir. Installé dans un hôtel de la ville, Ryszard Kapuściński essaie, à partir de notes, de bandes magnétiques et de photos, de comprendre ce qui a provoqué la chute du Shah et comment l'ayatollah Khomeiny a réussi à s'imposer. Une réflexion plus actuelle que jamais sur les mécanismes du pouvoir et sur le despotisme.

246 p. 8,20 €

9782081226999

Samuel D. **KASSOW**

QUI ÉCRIRA NOTRE HISTOIRE ?

Les archives secrètes du ghetto de Varsovie

Traduit de l'anglais par Pierre-Emmanuel Dauzat

Au-delà de l'histoire magistrale d'une famille, d'un historien et d'un groupe, au-delà d'un tableau de la culture yiddish et de son inscription dans la culture polonaise et russe de l'époque, c'est l'histoire de l'Holocauste vécue par ses victimes contemporaines que déroule ce livre.

600 p. 12 €

9782081280502

Ian **KERSHAW**

LE MYTHE HITLER

Image et réalité sous le IIIe Reich

Traduit de l'anglais par Paul Chemla

Une enquête sur les rouages du culte de la personnalité hitlérienne. Génie politique, grand chef de guerre, bâtisseur inlassable, incorruptible héros de la nation : comment ces images de Hitler se sont-elles construites et entretenues ? Comment le mythe Hitler a-t-il réussi à contenir les forces centrifuges du Parti ? Pourquoi la nation allemande avait-elle ainsi besoin d'une idole ?

Nouvelle édition, 2013

415 p. 11 €

9782081307940

L'OPÉRATION WALKYRIE, JUILLET 1944

La chance du diable

Traduit de l'anglais et de l'allemand par Pierre-Emmanuel Dauzat

Le 20 juillet 1944, une bombe éclate au quartier général de Hitler… Ian Kershaw, spécialiste mondial du nazisme, raconte dans ce livre haletant le coup de tonnerre dans l'histoire du IIIe Reich qu'a été cet attentat. Quasiment heure par heure, il éclaire la personnalité des conjurés et détaille le châtiment qui s'est ensuivi à l'aide de documents très peu connus du grand public.

176 p. 7 €

9782081314948

Samuel Noah **KRAMER**

L'HISTOIRE COMMENCE À SUMER

Traduit de l'anglais par Josette Hesse, Marcel Moursy, Paul Stephano et Nicole Tisserand

Préfaces de Jean Bottéro et de Dominique Charpin

La civilisation sumérienne est née en Mésopotamie voici quelque cinq mille ans. Le miracle grec avait un précédent. Dès le IIIe millénaire avant Jésus-Christ, les Sumériens avaient inventé l'écriture, fondé les premières Cités-États, formulé les premiers codes de lois, donné leur première expression littéraire au mythe et à l'épopée.

Cahier hors-texte de 8 pages

320 p. 9 €

9782081416529

Claire **LALOUETTE**

L'ART FIGURATIF DANS L'ÉGYPTE PHARAONIQUE

Peintures et sculptures

L'art égyptien, art intellectuel qui sollicite la raison, mais aussi art d'impressions ressenties, jouant librement des lignes et des volumes, ne fut jamais figé ni stéréotypé. Chaque « temps » politique présente un style particulier, reflétant souvent les changements intervenus dans la vie même du royaume ; les thèmes aussi évoluent en fonction de l'histoire. Par la grâce de son art, la vieille Égypte demeure immortelle.

21 ill.

384 p. 12,20 €

9782080813268

HISTOIRE DE LA CIVILISATION PHARAONIQUE I

Au royaume d'Égypte : le temps des rois-dieux

Le temps des rois-dieux est celui du premier accomplissement de la civilisation pharaonique. Claire Lalouette analyse ici la genèse des cultes et les modalités progressives de leur constitution. Douze dynasties de Pharaons (de 3200 à 1785 av. J.-C., environ) accomplissent cette première expérience historique et permettent une large expansion du royaume en Afrique et en Asie. Elle étudie ensuite la société et ses composantes : la grandeur des rois, l'importance des notables comme la vie plus simple des hommes de la vallée.

384 p. 9,20 €

9782081272187

HISTOIRE DE LA CIVILISATION PHARAONIQUE II

Thèbes : la naissance d'un empire

Bien avant les Ramsès, l'Égypte, en son ample développement historique de plus de trois millénaires, avait déjà connu d'autres pharaons soucieux de la prospérité et de la sécurité du peuple de la Vallée, des empereurs conquérants, maîtres de vastes territoires africains et asiatiques…

644 p. 12,20 €

9782081272194

HISTOIRE DE LA CIVILISATION PHARAONIQUE III

L'empire des Ramsès

L'Égypte vécut, av. J.-C., trois mille cinq cents ans de la plus vieille histoire du monde. Elle fut, pour la pensée, le grand creuset de l'Antiquité. Le règne des Ramsès est l'un des points culminants de cette longue histoire. Chefs militaires lucides et aguerris, rois-héros, ils surent préserver leur patrie des invasions. Ils assurèrent aussi la prospérité économique du pays. Dans ces temps lointains où l'intolérance n'existait pas encore, les dieux et les cultes se mêlèrent en une intense ferveur religieuse ; les pensées et les mythes se confondirent souvent : immense légendaire où puisèrent largement les civilisations classiques.

544 p. 11,20 €

9782081272200

Abdallah **LAROUI**

ISLAM ET HISTOIRE

Essai d'épistémologie

Où commence l'histoire de l'islam ? Où finit-elle ? Atténuant la coupure traditionnelle entre historiographie européenne et historiographie islamique, ce livre offre une perspective inédite sur le concept d'histoire, remettant en question notre perception même de l'islam.

192 p. 8,20 €

9782080814524

Jacques **LE GOFF**

LA CIVILISATION DE L'OCCIDENT MÉDIÉVAL

De la Scandinavie à la Méditerranée, du monde celte au monde slave, le système féodal met en place les structures, les mentalités, les contradictions, les dynamismes et les inerties que la Chrétienté latine a légués à la société et à la civilisation occidentale d'aujourd'hui.

374 p. 9,20 €

9782081212947

Vincent **LEMIRE** (dir.)

JÉRUSALEM

N

Histoire d'une ville-monde

Inédit

Avec Katell Berthelot, Julien Loiseau et Yann Potin

Pour la première fois, cette synthèse rend accessible à un large public la longue histoire de Jérusalem, en se fondant sur les toutes dernières découvertes archéologiques, des archives encore inédites et les débats historiques les plus récents. Une lecture indispensable pour comprendre pourquoi le monde s'est donné rendez-vous à Jérusalem.

544 p. 12 €

9782081389885

Emmanuel **LE ROY LADURIE**

HISTOIRE DU CLIMAT DEPUIS L'AN MIL

Le climat peut-il être un objet d'histoire ? Dans ce livre profondément original et devenu classique, Le Roy Ladurie en fait une démonstration remarquable en rassemblant des données qui prennent tout leur sens à l'échelle séculaire.

Édition révisée, 2009

T. I : 296 p. 9,20 €

9782081228689

T. II : 256 p. 9,20 €

9782081228696

LES PAYSANS DE LANGUEDOC

Ce livre décrit l'évolution d'une société rurale depuis la Renaissance jusqu'au XVIIe siècle : le processus de création des richesses n'est pas alors engagé, l'essor démographique n'est pas accompagné de la croissance des ressources. Le Languedoc ancien, par bien des aspects, préfigure les nations sous-développées du Tiers-Monde actuel.

384 p. 8,20 €

9782080810076

Béatrice **LEROY**

L'AVENTURE SÉFARADE

De la péninsule ibérique à la diaspora

L'histoire des juifs établis dans la péninsule Ibérique, ainsi que leur diaspora en Méditerranée et ailleurs, après leur expulsion, en 1492. Distincts des Juifs ashkénases, originaires d'Europe centrale, les Séfarades peuplent dès le XVIIIe siècle l'est du bassin méditerranéen et forment en Égypte de véritables communautés judéo-arabes. Avec une histoire qui leur est propre, ils tiennent aujourd'hui leur place dans l'État d'Israël.

226 p. 7,20 €

9782080812537

Catherine **LEWERTOWSKI**

LES ENFANTS DE MOISSAC

1939-1945

Préface de Boris Cyrulnik

En 1939, les Éclaireurs israélites de France ouvrent à Moissac un centre d'accueil pour les enfants juifs des villes, menacés par les bombardements. Des centaines d'enfants de tous âges et de toutes origines trouveront ainsi, au cours de la guerre, un refuge qui non seulement leur sauvera la vie mais préservera aussi leur identité juive. À partir des archives de Moissac et de témoignages des « anciens » de la maison, Catherine Lewertowski raconte cette entreprise de sauvetage unique.

288 p. 8,20 €

9782081224773

Bernard **LEWIS**

LES ARABES DANS L'HISTOIRE

Traduit de l'anglais par Denis-Armand Canal

Bernard Lewis examine ici la place des Arabes dans l'histoire de l'humanité, leur identité, leurs réalisations et les traits saillants de leur expansion. L'auteur évoque l'âge d'or de leur civilisation puis le déclin, les crises, la longue soumission à l'Empire ottoman, l'intervention des Occidentaux et les luttes pour l'indépendance ; l'ouvrage s'achève au lendemain de la guerre du Golfe.

260 p. 8,20 €

9782081265646

JUIFS EN TERRE D'ISLAM

Traduit de l'anglais par Jacqueline Carnaud

Ce livre est consacré aux relations entre l'islam et les juifs du VIIe au XXe siècle. Historien et islamologue réputé, Bernard Lewis a su restituer ce que furent, au fil des siècles, la vie et le destin des communautés juives en pays d'islam.

260 p. 8,20 €

9782080812063

Maurice **LOMBARD**

L'ISLAM DANS SA PREMIÈRE GRANDEUR

VIIIe-XIe siècle

Préface d'Hichem Djaït

Des phases successives qu'a connues l'islam, ce livre s'attache à la première, qui fut celle de sa plus vaste étendue, de l'apogée de sa puissance, de son expansion civilisatrice.

288 p. 10 €

9782081329867

Emmanuelle **LOYER**

UNE BRÈVE HISTOIRE CULTURELLE DE L'EUROPE

N

Inédit

À l'heure de l'euroscepticisme et du postcolonialisme, Emmanuelle Loyer fait le pari d'écrire une histoire culturelle à l'échelle de l'Europe, du XIXe à nos jours. Elle offre une panorama d'une hauteur de vue inédite : les moment fondamentaux (l'éveil des nations, la « culture de guerre », la culture de masse, la révolution numérique…) sont mis en perspective avec de grands thèmes transversaux qui répondent aux problématiques les plus actuelles (le genre, l'histoire des corps, le postcolonialisme, l'invention de la vie privée…).

31 ill.

496 p. 12 €

9782081409477

Salvatore **LUPO**

HISTOIRE DE LA MAFIA

des origines à nos jours

Traduit de l'italien par Jean-Claude Zancarini

Pour la première fois en français, une histoire de la mafia depuis ses origines, qui éradique un certain nombre d'idées reçues.

416 p. 10,20 €

9782081224995

Marianne **MAHN-LOT**

LA DÉCOUVERTE DE L'AMÉRIQUE

Un ouvrage qui donne une vue d'ensemble précise de la découverte du Nouveau Monde (le récit de cette épopée est mené ici jusqu'en 1550). Initialement paru en 1970, il constitue une remarquable introduction à ce qui fut une révolution à la fois géographique et mentale.

Édition revue et corrigée, 2014

240 p. 6 €

9782081336766

Michael R. MARRUS

L'HOLOCAUSTE DANS L'HISTOIRE

Traduit de l'anglais par Françoise Brodsky

Comment la politique nazie a-t-elle évolué vers l'extermination de masse ? Comment évaluer le rôle des collaborateurs, mais aussi celui des Alliés, des témoins, des Juifs eux-mêmes ? Que savait-on vraiment pendant la guerre ? Comment écrire l'histoire de l'holocauste, apprécier documents et témoignages ?

348 p. 10,20 €

9782080813077

Arno MAYER

LA PERSISTANCE DE L'ANCIEN RÉGIME

L'Europe de 1848 à la Grande Guerre

Traduit de l'anglais par Jonathan Mandelbaum

Arno Mayer analyse l'état de l'Europe à la fin du XIXe siècle et jusqu'en 1914. Il insiste sur la permanence et la continuité de l'Ancien Régime. Malgré l'ébranlement de 1789, l'« élément féodal » avait réussi à garder le contrôle de la société à l'est comme à l'ouest de l'Europe. Deux conflits mondiaux furent nécessaires pour en venir à bout.

350 p. 7,20 €

9782080812124

Sabrina MERVIN

HISTOIRE DE L'ISLAM

Fondements et doctrines

S'appuyant sur les recherches les plus récentes, l'auteur raconte les débuts de l'islam, avant de passer en revue les évolutions doctrinales ultérieures (schismes, chiisme, soufisme) et d'analyser les réformismes modernes, jusqu'aux courants de l'islam contemporain.

Nouvelle édition, 2016

384 p. 10 €

9782081386594

Claude MOSSÉ

POLITIQUE ET SOCIÉTÉ EN GRÈCE ANCIENNE

Le « modèle athénien »

À partir du début du Ve siècle av. J.-C., Athènes a été le centre intellectuel le plus vivant du monde grec et le lieu de naissance de la démocratie… Claude Mossé examine ici ce que signifiait être citoyen à Athènes, la façon dont l'égalité politique revendiquée s'articulait sur les inégalités sociales, le fonctionnement réel de la vie politique et les éléments qui contribuèrent à modifier ce fonctionnement – entre autres la guerre, facteur de transformation économique et sociale.

256 p. 8,20 €

9782080814388

Nabil MOULINE

LE CALIFAT

Histoire politique de l'islam

Inédit

Remontant aux prémices de l'islam, Nabil Mouline raconte, entre fantasmes et réalités, l'histoire du califat, cette institution politico-religieuse née en Arabie au VIIe siècle qui a façonné la civilisation musulmane. Aujourd'hui, pour les islamistes, le califat apporte une solution globale : une seule communauté, une seule loi, un seul chef…

280 p. 9 €

9782081375864

Robert MUCHEMBLED

CULTURE POPULAIRE ET CULTURE DES ÉLITES DANS LA FRANCE MODERNE

(XVe-XVIIIe siècle)

Cet ouvrage fait désormais figure de classique dans l'histoire des mentalités. Traitant de la culture paysanne à son apogée et de la culture populaire urbaine, il en décrit ensuite la destruction progressive, la réduction en culture de masse soumise à l'action du pouvoir centralisateur, lente mais violente révolution culturelle.

402 p. 12,20 €

9782081265622

William Ritchey NEWTON

VIVRE À VERSAILLES

Derrière la façade, la vie quotidienne au château

Grâce à la correspondance et aux rapports du directeur général des bâtiments du Roi et du gouverneur du château, l'auteur reconstitue un univers disparu : la vie quotidienne à Versailles, les tentatives d'aménagement, le jeu des luttes d'influence, les passe-droits et les embarras, du règne de Louis XIV à celui de Louis XVI.

288 p. 9 €

9782081336711

Michelle PERROT

LES FEMMES OU LES SILENCES DE L'HISTOIRE

Des filles de Karl Marx à la question des grèves féminines, de Flora Tristan ou George Sand à l'histoire de la citoyenneté au féminin, du regard de Michelet à celui de Michel Foucault, ce livre inventorie les silences de l'Histoire à l'endroit des femmes : grandes figures, thèmes, pratiques historiographiques… sont mis à contribution pour marquer les étapes essentielles d'une histoire des femmes.

494 p. 11 €

9782081279353

LES OMBRES DE L'HISTOIRE

Crime et châtiment au XIXe siècle

Comprendre le rôle et le fonctionnement de la prison, telle qu'elle nous a été léguée par la Révolution française, comprendre aussi comment on peut en écrire l'histoire, tel est le propos des études réunies dans cet ouvrage. Il décrit le système pénitentiaire en vigueur au XIXe siècle et la dureté de la vie carcérale, se penche sur les écrits théoriques des grands esprits qui se sont confrontés à ce problème (Bentham, Tocqueville…), évoque certains faits divers et, surtout, ces représentations de la criminalité – « Apaches », vagabonds… – qui continuent, sous d'autres noms, de nous hanter…

430 p. 11,20 €

9782080800596

Nadine PICAUDOU

LA DÉCENNIE QUI ÉBRANLA LE MOYEN-ORIENT

N

1914-1923

Le Moyen-Orient, trop souvent synonyme de chaos et de barbarie, décourage les analyses. Pourtant, il est essentiel de comprendre comment s'est façonnée une région qui fait la une de l'actualité. Son destin s'est joué en une décennie, au tournant du XXe siècle, entre la Première Guerre mondiale et l'effondrement de l'Empire ottoman.

Édition révisée, 2017

7 ill.

272 p. 9 €

9782081415638

Marie-Pierre REY

L'EFFROYABLE TRAGÉDIE

Une nouvelle histoire de la campagne de Russie

Marie-Pierre Rey s'appuie sur des correspondances, des journaux intimes et des mémoires aussi bien russes que français, et fait la part de la légende pour se rapprocher au plus près de la réalité des faits d'une campagne qui fut un tournant décisif des guerres napoléoniennes et de l'histoire de l'Europe.

Prix Premier Empire de la fondation Napoléon, 2012

400 p. 12 €

9782081334953

LA RUSSIE FACE À L'EUROPE

D'Ivan le Terrible à Vladimir Poutine

Depuis le XVIe siècle, les décideurs russes ont été confrontés à un véritable « dilemme » : fallait-il se protéger de l'Europe occidentale, source de subversion, ou l'imiter, modèle de modernité, pour mieux la dépasser ? D'une plume alerte, l'auteur explore les tourments de l'identité russe, à la croisée de l'histoire des représentations et de l'histoire des relations internationales.

512 p. 13 €

9782080801258

UN TSAR À PARIS
1814 : Alexandre Ier et la chute de Napoléon

Le 31 mars 1814, à l'issue d'une bataille qui a fait 15 000 morts en moins de vingt-quatre heures, le tsar Alexandre Ier entre triomphalement dans Paris. L'occupation russe durera le temps d'un printemps. Marie-Pierre Rey offre un nouveau regard sur la campagne de France et fait toute la lumière sur cet épisode clé de l'histoire de l'Europe.

336 p. 11 €
9782081366558

Yann **RICHARD**
L'IRAN
de 1800 à nos jours

Pourquoi l'Iran fait-il trembler l'Occident depuis un quart de siècle ? Comment est née cette république islamique dont dépend peut-être aujourd'hui la paix au Moyen Orient ?

Édition actualisée et augmentée, 2016

496 p. 11 €
9782081347335

Denis **RICHET**
LA FRANCE MODERNE : L'ESPRIT DES INSTITUTIONS

Cet ouvrage décrypte le complexe institutionnel de La France moderne, de la Renaissance à la Révolution. Faut-il parler d'un « Ancien Régime » quand les contemporains le vivaient comme moderne ? Faut-il isoler les institutions, alors qu'elles s'enracinaient dans un monde socioculturel en perpétuelle évolution ? En répondant à ces questions, c'est tout un système – l'absolutisme français – dont Denis Richet, dans ce livre devenu classique, révèle la genèse, l'épanouissement et la crise.

192 p. 7,20 €
9782081224490

Alan **RIDING**
INTELLECTUELS ET ARTISTES SOUS L'OCCUPATION
Et la fête continue

Traduit de l'anglais par Gérard Meudal

La vie culturelle française ne s'est pas arrêtée après la défaite de 1940. Rapidement, théâtres, cinémas, galeries et boîtes de nuit ont rouvert leurs portes, pour assurer la subsistance des artistes et divertir un peuple démoralisé. Alan Riding retrace dans cet ouvrage formidablement documenté le parcours des chanteurs, écrivains, peintres ou acteurs sous l'Occupation allemande, et explore leurs cas de conscience. Sans céder à un moralisme stérile, cette enquête vivante et rigoureuse conduit, à travers une mosaïque de portraits, à questionner la responsabilité de l'artiste en période de troubles.

448 p. 12 €
9782081294035

Graham **ROBB**
UNE HISTOIRE BUISSONNIÈRE DE LA FRANCE

Traduit de l'anglais par Isabelle D. Taudière

« Ce livre est le résultat de 22 500 km à vélo et quatre années en bibliothèque. Il décrit la vie des habitants de la France de la fin du XVIIe au début du XXe siècle. C'est le guide historique que j'aurais voulu lire lorsque je me suis lancé à la découverte de la France. » Chaque été depuis 20 ans, Graham Robb, spécialiste de littérature et cycliste chevronné, parcourt les routes de France. De ses pérégrinations est né ce livre extraordinaire, qui emmène le lecteur en promenade dans les chemins buissonniers de notre histoire.

592 p. 10 €
9782081289468

SUR LES SENTIERS IGNORÉS DU MONDE CELTE

Traduit de l'anglais par Isabelle Taudière et Lucile Debrosse

Dans son petit village près d'Oxford, Graham Robb trouve un jour au fond de son jardin d'antiques pièces de monnaie. C'est le point de départ d'une enquête passionnée et surprenante sur la civilisation celtique, méconnue et injustement balayée par son successeur romain.

464 p. 12 €
9782081422445

Frédéric **ROUVILLOIS**

HISTOIRE DE LA POLITESSE

De 1789 à nos jours

Une histoire de la politesse bourrée d'anecdotes, qui vous entraîne dans les arcanes du Bottin mondain et dans les salles à manger bourgeoises, aux courses et à l'opéra, dans les ambassades et les maisons closes, en compagnie de vos mentors : la baronne Staffe et autres auteurs de manuels de savoir-vivre, mais aussi Balzac, Dumas, Proust, Robert de Montesquiou, Sacha Guitry, ou Nadine de Rothschild…

640 p. 12,20 €

9782081217805

HISTOIRE DU SNOBISME

Cette histoire du snobisme, du XVIIe siècle à nos jours, raconte l'évolution et les méandres d'un comportement qui semble vieux comme Hérode. Au fond, le snobisme touche tout le monde et tous les domaines : il peut être vestimentaire, alimentaire, religieux, artistique, philosophique… « Frédéric Rouvillois identifie ses formes sournoises, il le débusque là où on ne penserait pas à le chercher » (*Le Figaro*, 4 septembre 2008).

496 p. 10,20 €

9782081231597

Shlomo **SAND**

COMMENT LA TERRE D'ISRAËL FUT INVENTÉE

Traduit de l'hébreu par Michel Bilis

Historien engagé et polémiste, Shlomo Sand a dénoncé le mythe de l'existence éternelle du peuple juif. Poursuivant ici son œuvre de déconstruction des légendes qui étouffent l'État d'Israël, il s'attaque dans ce second volet à la relation complexe qui unit le territoire (la « terre promise ») à ses habitants (le « peuple élu »). De la Terre sainte de la Bible à la patrie moderne : que s'est-il passé ?

368 p. 10 €

9782081307889

COMMENT LE PEUPLE JUIF FUT INVENTÉ

De la Bible au sionisme

Traduit de l'hébreu par Sivan Cohen-Wiesenfeld et Levana Frenk

Quand le peuple juif fut-il créé ? Est-ce il y a quatre mille ans, ou bien sous la plume d'historiens juifs du XIXe siècle qui ont reconstitué rétrospectivement un peuple imaginé afin de façonner une nation future ? Ce détour par le passé conduit l'historien à un questionnement beaucoup plus contemporain : que cache aujourd'hui le concept d'« État juif », et pourquoi cette entité n'a-t-elle pas réussi jusqu'à maintenant à se constituer en une république appartenant à l'ensemble de ses citoyens, quelle que soit leur religion ?

608 p. 12,20 €

9782081228825

LES MOTS ET LA TERRE

Les intellectuels en Israël

Traduit de l'hébreu par Levana Frenk, Michel Bilis et Jean-Luc Gavard

Préface de Pierre Vidal-Naquet

L'élaboration de l'idée de nation juive a débuté bien avant que le mouvement sioniste ne s'organise et s'est prolongée bien après la création d'Israël. Shlomo Sand s'interroge sur la contribution des intellectuels juifs et israéliens à ce processus. Il étudie un à un tous les mythes fondateurs de l'État d'Israël. En miroir, il s'interroge aussi, à travers la figure de Bernard Lazare, « premier sioniste français », sur les racines du sionisme chez les intellectuels en France : c'est finalement à une réflexion globale sur le statut de l'intellectuel dans nos sociétés que nous convie l'historien.

352 p. 10,20 €

9782081229082

Jean-Claude **SCHMITT**

LE SAINT LÉVRIER

Guinefort, guérisseur d'enfants depuis le XIIIe siècle

Du XIIIe siècle à l'aube du XXe siècle, les paysannes de la Dombes, au nord de Lyon, portaient leurs enfants malades sur la tombe d'un lévrier, saint Guinefort, que son maître, d'après la légende, avait injustement tué… Ce livre montre que ces « superstitions » avaient leur raison, que ni l'Église au Moyen Âge, ni la science positiviste au XIXe siècle ne pouvaient admettre. Cet ouvrage, pionnier dans l'étude de la religion populaire, est devenu un classique.

Édition révisée, 2004

278 p. 11,20 €

9782080800954

Giuseppe **SERGI**

L'IDÉE DE MOYEN ÂGE

Entre imaginaire et réalité historique

Traduit de l'italien par Corinne Paul-Maïer avec la collaboration de Pascal Michon

Il y a un grand écart entre le Moyen Âge tel que nous nous le représentons (âge obscur ou âge de la chevalerie) et le Moyen Âge des historiens. Cette brève synthèse part du constat d'un Moyen Âge complexe pour dégager, par une approche thématique, quelques grands axes : le Moyen Âge fut-il latin ou germanique ? Quel sens donner à la notion de « féodalité » ? Faut-il, dès lors, parler d'un ou de plusieurs Moyen Âge ?

112 p. 8 €

9782081329812

Richard W. **SOUTHERN**

L'ÉGLISE ET LA SOCIÉTÉ DANS L'OCCIDENT MÉDIÉVAL

Traduit de l'anglais par Jean-Pierre Grossein

Une histoire de l'Église occidentale du VIIe au XVIe siècle, par un des meilleurs spécialistes du Moyen Âge. Croissance, grandeur et déclin d'un rêve : l'idée d'une société humaine universelle, regroupée dans un État absolu.

320 p. 9,20 €

9782081221307

Joseph Peter **STERN**

HITLER

Le Führer et le peuple

Traduit de l'anglais par Suzanne Lorme
Préface de Pierre Ayçoberry

Le propos de l'auteur est de décrire ici non pas tant l'homme que la fascination qu'il exerça. Pour Joseph Peter Stern, Hitler est un mythe fabriqué par Adolf Hitler lui-même et auquel celui-ci fut le premier à croire. Ce livre montre toute la force d'un langage captieux et d'une violence insidieuse.

318 p. 7,20 €

9782080813244

Benjamin **STORA**

LES CLÉS RETROUVÉES

N

Une enfance juive à Constantine

Benjamin Stora a écrit là son livre le plus intime. Dans ces souvenirs d'enfance, à travers le regard d'un enfant devenu historien, il restitue avec émotion un monde perdu, celui des juifs d'Algérie, fous de la République et épris d'Orient.

144 p. 8 €

9782081385207

Victor L. **TAPIÉ**

LA FRANCE DE LOUIS XIII ET DE RICHELIEU

Préface de Françoise Hildesheimer

Richelieu a été un grand homme parce qu'il a été l'homme de son temps. Il n'a jamais cessé d'user des moyens à sa portée et de travailler dans l'actuel. Il est considéré comme l'un des fondateurs de l'unité française, un de ceux qui ont le plus justement reconnu le caractère et les besoins de la France.

480 p. 12 €

9782081329829

Sylvie **THÉNAULT**

HISTOIRE DE LA GUERRE D'INDÉPENDANCE ALGÉRIENNE

Un récit synthétique et très accessible des causes et du déroulement de la guerre d'Algérie, fondé sur les nouvelles archives ouvertes depuis 1992 et sur les recherches les plus récentes. Un livre devenu une référence dans l'historiographie de la décolonisation.

Nouvelle édition, 2012

384 p. 10 €

9782081280090

John TOLAN

LES SARRASINS

L'Islam dans l'imagination européenne au Moyen Âge

Traduit de l'anglais par Pierre-Emmanuel Dauzat

Au fil des siècles, à mesure que l'Islam est mieux connu, les stratégies des penseurs chrétiens ou des missionnaires européens évoluent pour affiner les arguments théologiques. Mais la guerre idéologique demeure un enjeu fondamental, si marquant qu'il sous-tend nos propres représentations aujourd'hui : le sentiment de supériorité des Occidentaux à l'égard des musulmans et des Arabes n'est pas né avec la colonisation, il plonge ses racines dans le Moyen Âge.

480 p. 11,20 €

9782080801654

Jerry TONER

L'ART DE GOUVERNER SES ESCLAVES

N

par l'illustre Marcus Sidonius Falx

Traduit de l'anglais par Laurent Bury

L'histoire antique comme si vous y étiez : un aristocrate romain (assisté d'un professeur de l'université de Cambridge) livre ses techniques pour bien acheter, châtier ou affranchir ses esclaves, mais surtout pour tout apprendre sur la vie quotidienne des Romains, sans en avoir l'air...

256 p. 8 €

9782081377394

Kristjan TOOMASPOEG

HISTOIRE DES CHEVALIERS TEUTONIQUES

Né à la fin du XIIe siècle, l'ordre Teutonique a été l'un des fers de lance de la chrétienté médiévale. Les chevaliers au manteau blanc ont combattu en Palestine et dans toute l'Europe, où ils ont créé un véritable empire : en Sicile, ils ont guerroyé contre les musulmans rebelles et pris possession d'immenses domaines ; dans la Baltique, ils ont livré bataille aux derniers païens ; en Prusse, ils ont fondé un véritable État. De cet empire, les Temps modernes verront le déclin, même si l'ordre existe toujours aujourd'hui.

220 p. 8,20 €

9782080800619

Maurice TUBIANA

HISTOIRE DE LA PENSÉE MÉDICALE

Les chemins d'Esculape

Sous la plume d'un humaniste, l'épopée de la médecine de l'Antiquité à nos jours, avec ses personnages connus ou moins connus, ses errements et ses victoires, qui sont aussi ceux de toute une civilisation.

736 p. 11,20 €

9782080813848

Georges VALANCE

HISTOIRE DU FRANC

1360-2002 : la légende du franc

Le passage à l'euro a enterré définitivement le franc. Les Français connaissent-ils l'histoire de ce vieux compagnon que la sémantique lie de façon indissoluble au sol et à ses habitants : franc, France, Français ?

448 p. 10,20 €

9782080814142

Bertrand VAN RUYMBEKE

L'AMÉRIQUE AVANT LES ÉTATS-UNIS

N

Une histoire de l'Amérique anglaise, 1497-1776

En 1497, l'Angleterre découvre l'Amérique : l'explorateur John Cabot aperçoit les rives de Terre-Neuve. C'est le début d'une aventure de près de trois siècles, au terme de laquelle naîtront les États-Unis d'Amérique. Dans cette grande fresque, Bertrand Van Ruymbeke fait pour la première fois la somme de toutes les connaissances sur l'Amérique anglaise.

788 p. 14 €

9782081329874

Jacques VERRIÈRE

GENÈSE DE LA NATION FRANÇAISE

Jacques Verrière retrace avec clarté la construction d'une nation, entre grandeur et déclin, en perpétuelle transformation mais capable de se reconnaître dans un État et dans une langue. Synthèse de deux mille ans d'histoire, ce livre intègre le rôle prépondérant de l'immigration dans la constitution de la nation française et ouvre les perspectives qu'impliquent les récentes interrogations sur le devenir de la construction européenne.

365 p. 12,20 €

9782080814357

Laurent VIDAL

MAZAGÃO, LA VILLE QUI TRAVERSA L'ATLANTIQUE

Du Maroc à l'Amazonie (1769-1783)

Postface de Jean Duvigraud

Au début du XVIe siècle, la Couronne portugaise, dans son grand mouvement de reconquête des terres infidèles, fonde la citadelle de Mazagão, sur la côte marocaine. Puis survient la découverte de l'Amazonie, qui rend le Maroc moins intéressant au plan stratégique. La Couronne décide alors, en 1769, de déplacer corps et biens la ville de Mazagão vers le Brésil...

Lauréat du prix France Culture / *Urbanisme*

384 p. 9,20 €

9782081213098

Pierre VIDAL-NAQUET

LA DÉMOCRATIE GRECQUE VUE D'AILLEURS

Essai d'historiographie ancienne et moderne

Ailleurs social : l'étude des femmes, des esclaves, des étrangers, ou d'autres exclus de la Cité permet d'en comprendre le noyau central. Ailleurs temporel : la Cité grecque s'oppose à des formes politiques qui l'ont précédée et que nous lisons aujourd'hui à travers elle. Ce recueil d'essais forme un itinéraire intellectuel où se retrouvent la richesse et l'unité plurielle du monde grec.

434 p. 11,20 €

9782081228238

Bernard VINCENT (dir.)

HISTOIRE DES ÉTATS-UNIS

Les contradictions de ce grand pays font partie de la fascination qu'il a toujours exercée – au même titre que ses célèbres principes fondateurs, son génie technologique ou sa culture populaire. C'est sous ce double éclairage que les auteurs du présent ouvrage ont cherché à restituer l'histoire complexe de cette colonie devenue un empire pas comme les autres.

Édition actualisée et augmentée, 2016

720 p. 11 €

9782081390485

Antoine VITKINE

MEIN KAMPF, HISTOIRE D'UN LIVRE

Diffusé à 12 millions d'exemplaires en Allemagne entre 1925 et 1945, à des centaines de milliers d'exemplaires dans le monde, traduit en seize langues, *Mein Kampf* est aujourd'hui encore vendu sur toute la planète. L'histoire de cette bible nazie est pourtant peu connue. En la dressant, l'ouvrage d'Antoine Vitkine cherche à comprendre pourquoi *Mein Kampf* est un poison qui continue d'agir et évoque le parfum de tabou et de malaise qui flotte encore autour de lui.

Édition revue et augmentée, 2013

336 p. 9 €

9782081294042

Bryan WARD-PERKINS

LA CHUTE DE ROME

N

Fin d'une civilisation

Traduit de l'anglais par Frédéric Joly

Se fondant sur ses travaux novateurs d'archéologie, Bryan Ward Perkins démontre que les invasions "barbares" provoquèrent un effondrement spectaculaire touchant tous les domaines. Avec humour, érudition et passion, il conteste l'idée d'une transition sans heurts entre l'Antiquité et le Moyen Âge.

Cahier hors-texte 8 pages.

362 p. 11 €

9782081382800

Une époque, un récit, l'exactitude des sources racontées à la manière d'un roman...

Ken ALDER

MESURER LE MONDE

1792-1799 : l'incroyable histoire de l'invention du mètre

Traduit de l'anglais par Martine Devillers-Argouarc'h

En 1792, deux astronomes, Delambre et Méchain, quittent Paris avec une lettre de mission signée de Louis XVI. Leur but ? Mesurer la Terre. Au terme de leur périple de sept années, menacé par les soubresauts de la Révolution, la tour de Babel des poids et mesures sera enfin abattue.

656 p. 9 €

9782081307612

Alessandro BARBERO

LE JOUR DES BARBARES N

Andrinople, 9 août 378

Traduit de l'italien par Jean-Marc Mandosio

Ce livre raconte une bataille qui a changé l'histoire du monde, mais qui n'est pas aussi célèbre que Waterloo ou Stalingrad. C'est celle d'Andrinople, qui eut lieu le 9 août 378 dans la province romaine de Thrace, aujourd'hui la partie européenne de la Turquie. Ce jour-là, les Romains subirent face aux barbares la défaite la plus désastreuse depuis celle qu'Hannibal leur avait infligée en 216 av. J.-C. Un siècle avant sa chute officielle, c'est à Andrinople que fut scellé le sort de la superpuissance mondiale qu'était alors Rome.

304 p. 8 €

9782081416796

WATERLOO

Traduit de l'italien par Élizabeth Auster

18 juin 1815, Waterloo. C'est l'aube, et Napoléon s'apprête à affronter l'armée prussienne de Blücher et celle de Wellington, coalition hétéroclite de différentes nationalités. Une journée qui va décider du sort de l'armée française et, surtout, de celui d'un Empereur haï de l'Europe entière. Pour raconter cette bataille mythique, Barbero a entrepris « d'oublier » le résultat final, montrant comment à tout moment une décision différente, ou tout simplement le hasard, auraient pu en changer l'issue.

528 p. 9 €

9782081362024

Kate CAMBOR

BELLE ÉPOQUE

Traduit de l'anglais par Laurent Bury

Parce que leur existence s'est déroulée sous les feux de la rampe, Kate Cambor nous fait entrer avec ses personnages (le fils d'Alphonse Daudet, la petite-fille de Victor Hugo, le fils du professeur Charcot) dans la chair même de leur époque. Fourmillant de personnages et d'arrêts sur image saisissants, ce livre se dévore comme un film, comme un roman... le roman de la Belle Époque.

400 p. 9 €

9782081390454

Edmund DE WAAL

LE LIÈVRE AUX YEUX D'AMBRE

Traduit de l'anglais par Marina Boraso

Document littéraire, enquête à la croisée de l'Histoire et de l'intime, sous la plume du dernier héritier de la famille, ce livre retrace le destin tragique des Ephrussi, une grande famille juive, à l'égal des Rothschild et des Camondo, prise dans la tourmente du XXe siècle.

512 p. 8 €

9782081347243

Antonia **FRASER**

MARIE-ANTOINETTE

Traduit de l'anglais par Anne-Marie Hussein

Avec précision et brio, Antonia Fraser retrace le parcours de Marie-Antoinette : son enfance, son mariage longtemps non consommé, la venue tant attendue de ses enfants, sa possible liaison avec le comte Axel Fersen, et enfin ses efforts héroïques pour sauver sa famille, et la monarchie, de la tempête révolutionnaire.

736 p. 9 €

9782081390461

Stephen **GREENBLATT**

QUATTROCENTO

Traduit de l'anglais par Cécile Arnaud

En 1417, Poggio Bracciolini, jeune humaniste sans emploi depuis la déposition de l'antipape Jean XXIII, part sur les routes à la recherche de textes antiques. En Allemagne, il découvre un manuscrit du *De rerum natura* de Lucrèce, poème dont la diffusion permet une redécouverte du matérialisme antique.

Meilleur livre d'histoire 2013 de la rédaction du magazine *Lire* ; prix Pulitzer, 2012 ; National Book Award, 2011.

400 p. 8 €

9782081312814

WILL LE MAGNIFIQUE

Traduit de l'anglais par Marie-Anne de Béru

Qui était Shakespeare ? De l'homme, rien ou presque n'a survécu, seule l'œuvre a traversé les siècles. Se pourrait-il qu'elle éclaire une partie de ce mystère ? Stephen Greenblatt le croit et nous en offre une lecture passionnante.

592 p. 10 €

9782081375543

Thomas **HARDING**

HANNS ET RUDOLF

Traduit de l'anglais par Isabelle D. Taudière et Clémentine Peckre

Deux hommes que l'Histoire a transformés en héros d'une épopée noire : Rudolf Höss, chargé de la création du camp d'Auschwitz et Hanns Alexander, juif allemand à la tête d'une unité de recherche des criminels de guerre nazis. Dans un monde qui a perdu ses repères, ces deux vies convergent lentement. Au terme d'une poursuite digne des plus grands thrillers, elles finiront par se croiser...

436 p. 9 €

9782081347434

David George **HASKELL**

UN AN DANS LA VIE D'UNE FORÊT

Traduit de l'anglais par Thierry Piélat

Pendant une année, David Haskell a observé jour après jour l'évolution d'une parcelle d'un mètre de diamètre dans une forêt des Appalaches. À partir de ce microcosme, il a percé bien des mystères... Un magnifique condensé d'histoire naturelle et de méditation philosophique.

Prix de l'Académie des sciences des États-Unis, 2013

368 p. 9 €

9782081375659

Eric **JAGER**

LE DERNIER DUEL

Paris, 29 décembre 1386

Traduit de l'anglais par Laurent Bury

S'appuyant sur les sources et les témoignages qui nous sont parvenus pour ressusciter un pan entier du Moyen Âge, Eric Jager raconte le duel judiciaire qui a opposé en 1386, sur ordre du roi Charles VI, les seigneurs normands Jacques Le Gris et Jean de Carrouges. Marguerite de Carrouges avait accusé Le Gris de l'avoir violée, et son époux n'ayant pu obtenir que son suzerain le comte Pierre lui fasse justice, l'affaire avait été portée jusqu'au roi.

312 p. 8 €

9782081348820

Siddhartha **MUKHERJEE**

L'EMPEREUR DE TOUTES LES MALADIES

Traduit de l'anglais par Pierre Kaldy

Cancérologue, Siddhartha Mukherjee se penche pour la première fois, dans cette enquête exceptionnelle, sur l'histoire du cancer. Retraçant les mille et une luttes des hommes contre ce vieil ennemi, il offre un aperçu fascinant de nos progrès futurs.

Prix Pulitzer, 2011

832 p. 12 €

9782081375642

Graham **ROBB**

UNE HISTOIRE DE PARIS PAR CEUX QUI L'ONT FAIT

Traduit de l'anglais par Isabelle D. Taudière

Le lecteur, amoureux de Paris ou curieux d'histoire, se délectera de ce merveilleux livre, où il rencontrera une foule de personnages : Marie-Antoinette, Vidocq, Proust, Juliette Gréco... Érudit et conteur passionné, Graham Robb signe une « mini-*Comédie humaine* de Paris » pleine de surprises.

Élu meilleur livre d'histoire de l'année 2010 par le magazine *Lire*

656 p. 9 €

9782081307636

Stacy **SCHIFF**

CLÉOPÂTRE

N

Traduit de l'anglais par Laurence Decréau

Shakespeare évoquait l'infinie variété de Cléopâtre. Il ne croyait pas si bien dire... Dans ce récit magistral, Stacy Schiff révèle par quel tour de passe-passe l'histoire a transformé une grande reine, incarnation même de la femme de pouvoir, en catin malfaisante.

512 p. 10 €

9782081390447

Guy **WALTERS**

LA TRAQUE DU MAL

Traduit de l'anglais par Christophe Magny et Jean-Pierre Ricard

Guy Walters enquête sur le destin des criminels de guerre nazis après la Seconde Guerre mondiale, leurs lieux d'exil, leurs contacts avec différents services secrets, l'aide qu'ils ont obtenue, la chasse dont ils ont fait l'objet de la part d'institutions et de particuliers, etc.

512 p. 9 €

9782081347250

Mitchell **ZUCKOFF**

LES DISPARUS DE SHANGRI-LA

Traduit de l'anglais par Christophe Magny

Mitchell Zuckoff enquête sur un épisode méconnu de la guerre du Pacifique. En mai 1945, un avion comptant une vingtaine de membres de l'armée américaine s'écrase dans une zone inexplorée de Nouvelle-Guinée. Dans ce lieu absent des cartes, trois rescapés affrontent une faune hostile, des combattants japonais cachés dans les parages, la confrontation avec des tribus cannibales.

376 p. 8 €

9782081354036

Évelyne **HEYER** (dir.)

UNE BELLE HISTOIRE DE L'HOMME

N

Préface d'Yves Coppens

Qui sont les premiers représentants de la lignée humaine ? Comment en est-on arrivé à 7 milliards d'individus ? Sommes-nous toujours soumis à l'évolution ? Sous la direction d'Évelyne Heyer, Yves Coppens, Maurice Godelier, Hervé Le Bras, Marylène Patou-Mathis, etc. ont choisi une cinquantaine de questions clés pour enfin comprendre d'où nous venons et où nous allons.

Édition révisée, 2017

240 p. 9 €

9782081396036

Jean **ABITBOL**

L'ODYSSÉE DE LA VOIX

Jean Abitbol figure parmi les spécialistes mondiaux des cordes vocales. Il dessine dans cet ouvrage le « paysage » vocal humain, d'un point de vue médical mais aussi génétique, linguistique, philosophique, historique et artistique. Expression de tout un être, reflet des accidents d'une vie, la voix fascine.

515 p. 11 €

9782081289574

Ronan **ALLAIN**

HISTOIRE DES DINOSAURES

Dans cette synthèse historique, Ronan Allain retrace les grandes étapes de l'histoire évolutive des dinosaures depuis leur origine, il y a 230 millions d'années, jusqu'à leur disparition à la fin du Crétacé. Il reconstitue l'évolution des différentes lignées au cours des temps géologiques et fait également le point sur les plus récentes découvertes des paléontologues.

Prix « La science se livre », 2014

204 p. 9 €

9782081353053

John D. **BARROW**

LA GRANDE THÉORIE

Les limites d'une explication globale en physique

Le but ultime de la science est-il de construire une théorie qui pourrait rendre compte de tout ce qui existe ? Une telle théorie est-elle possible ? Est-il envisageable de réduire toute la physique à une sorte d'équation primordiale ? Et quel sens cela aurait-il ?

288 p. 8,20 €

9782080813190

Karol **BEFFA** – Cédric **VILLANI**

LES COULISSES DE LA CRÉATION

N

D'où viennent les idées ? Y a-t-il des circonstances favorables à la création, artistique ou intellectuelle ? Où trouver l'inspiration ? Dans un dialogue amical, Cédric Villani et Karol Beffa lèvent un coin du voile sur le mystère de la création dans leurs disciplines respectives, les mathématiques et la musique.

256 p. 9 €

9782081395923

Alex **BELLOS**

ALEX AU PAYS DES CHIFFRES

Une plongée dans l'univers des mathématiques

Traduit de l'anglais par Anatole Muchnik

Tour à tour drôle et sérieux, l'auteur nous emmène à la rencontre d'un gourou des maths mystiques en Inde, de calculateurs prodiges à Leipzig et de fanatiques du boulier au Japon. Il donne vie aux thèmes fondamentaux des mathématiques et nous ouvre les portes d'un monde fascinant.

Illustrations d'Andy Riley

512 p. 10 €

9782081373099

Claude **BERTOUT**

NAISSANCE ET ÉVOLUTION DES SYSTÈMES PLANÉTAIRES

Où et comment naissent les systèmes planétaires, et comment évoluent-ils ? Comment des planètes comme la Terre peuvent se constituer à partir d'infimes particules de poussière dispersées dans un immense nuage interstellaire. Comment certaines nébuleuses sont destinées à se développer pour devenir peut-être des systèmes solaires comparables au nôtre, où des formes de vie peuvent émerger.

Grand prix du livre d'astronomie, 2004

Édition revue et augmentée, 2005

240 p. 9,20 €

9782080801296

Michel **BITBOL**

L'AVEUGLANTE PROXIMITÉ DU RÉEL

Anti-réalisme et quasi-réalisme en physique

Quel est le sens des théories physiques ? Que nous disent-elles de notre rapport au réel ? Pour reprendre à nouveaux frais ces questions, il faut avant tout se libérer de l'affrontement stérile entre réalisme et antiréalisme scientifiques ainsi que du dualisme strict qui oppose le donné au construit.

384 p. 12,20 €

9782080813947

MÉCANIQUE QUANTIQUE

Une introduction philosophique

Il y a un paradoxe de la mécanique quantique : voilà une théorie considérable de la physique contemporaine dont on est bien en peine de dire sur quoi elle porte et ce qu'elle signifie, car cela même ne va pas de soi. Le but de ce livre est de tenter d'élucider ce paradoxe.

Édition revue et augmentée, 1999

484 p. 10,20 €

9782081214866

PHYSIQUE ET PHILOSOPHIE DE L'ESPRIT

La conscience, indétachable des sujets, ne saurait être prise elle-même pour objet de science. De même, en physique quantique, un phénomène n'est pas dissociable de son contexte expérimental, car il s'identifie à ce qui se manifeste à grande échelle au laboratoire. Ces cas extrêmes incitent à généraliser la méthode scientifique. Ne plus la borner à définir des objets, mais l'étendre à la coordination directe des expériences. Telle est la révolution de pensée qu'il faut accomplir pour résoudre deux questions-limites de la science : le problème de l'origine de la conscience et le paradoxe du « chat de Schrödinger » en physique quantique.

416 p. 10,20 €

9782080801463

Pascal **BRADU**

L'UNIVERS DES PLASMAS

Du Big Bang aux technologies du IIIe millénaire

Quatrième état de la matière, le plasma occupe une place de plus en plus importante dans différents secteurs industriels (de la microélectronique à la médecine, en passant par les télécommunications), et il constitue une source naturelle d'énergie propre quasi inépuisable pour les siècles prochains. Cet ouvrage est le premier en langue française à en dresser un panorama général et accessible.

Cahier hors-texte de 4 pages

242 p. 10,20 €

9782080800053

Louis **DE BROGLIE**

NOUVELLES PERSPECTIVES EN MICROPHYSIQUE

Les articles rassemblés dans ce volume ont été publiés entre 1950 et 1955. Ils entreprennent un nouvel examen de la mécanique ondulatoire et de l'interprétation causale de la théorie des quanta. Une série de portraits, d'anecdotes et de réflexions sur l'histoire des sciences contribue également à la richesse de ce recueil.

356 p. 9,20 €

9782080812698

LA PHYSIQUE NOUVELLE ET LES QUANTA

Préface de Georges Lochak

Un livre classique par l'un des plus grands physiciens de ce siècle, dont la contribution à une interprétation réaliste de la théorie des quanta est en passe d'être établie définitivement.

288 p. 9,20 €

9782080811707

Bernard BRUNHES

LA DÉGRADATION DE L'ÉNERGIE

Préface de Georges Lochak

Deux grands principes régissent la physique au XIXe siècle : celui de l'équivalence de la chaleur et du travail ou, sous sa forme la plus générale, le principe de la conservation de l'énergie. Le second principe est précisément celui dont il est question dans ce livre : le principe de la dissipation ou de la dégradation de l'énergie. Écrit au début du siècle, cet ouvrage a eu la plus grande influence sur Louis de Broglie.

416 p. 10,20 €

9782080812513

Francesco & Luca CAVALLI-SFORZA

QUI SOMMES-NOUS ?

Une histoire de la diversité humaine

Traduit de l'italien par Françoise Brun

Existe-t-il des « races pures » ? Dénonçant les tabous et les manipulations qui conduisent à la discrimination raciale, Luca Cavalli-Sforza nous raconte le fascinant roman de l'évolution humaine. Sa démarche interdisciplinaire lui permet, en s'appuyant sur les données de la génétique, de la paléontologie, de l'histoire et de la linguistique, d'analyser puis de reconstruire les multiples aspects de la diversité humaine. Une diversité qu'il affirme être, en définitive, la meilleure garantie de survie pour notre espèce.

384 p. 9,20 €

9782081245532

Gilbert CHAUVET

LA VIE DANS LA MATIÈRE

Le rôle de l'espace en biologie

Qu'est-ce qui distingue le vivant de l'inerte ? Comment penser l'unité et la spécificité du monde vivant dans la matière ? Peut-on définir une image intégrée opérationnelle du fonctionnement des êtres vivants qui permette d'interpréter les phénomènes biologiques dans un cadre cohérent ? Telles sont les questions que pose Gilbert Chauvet et auxquelles il tente de répondre à travers une construction théorique originale, qui s'appuie sur la topologie et la géométrie.

250 p. 9,20 €

9782080813992

Yves CHRISTEN

L'ANIMAL EST-IL UNE PERSONNE ?

Qui sont vraiment les animaux ? On les savait joueurs, blagueurs, rieurs, féroces parfois ; on les découvre tricheurs, menteurs, trompeurs, mais aussi aimants, mélancoliques ou encore émotifs, stratèges, sensibles aux intentions d'autrui, capables de respecter une morale ou d'élaborer une culture. Des singes aux léopards, des éléphants aux antilopes, des baleines aux dauphins, un plaidoyer fort documenté en faveur de la personne animale.

704 p. 11,20 €

9782081265950

Claude COMBES

L'ART D'ÊTRE PARASITE

Les associations du vivant

Comment devient-on parasite ? Comment la « profession » de parasite s'exerce-t-elle ? Comment un parasite quitte-t-il son hôte ? Comment l'hôte se défend-il ? Comment certains parasites se font-ils finalement exploiter ? Autant de questions que Claude Combes illustre d'exemples nombreux sans négliger les débats les plus actuels.

Édition revue et augmentée, 2010

400 p. 11,20 €

9782081238572

Paul COUTEAU

LE GRAND ESCALIER

Des quarks aux galaxies

Préface de Charles Fehrenbach

Pour faire comprendre l'infinité des formes de l'univers matériel, Paul Couteau a eu recours à un artifice particulièrement heureux : si l'on descend vers l'infiniment petit ou si l'on monte vers l'infiniment grand, on change d'échelle, on se tient alors sur les marches d'un grand escalier qui se perd à l'infini. S'arrêtant avec l'auteur sur chacune de ces marches, le lecteur profane découvre les mœurs étranges des particules, le monde des planètes, des étoiles, des galaxies, des astres cosmiques, et enfin le début des temps.

276 p. 7,20 €

9782080813305

LES RÊVES DE L'INFINI

Constitué de sept chapitres courts et de lecture aisée, qui forment autant de variations sur le thème de l'infini, cet ouvrage évoque successivement l'univers, « réalité dont l'essence nous échappera toujours », l'infini mathématique, la quatrième dimension, les surprises de l'infiniment petit, les trous noirs, les mirages dans le ciel (arcs et soleils fantômes) et les voyages dans le temps.

240 p. 7,20 €

9782080814036

Didier DACUNHA-CASTELLE

CHEMINS DE L'ALÉATOIRE

Le hasard et le risque dans la société moderne

Partant du constat que la science du hasard, ou théorie mathématique des probabilités, intervient de plus en plus dans notre vie quotidienne (assurances, diagnostic médical, définition du risque nucléaire, produits financiers virtuels, sondages, prévisions météorologiques, etc.), dans le domaine des sciences sociales ou même en politique, ce livre, qui s'adresse au lecteur néophyte, examine ses différents usages dans la société contemporaine et en précise les notions essentielles.

265 p. 8,20 €

9782080814401

Thibault DAMOUR

SI EINSTEIN M'ÉTAIT CONTÉ...

À travers le choix de scènes concrètes de la vie d'Einstein, ce livre donne à voir et à comprendre la formation de ses théories, et expose ce qu'on doit en retenir aujourd'hui. Une prouesse de vulgarisation scientifique.

304 p. 8 €

9782081375697

Patrice DAVID – Sarah SAMADI

LA THÉORIE DE L'ÉVOLUTION

Une logique pour la biologie

La théorie de l'évolution explique l'histoire du vivant, selon une cohérence commune à l'ensemble de la biologie. D'où l'intérêt de focaliser l'analyse des mécanismes de cette théorie d'abord sur l'unité héréditaire fondamentale, le gène (première partie), puis sur les niveaux d'intégration supérieure (deuxième partie). La troisième partie, enfin, introduit l'évolution des caractères, avant d'aborder l'évolution à une échelle supérieure, celle des espèces.

Édition revue et augmentée, 2011

352 p. 10,20 €

9782081265974

Paul DAVIES

LES FORCES DE LA NATURE

Traduit de l'anglais par Alain Bouquet

Ce livre a pour but d'expliquer les concepts fondamentaux liés aux progrès récents et spectaculaires réalisés dans notre compréhension du monde microscopique (à l'intérieur de l'atome). Quand nous sondons le domaine subatomique, nous devons être prêts à rencontrer des situations dépassant notre imagination, mais non, faut-il espérer, notre compréhension…

256 p. 8,20 €

9782080813411

Michael **DENTON**

ÉVOLUTION

Une théorie en crise

Traduit de l'anglais par Nicolas Balbo
Préface de M. P. Schützenberger, de l'Académie des sciences

Peu de théories ont soulevé autant de polémiques depuis un siècle que la théorie de Charles Darwin sur l'évolution. Et, si elle semblait avoir finalement acquis une évidence irréfutable, la biologie moléculaire en ébranle partiellement les fondements.

386 p. 10,20 €

9782081238589

Simon **DINER** – Daniel **FARGUE** – Georges **LOCHAK**

L'OBJET QUANTIQUE

Comment l'esprit vient aux atomes

L'objet quantique, c'est d'abord tout élément de la structure microscopique de la matière et du rayonnement : atomes, électrons, photons, etc. Aujourd'hui, les ingénieurs ont appris à maîtriser les êtres microscopiques pour créer, à partir d'eux, des objets industriels qui, à leur tour, méritent d'être appelés objets quantiques. C'est ce double point de vue qui fait l'objet de ce livre. Écrit pour un large public, cet ouvrage devrait convaincre le lecteur que la science fait désormais partie de notre art de vivre.

240 p. 8,20 €

9782080812506

Albert **EINSTEIN**

COMMENT JE VOIS LE MONDE

Traduit de l'allemand par Régis Hanrion et Maurice Solovine
Préface d'Étienne Klein

On trouvera dans la première partie de cet ouvrage les positions très nettes que le grand savant a prises dans les domaines social, religieux, politique et économique. Dans la seconde partie, l'auteur expose en termes clairs la théorie de la relativité restreinte et généralisée.

272 p. 7 €

9782081404359

CONCEPTIONS SCIENTIFIQUES

Traduit de l'anglais par Maurice Solovine, revu par Daniel Fargue

Ce volume rassemble quelques-uns des plus importants articles qu'Einstein ait écrits pour exposer ses conceptions épistémologiques et les grands bouleversements de la physique et de la cosmologie du XXe siècle.

Édition revue et augmentée, 2016

192 p. 8 €

9782081375604

Albert **EINSTEIN** – Leopold **INFELD**

L'ÉVOLUTION DES IDÉES EN PHYSIQUE

Des premiers concepts aux théories de la relativité et des quanta

Traduit de l'anglais par Maurice Solovine
Préface d'Étienne Klein

Des premiers concepts, de Galilée à Newton, jusqu'aux théories de la relativité et des quanta, c'est un véritable tableau des fondements de la physique moderne qui nous est offert ici par deux des plus grands physiciens de notre temps, dans un style simple et accessible à un large public, même non spécialisé.

352 p. 9 €

9782081373105

Ludwik **FLECK**

GENÈSE ET DÉVELOPPEMENT D'UN FAIT SCIENTIFIQUE

Traduit de l'allemand par Nathalie Jas
Préface d'Ilana Löwy
Postface de Bruno Latour

Publié en allemand en 1934, cet ouvrage est l'un des textes les plus importants jamais écrit en épistémologie, qui inaugura l'histoire sociale des sciences. À partir du cas complexe de l'histoire de la syphilis et, plus particulièrement, de la « réaction » de Wassermann, l'auteur élabore une vision extrêmement originale de l'activité de recherche et de la production de nouveaux savoirs scientifiques. Sa théorie de la connaissance

inspirera Thomas Kühn dans les années 1960-1970.
280 p. 9,20 €
9782081214835

Vincent **FLEURY**

DES PIEDS ET DES MAINS

Genèse des formes de la nature

Une science nouvelle s'organise, qui emprunte à la biologie, à la physique, à la mathématique, à l'informatique tous les fils d'une trame qui reconstitue la naissance des formes : la morphogénèse. Fleurs, oiseaux, aurores boréales ou danse des dunes, ailes des libellules, souffle du nouveau-né, mais aussi empreintes digitales, tracé des lignes de la main, longueur différente des doigts : ce livre effectue un véritable voyage au cœur du vivant.
200 p. 8,20 €
9782080801289

Joshua **FOER**

L'ART ET LA SCIENCE DE SE SOUVENIR DE TOUT

Traduit de l'anglais par Pierre Reignier
La mémorisation est à la portée de tous. La preuve ? L'auteur de ce livre, après un an d'entraînement seulement, est devenu champion des États-Unis de mémorisation ! Tout en retraçant la surprenante histoire de l'art de la mémoire, il s'appuie sur les dernières recherches en neurosciences pour en comprendre le fonctionnement.
304 p. 8 €
9782081395701

Edward **FRENKEL**

AMOUR ET MATS

Traduit de l'anglais par Olivier Courcelle.
Chercheur génial et iconoclaste, Edward Frenkel parvient à nous faire toucher du doigt la fulgurante beauté des mathématiques. Mêlant autobiographie, théories mathématiques et philosophie, il nous raconte aussi comment, en butte aux pires discriminations, il quitta l'URSS pour Harvard à l'âge de 21 ans seulement.
368 p. 9 €
9782081390546

Murray **GELL-MANN**

LE QUARK ET LE JAGUAR

Voyage au cœur du simple et du complexe

Traduit de l'américain par Gilles Minot
Fascinant par l'étendue de ses connaissances, ce livre de référence est indispensable à ceux qui, attirés par un voyage au cœur du simple et du complexe, veulent connaître et comprendre l'unité du monde et du vivant.
446 p. 10,20 €
9782080813503

Masha **GESSEN**

DANS LA TÊTE D'UN GÉNIE

Traduit de l'anglais par Évelyne Châtelain-Diharce
Le Prix du millénaire, la médaille Fields, un million de dollars... Grigori Perelman a tout refusé. Portrait d'un génie des maths doté d'une intelligence surpuissante, formé à l'école secondaire n° 239 de Leningrad.
288 p. 9 €
9782081231696

James **GLEICK**

LA THÉORIE DU CHAOS

Vers une nouvelle science

Traduit de l'anglais par Christian Jeanmougin
La théorie du chaos bouleverse la vision classique du monde et constitue une révolution comparable à ce que fut, au début du siècle, la théorie de la relativité générale d'Einstein. Ce livre en vulgarise brillamment les divers aspects.
Édition revue et corrigée, 2008
496 p. 10,20 €
9782081218048

Mathieu **GOUNELLE**

MÉTÉORITES

À la recherche de nos origines

Quel rôle les météorites ont-elles joué dans l'apparition de la vie ? Quelles traces de la naissance du système solaire conservent-elles ? Grâce aux dernières découvertes cosmochimiques et astrophysiques, Mathieu Gounelle nous entraîne dans un voyage interplanétaire, pour toucher du doigt le mystère de nos origines.

Édition revue et corrigée, 2017

224 p. 9 €

9782081396029

Brian **GREENE**

LA RÉALITÉ CACHÉE

N

Les univers parallèles et les lois du cosmos

Traduit de l'anglais par Céline Laroche

Des univers seraient tout proches du nôtre, mais invisibles : toute une réalité cachée qui échappe à nos instruments d'observation. Le premier livre scientifique à explorer de façon aussi brillante et compréhensible l'idée d'univers parallèles.

556 p. 13 €

9782081411050

John **GRIBBIN**

À LA POURSUITE DU BIG BANG

Traduit de l'anglais et préfacé par Michel Cassé

L'hypothèse du Big Bang (« explosion primordiale ») est devenue un modèle fascinant, plus près d'être vérifié que rejeté. *À la poursuite du Big Bang* raconte, dans une langue parfaitement accessible, l'histoire de ce bouleversement de nos idées, de Newton et Kant à Einstein, de Hubble et Gamow à Alan Guth et Stephen Hawking.

476 p. 10,20 €

9782080812704

LE CHAOS, LA COMPLEXITÉ ET L'ÉMERGENCE DE LA VIE

Traduit de l'anglais par Laurence Decréau

Véritable révolution dans notre façon de comprendre et d'interpréter la science contemporaine, la théorie du chaos, née dans les années 1970, a mené les chercheurs à deux doigts de percer le mystère de l'origine de la vie. C'est ce que nous explique John Gribbin, en relatant avec une pédagogie et une clarté remarquables quatre siècles de découvertes scientifiques, de la mécanique classique à la biologie moléculaire, de Galilée à James Lovelock.

368 p. 9,20 €

9782081244764

LE CHAT DE SCHRÖDINGER

Physique quantique et réalité

Traduit de l'américain par Christel Rollinat

À la question « qu'est-ce que la réalité ? », la mécanique quantique apporte des réponses problématiques. Erwin Schrödinger, l'un des créateurs de la théorie, en était si persuadé qu'il inventa un animal mythique, un chat, dont on ne pourrait dire si, placé dans certaines conditions, il serait mort ou vivant… Voici l'histoire de la mécanique quantique, contée par John Gribbin…

348 p. 8,20 €

9782081223073

Stephen **HAWKING**

UNE BELLE HISTOIRE DU TEMPS

Traduit de l'américain par Béatrice Commengé et Leonard Mlodinow

Vingt ans après la *Brève histoire du temps*, Stephen Hawking nous fait partager le fruit de ses dernières réflexions éclairant les différentes tentatives d'explication de l'Univers, de la théorie de la gravitation de Newton à la relativité d'Einstein, en passant par l'accélération de l'expansion de l'Univers, les trous noirs, la possibilité ou l'impossibilité des voyages dans le temps. La théorie des cordes, qui tente d'unifier les quatre forces de la Nature, constitue le point d'orgue de son histoire.

Illustrations en couleur

276 p. 9,20 €

9782081220164

UNE BRÈVE HISTOIRE DU TEMPS

40 ans

Du Big Bang aux trous noirs

Introduction de Carl Sagan

Traduit de l'anglais par Isabelle Naddeo-Souriau

Préface de Christophe Galfard

Dans un langage simple et accessible, l'exposé des plus récents développements de l'astrophysique concernant la nature du temps et du monde ainsi que du plus grand défi de la science moderne : la recherche d'une théorie unitaire combinant et unifiant la relativité générale et la mécanique quantique.

256 p. 6 €

9782081404342

COMMENCEMENT DU TEMPS ET FIN DE LA PHYSIQUE

Traduit de l'anglais par Catherine Chevalley
Présentation par Alain Bouquet

Sont ici rassemblés deux textes d'époques différentes. Le premier, « La fin de la physique théorique est-elle en vue ? », est le texte de la Leçon inaugurale que Stephen Hawking prononça en 1980 à Cambridge lorsqu'il prit possession de la chaire de mathématiques. Le second, « Le bord de l'espace-temps », a été publié en 1989, et est donc quasiment contemporain d'*Une brève histoire du temps*.

128 p. 6,10 €

9782081260719

PETITE HISTOIRE DE L'UNIVERS

Du Big Bang à la fin du monde

Traduit de l'anglais par Carole Benton

« La science devrait être compréhensible par tous et pas seulement par quelques spécialistes. » De la théorie de l'expansion de l'Univers à celle du Big Bang en passant par les trous noirs, la direction du temps ou les découvertes de Hubble, c'est à un passionnant voyage aux origines de l'Univers que nous convie Stephen Hawking.

162 p. 7 €

9782081334922

Werner **HEISENBERG**

LA PARTIE ET LE TOUT

Le monde de la physique atomique (Souvenirs, 1920-1965)

Traduit de l'allemand par Paul Kessler

Cet ouvrage retrace l'évolution de la physique au xxe siècle telle que Heisenberg l'a vécue, depuis ses contacts avec la théorie atomique (1919-1920) jusqu'aux découvertes de nouvelles particules élémentaires (1961-1965), en passant par ses discussions avec Einstein.

432 p. 13 €

9782081375628

Alexandra **HOROWITZ**

DANS LA PEAU D'UN CHIEN

Traduit de l'anglais par Christophe Rosson

Le meilleur moyen de comprendre un chien, c'est d'oublier tout ce que l'on croit savoir sur lui et d'adopter son point de vue. De se mettre littéralement dans sa peau : voilà ce que propose Alexandra Horowitz, éthologue passionnée, dans cet ouvrage aussi documenté que divertissant. Au fil des expériences et des anecdotes, vous découvrirez les capacités sensorielles et cognitives de ce fidèle compagnon. Et plus jamais vous ne le regarderez de la même façon.

304 p. 8,20 €

9782081265967

Jean-Jacques **HUBLIN**

QUAND D'AUTRES HOMMES PEUPLAIENT LA TERRE

Nouveaux regards sur nos origines

Avec Bernard Seytre

L'homme est un singe parmi d'autres, très proche du chimpanzé et du gorille nous dit la génétique. Mais d'où vient-il ? Combien d'espèces se sont succédé ? Comment sommes-nous devenus humains ? De nouvelles techniques permettent désormais d'explorer jusqu'au niveau moléculaire le squelette de nos ancêtres, de décoder leurs gènes, de retrouver leur régime alimentaire, de mieux comprendre leur évolution culturelle… Restitués dans toute leur complexité, nos ancêtres apparaissent dans ce livre à la fois plus proches et plus énigmatiques.

Édition révisée, 2011

Illustrations d'Olivier Nadel

288 p. 9,20 €

9782081252424

Albert **JACQUARD**

IDÉES VÉCUES

Avec la participation d'Hélène Amblard

Comment devient-on l'un des grands spécialistes de la génétique des populations ? À travers les hasards et les nécessités de l'existence, Albert Jacquard raconte une vie de recherche et d'engagement personnel dans les grands

débats de la société, notamment à propos du rôle de la science.
200 p. 7,20 €
9782080812445

LA LÉGENDE DE DEMAIN

Évoquer demain, c'est convoquer l'espoir et l'angoisse, et, bien souvent aussi, la passion. Ce demain qui n'existe pas nous obsède. Que sera-t-il ? Quel visage nous offrira la Terre ? Saurons-nous construire un monde respectueux de chaque être humain ?
192 p. 7,20 €
9782080800077

LA LÉGENDE DE LA VIE

La vie a-t-elle eu un début ? Est-elle même définissable ? Son histoire est en fait celle de l'Univers. Pour la raconter, telle qu'elle peut être reconstituée, Albert Jacquard évoque les différentes réponses que sciences, religions, mythes ou arts ont tenté d'apporter à ces interrogations.
352 p. 8,20 €
9782081218055

Michio KAKU

UNE BRÈVE HISTOIRE DU FUTUR

N

Comment la science va changer le monde

Traduit de l'anglais par Olivier Courcelle
Faire surgir de la matière à partir du néant, créer des formes de vie inédites, exploiter l'énergie des étoiles : quelles percées scientifiques nous attendent d'ici à 2100 ? En quoi vont-elles révolutionner notre quotidien ?
336 p. 9 €
9782081390584

Sam KEAN

QUAND LES ATOMES RACONTENT L'HISTOIRE DU MONDE

Traduit de l'anglais par Bernard Sigaud
Cet ouvrage réussit l'exploit de convoquer toute l'histoire des sciences et du monde à travers la table périodique des éléments. D'étonnantes anecdotes accompagnent chacun d'eux : pourquoi Gandhi détestait-il l'iode ? Pourquoi le tellure a-t-il provoqué la ruée vers l'or la plus bizarre de toute l'Histoire ? Comment l'antimoine a-t-il rendu fou le roi Nabuchodonosor ? Du big-bang aux dernières découvertes scientifiques, ce livre dévoile les secrets du carbone, du néon ou du mercure, mais aussi leur impact sur la politique, les guerres, la mythologie ou les arts.
442 p. 10 €
9782081282773

Étienne KLEIN

ALLONS-NOUS LIQUIDER LA SCIENCE ?

Galilée et les Indiens

La science nous sauvera-t-elle ou bien sera-t-elle la cause et le moyen de notre disparition ? En Occident, la science a mathématisé la nature et instauré une hiérarchie, avec l'homme en haut de l'échelle, et, en bas, les plantes, les animaux ; de là l'avènement d'une technoscience qui vise la seule efficacité. Mais n'est-elle pas en train de se retourner contre nous ?
128 p. 6 €
9782081270664

DISCOURS SUR L'ORIGINE DE L'UNIVERS

D'où vient l'univers ? Et d'où vient qu'il y a un univers ? De quoi parle la physique quand elle parle d'« origine » ? Qu'est-ce que les théories actuelles sont réellement en mesure de nous révéler ? Étienne Klein montre que les perspectives offertes par la cosmologie contemporaine sont plus vertigineuses encore que tout ce que nous avons imaginé.
Nouvelle édition, 2016
192 p. 6 €
9782081391574

LE FACTEUR TEMPS NE SONNE JAMAIS DEUX FOIS

Le temps s'écoule-t-il de lui-même ou a-t-il besoin des événements qui s'y déroulent pour passer ? S'apparente-t-il au devenir, au changement, au mouvement ? A-t-il eu un commencement ?

Aucune discipline ne parvient à épuiser, à elle seule, la question du temps. C'est pourquoi nous avons croisé les regards des philosophes avec ceux des physiciens.

Nouvelle édition, 2016

288 p. 8 €

9782081391567

IL ÉTAIT SEPT FOIS LA RÉVOLUTION

Ce livre rend hommage à quelques-uns des physiciens les plus remarquables : Georges Gamow, Albert Einstein, Paul Dirac, Ettore Majorana, Wolfgang Pauli, Paul Ehrenfest et Erwin Schrödinger. Ils ont en commun d'avoir été, chacun à sa façon, des génies. Leurs travaux se faisaient écho, suscitant l'admiration des uns, la critique des autres, jusqu'à constituer un édifice formel cohérent.

242 p. 8 €

9782081375598

LE MONDE SELON ÉTIENNE KLEIN

Le volume réunit les chroniques de l'auteur diffusées sur France Culture. Sur un ton décalé et humoristique, Étienne Klein, physicien de formation, aborde des sujets tels que le vide, l'inversion des courbes, les leçons du petit boson, etc.

Nouvelle édition augmentée, 2016

352 p. 8 €

9782081391543

PETIT VOYAGE DANS LE MONDE DES QUANTA

Une présentation à la fois claire et savante de la physique quantique, de la révolution qu'elle a représenté dans le monde des sciences, de ses principes fondamentaux et de leurs applications dans des domaines aussi fascinants que la cryptographie, le calcul quantique ou la téléportation.

Prix Jean Rostand, 2004

Nouvelle édition, 2016

192 p. 8 €

9782081391550

LES TACTIQUES DE CHRONOS

Nous voyons, entendons, touchons, goûtons dans le temps, mais non le temps lui-même. Pour débusquer ce temps distinct de la durée, de la mémoire, du mouvement, plongeons au cœur de la physique et de ses perspectives qui donnent le vertige : le temps a-t-il précédé l'Univers ? Comment s'est-il mis en route ? Pourrait-il inverser son cours ?

Prix « La science se livre », 2004

224 p. 8,20 €

9782081223059

Étienne **KLEIN** – Michel **SPIRO** (dir.)

LE TEMPS ET SA FLÈCHE

Introduction de Michel Crozon

Contributions de Michel Paty, Jean-Pierre Luminet, Marc Lachièze-Rey et al.

Qu'y a-t-il de commun entre le temps réversible des réactions entre particules élémentaires, celui des premières minutes du big-bang et le cadre inexorable qui nous conduit de la naissance à la mort ? Comment s'introduit l'irréversibilité, source de la fameuse flèche du temps ? Telles sont quelques-unes des questions qu'exposent et analysent, dans une langue volontairement accessible à tous, les scientifiques dont les écrits sont ici rassemblés.

Nouvelle édition, 2013

288 p. 8,20 €

9782081303270

Thomas S. **KUHN**

LA STRUCTURE DES RÉVOLUTIONS SCIENTIFIQUES

Traduit de l'américain par Laure Meyer

Un ouvrage classique où Thomas Kuhn étudie les moments de crise que traverse toute science au cours de son évolution. Il montre brillamment comment chaque révolution scientifique, entraînant un changement de « paradigme », transforme non seulement l'imagination scientifique, mais aussi le monde dans lequel s'effectue le travail des savants.

288 p. 8,20 €

9782081214859

Manjit **KUMAR**

LE GRAND ROMAN DE LA PHYSIQUE QUANTIQUE

Einstein, Bohr... et le débat sur la nature de la réalité

Traduit de l'anglais par Bernard Sigaud

Du 24 au 29 octobre 1927 se tint à Bruxelles un congrès historique réunissant dix-sept titulaires ou futurs lauréats du prix Nobel – l'une des plus remarquables rencontres de cerveaux jamais organisées : Einstein, Bohr, Planck, Broglie, Pauli, Heisenberg, Schrödinger, Dirac... Le cinquième congrès Solvay, « Électrons et photons », allait ouvrir un nouveau chapitre dans l'histoire de la physique quantique. Dans un ouvrage très bien documenté, qui se lit comme un roman, Manjit Kumar fait revivre chacun de ces personnages et les conflits qui les opposaient.

640 p. 10 €

9782081282766

Dominique **LAMBERT** – René **REZSÖHAZY**

COMMENT LES PATTES VIENNENT AU SERPENT

Essai sur l'étonnante plasticité du vivant

Qu'est-ce que la vie ? Cette question ne cesse de susciter découvertes et débats. Et l'émergence de nouvelles disciplines, telle l'*Evo-Devo*, alliant les acquis de la biologie de l'évolution et de la biologie du développement, vient encore bouleverser et approfondir notre compréhension du vivant. Les auteurs convient le lecteur à un voyage au cœur des gênes, des génomes, des embryons, des organismes et des espèces. Une traversée qui nous conduit au seuil d'une nouvelle philosophie de la vie.

416 p. 11,20 €

9782080801661

Pierre **LASZLO**

L'ARCHITECTURE DU VIVANT

Qu'ont en commun les châteaux de la Loire et une molécule d'hémoglobine ? Pour mieux nous faire comprendre le fonctionnement de la biologie moléculaire, ce livre replace ses objets fondamentaux (protéines, membranes, virus...) dans notre environnement culturel familier, au fil d'analogies savantes ou amusantes (de la musique de chambre à l'urbanisme, en passant par la cryptologie). Une introduction insolite et captivante à l'univers de l'infiniment petit.

342 p. 10,20 €

9782080800862

Hervé **LE TREUT** – Jean-Marie **JANCOVICI**

L'EFFET DE SERRE

Allons-nous changer le climat ?

Le point sur l'effet de serre : sa nature, ses causes, les risques encourus, et le débat qui l'entoure. Les prévisions sont-elles fiables ? Que faire pour ralentir le réchauffement climatique et reprendre notre avenir en main ?

224 p. 9,20 €

9782081225091

Richard E. **LEAKEY** – Roger **LEWIN**

LES ORIGINES DE L'HOMME

Traduit de l'anglais par Pierre Champendal
Préface d'Yves Coppens

Ce livre du célèbre préhistorien anglais semble avoir été écrit en réponse à Konrad Lorenz. Pour Richard Leakey, les hommes n'auraient pu créer une société aussi organisée si nos ancêtres n'avaient vécu en étroite collaboration et n'avaient pratiqué le partage et l'échange.

286 p. 8,20 €

9782080811387

LA SIXIÈME EXTINCTION

Évolution et catastrophes

Traduit de l'anglais par Vincent Fleury

L'histoire et les progrès de la paléontologie : ses modèles, ses techniques expérimentales, ses acteurs, son rôle dans la reconstitution de l'évolution ou l'étude des événements cataclysmiques. Méconnue mais fascinante, cette discipline souligne l'urgence d'un changement de comportement de l'espèce humaine, en passe d'anéantir un

nombre considérable d'espèces animales en détruisant l'environnement.
352 p. 9,20 €
9782081252417

Malcolm E. LINES
DITES UN CHIFFRE
Idées et problèmes mathématiques qui défient notre intelligence
Traduit de l'anglais par Martine Devillers-Argouarc'h et Daniel Paget
Comment déchiffrer un message codé à l'aide des mathématiques ? En quoi la factorisation des grands nombres intéresse-t-elle la sûreté nationale ? Qu'est-ce que la quadrature du carré ? Pourquoi les nombres de Fibonacci fascinent-ils les botanistes ? Ce livre relate avec humour l'histoire de quelques-uns des plus célèbres problèmes mathématiques qui ont traversé les siècles, et qui continuent pour certains à nous résister.
252 p. 9,20 €
9782080800473

G.E.R. LLOYD
ORIGINES ET DÉVELOPPEMENT DE LA SCIENCE GRECQUE
Magie, raison et expérience
Traduit de l'anglais par Jeannie Carlier et Franz Regnot
Chacune de ces quatre études traite des conditions externes de constitution de la science grecque : la critique de la magie et des croyances traditionnelles ; l'évolution de la théorie et de la pratique de l'argumentation, réussite majeure de l'ancienne science grecque ; le développement de la recherche empirique (médecine et astronomie) ; enfin, le rôle de l'organisation de la société grecque dans l'invention de la philosophie et de la science…
494 p. 12,20 €
9782080813657

Georges LOCHAK
LA GÉOMÉTRISATION DE LA PHYSIQUE
La géométrie sous-tend la vision du monde de la physique depuis l'Antiquité jusqu'à nos jours et sert de fil d'Ariane pour conduire le lecteur jusqu'à la relativité générale, la mécanique quantique et la théorie des particules élémentaires, en passant par les corps platoniciens, l'astronomie de Kepler, la mécanique de Newton, la symétrie des cristaux…
272 p. 8,20 €
9782081303263

Konrad LORENZ
L'AGRESSION
Une histoire naturelle du mal
Traduit de l'allemand par Vilma Fritsch
Sous-titré « une histoire naturelle du mal », ce livre propose une généralisation de la théorie anthropologique du bouc émissaire : l'observation des comportements d'agressivité chez les animaux permet de comprendre que, chez l'homme aussi, tout rapprochement, tout sentiment d'amour se fait à la faveur du détournement de cette agressivité fondamentale vers un ennemi commun.
288 p. 8,20 €
9782081234987

L'ENVERS DU MIROIR
Une histoire naturelle de la connaissance
Traduit de l'allemand par Jeanne Étoré
L'activité de connaissance fait partie de la vie ; elle doit donc également s'appréhender en termes biologiques. Comment inventons-nous des modes d'appréhension du réel ; comment notre approche se distingue-t-elle de celle du monde animal ?
352 p. 10,20 €
9782081238596

LES FONDEMENTS DE L'ÉTHOLOGIE
Traduit de l'allemand par Jeanne Étoré
Préface de Gerolf Steiner
À côté de la théorie de la relativité d'Einstein ou de la psychanalyse freudienne, l'éthologie, science dont Konrad Lorenz s'est fait l'initiateur et qui étudie le comportement animal de manière comparative, fait désormais partie de la culture occidentale. Œuvre

profondément personnelle, le présent volume est une véritable « somme » de la pensée de Lorenz. L'édifice lumineux mais fragile de notre rationalité, nous avertit-il, repose sur un terrain d'instincts primordiaux que nous partageons avec des créatures bien plus primitives dans l'échelle de l'évolution.

Édition revue et corrigée, 2009

514 p. 12,20 €

9782081229075

Konrad **LORENZ** – Karl **POPPER**

L'AVENIR EST OUVERT

Entretien d'Altenberg

Publié sous la direction de Franz Kreuzer

Traduit de l'allemand par Jeanne Étoré

Préface de Franz Kreuzer

Postface de Karl Popper

Après avoir été amis d'enfance, ces deux penseurs célèbres de notre temps ont suivi des chemins différents, dans la science comme dans la vie. Pourtant, quelque temps avant la mort de Lorenz (1989), ils se sont revus et ont pu constater les multiples convergences de leurs travaux et de leurs convictions.

192 p. 6,10 €

9782080813183

James **LOVELOCK**

LA TERRE EST UN ÊTRE VIVANT

L'hypothèse Gaïa

Présentation par Gérard Blanc

Traduit de l'anglais par Paul Couturiau et Christel Rollinat

Préface de Pierre-Henri Gouyon

Selon l'hypothèse Gaïa, du nom de la déesse grecque de la Terre, tous les systèmes vivants appartiennent à une même entité régulant l'environnement de manière à préserver les conditions favorables à la vie sur Terre. Précurseur, le livre de Lovelock est devenu un ouvrage de référence pour la pensée écologique.

256 p. 8 €

9782081416543

Benoît **MANDELBROT**

FRACTALES, HASARD ET FINANCE (1959-1997)

Cet ouvrage présente les travaux que Benoît Mandelbrot avait consacrés au cours des années soixante à la finance – travaux, on l'ignore souvent, qui ont présidé à la naissance de la géométrie fractale. Ils sont précédés ici de considérations plus générales sur les notions de hasard bénin et sauvage.

250 p. 9,20 €

9782081225107

LES OBJETS FRACTALS

Forme, hasard et dimension

Combien mesure la côte de la Bretagne ? Quelle est la forme de cette montagne ou de ce nuage ? En observant certains objets dont la forme est faussement simple, très rugueuse, très poreuse ou très fragmentée – objets qu'il a appelés fractals –, Benoît Mandelbrot a conçu et développé une nouvelle géométrie de la nature et du chaos. Premier exposé de la géométrie fractale, ce livre reste un document historique autant qu'une introduction de choix.

224 p. 9,20 €

9782081246171

Jean-François **MINSTER**

LA MACHINE-OCÉAN

Les océans forment un système complexe. La variabilité des courants océaniques, leur rôle climatique et les phénomènes physiques qui les expliquent constituent le premier objet de cet ouvrage qui, sans négliger les questions élémentaires, fait état des derniers travaux en océanographie. Où l'on constate que l'internationalisation des programmes de recherches va de pair avec des enjeux économiques considérables.

308 p. 9,20 €

9782080814272

Laurent **NOTTALE**

L'UNIVERS ET LA LUMIÈRE

Qu'est-ce que la cosmologie aujourd'hui ? Science d'un objet unique, l'univers, privée de toute possibilité d'expérimentation, elle repose sur le principe que tous les points de l'univers ont une position équivalente. De nombreuses observations récentes montrent que, à des échelles plus petites, l'univers est hiérarchisé, non homogène, anisotrope. Tentant d'en rendre compte, L. Nottale nous introduit à une cosmologie nouvelle et prometteuse…

288 p. 8,20 €

9782080813831

Jean-Marie **PELT** – Gilles-Éric **SÉRALINI**

APRÈS NOUS LE DÉLUGE ?

Les êtres humains seront bientôt incapables de léguer à leur descendance une planète en bonne santé. Dénonçant avec force le massacre du vivant, la menace que notre usage du monde fait peser sur la vie même, et l'hypocrisie de ceux qui prétendent que la science trouvera bien, un jour, une solution, ce livre pose un diagnostic sans appel et souligne l'urgence d'une prise de conscience et d'une action collectives.

194 p. 7,20 €

9782081215030

Roger **PENROSE**

LES DEUX INFINIS ET L'ESPRIT HUMAIN

Avant-propos de Malcolm Longhair

Traduit de l'anglais par Roland Omnès

Avec les contributions de Abner Shimony, Nancy Cartwright, Stephen Hawking et Roland Omnès

Originales, provocantes, les idées de Roger Penrose sur la physique de l'univers à très grande échelle, le monde quantique au niveau le plus microscopique ou la physique de l'esprit ont suscité discussions et controverses. Cet ouvrage présente les grands axes de ses investigations dans ces trois domaines, ainsi que les réactions de trois experts venus d'horizons différents (Abner Shimony, Nancy Cartwright et Stephen Hawking).

224 p. 9,20 €

9782081246164

Jean **PERRIN**

LES ATOMES

Avant-propos de Pierre-Gilles de Gennes

La naissance et le triomphe de l'hypothèse atomique à la charnière du XIXe et du XXe siècle relatés par Jean Perrin, physicien et chimiste, prix Nobel, père du CNRS et vulgarisateur de talent.

304 p. 9 €

9782081336735

André **PICHOT**

HISTOIRE DE LA NOTION DE GÈNE

Avec un grand souci didactique, André Pichot retrace ici les principales étapes de la génétique, du XIXe siècle jusqu'à nos jours, en s'appuyant sur les travaux de ses créateurs (Mendel, Weismann, De Vries, Johannsen, Morgan, Schrödinger, etc.). Il fait apparaître l'étonnant « bricolage » qui préside à l'avènement de cette discipline et se livre à une analyse critique qui voudrait contribuer à combler le déficit théorique dont elle souffre aujourd'hui.

352 p. 11,20 €

9782080814234

LA SOCIÉTÉ PURE

De Darwin à Hitler

Traduit de l'allemand par J. Plessis du Grenedau

Retraçant l'histoire des conceptions biologiques de la société et de leurs applications racistes et eugénistes depuis la fin du XIXe siècle jusqu'à nos jours, André Pichot analyse les relations qu'entretiennent science, politique et idéologie, à l'aide d'exemples précis : celui du nazisme, entre autres. Aujourd'hui, alors que la génétique moléculaire domine la biologie, il met en garde contre d'autres avatars du rêve d'une société « pure ».

480 p. 10,20 €

9782081236837

Pascal **PICQ**

LE MONDE A-T-IL ÉTÉ CRÉÉ EN SEPT JOURS ?

Pascal Picq fait le point sur les débats concernant les origines de l'univers, de la vie et de l'Homme, confrontant science et religion. Il fait la synthèse des connaissances sur le Big Bang, sur les mythes religieux, tente de déterminer si la vie est apparue en une ou plusieurs fois et énonce ce qui remet en question la théorie de l'évolution.

240 p. 8 €
9782081347397

PREMIERS HOMMES

Tant de découvertes ces dernières années ont achevé de nous perdre dans le labyrinthe des premiers hommes et la diversité de nos ancêtres. Pour suivre cette longue évolution, d'abord simienne et partagée, puis tout à fait humaine et unique, Pascal Picq raconte dans un récit complètement inédit nos origines communes avec les singes.

352 p. 10 €
9782081422360

Max PLANCK

AUTOBIOGRAPHIE SCIENTIFIQUE ET DERNIERS ÉCRITS

Traduit de l'allemand, introduit et annoté par André George

Max Planck rédigea son *Autobiographie scientifique* en 1945, à quatre-vingt-sept ans. On y suit le long cheminement de ses découvertes, depuis l'exploration des principes de la thermodynamique jusqu'à l'éclaircissement de l'énigme physique, le rayonnement du corps noir, avec l'apparition des quanta.

224 p. 9,20 €
9782081234994

INITIATIONS À LA PHYSIQUE

Traduit de l'allemand par J. du Plessis de Grenédan

Max Planck appartient à la première génération des grands savants du XXe siècle et il peut être considéré comme le père fondateur de la théorie des quanta. Il propose dans cet ouvrage un tableau de la physique moderne.

288 p. 9,20 €
9782081245549

Henri POINCARÉ

LA SCIENCE ET L'HYPOTHÈSE

Présentation de Jules Vuillemin
Préface d'Étienne Ghys

Écrit au début du siècle, cet ouvrage demeure un classique de la philosophie des sciences et apporte un témoignage unique sur la mentalité scientifique des années 1900.

272 p. 9 €
9782081404366

LA VALEUR DE LA SCIENCE

Préface de Jules Vuillemin

Approfondissant les thèmes abordés dans *La Science et l'Hypothèse*, Poincaré s'intéresse ici à la place de l'intuition en mathématiques et aux rapports entre physique et mathématiques, sans jamais perdre de vue la question : « À quoi sert la science ? »

192 p. 8,20 €
9782081265981

Ilya PRIGOGINE

LES LOIS DU CHAOS

Tous les systèmes dynamiques (classiques ou quantiques) ne sont pas semblables. Il y a des systèmes stables et des systèmes instables. Parmi ces derniers figurent les systèmes dits « chaotiques » dans lesquels deux trajectoires aussi voisines que l'on veut à l'instant initial divergent exponentiellement avec le temps. Que deviennent les lois de la nature lorsque l'on inclut le chaos ? C'est à un exposé introductif de ce problème que ces leçons sont consacrées.

132 p. 7,20 €
9782081214873

Ilya PRIGOGINE – Isabelle STENGERS

ENTRE LE TEMPS ET L'ÉTERNITÉ

L'ouvrage explore le renouvellement du savoir sur la question du temps depuis le monde des processus dissipatifs jusqu'à la mécanique quantique et la cosmologie. Au terme de cette exploration, la flèche du temps s'inscrit à tous les niveaux, du plus simple des objets quantiques (l'atome d'hydrogène) à l'univers lui-même, né d'une formidable explosion entropique.

Édition révisée, 2009

304 p. 9,20 €

9782081223066

Josef **REICHHOLF**

L'ÉMANCIPATION DE LA VIE

Traduit de l'allemand par Jeanne Étoré
Préface d'Albert Jacquard

Pour Josef Reichholf, la théorie darwinienne de la sélection naturelle est impuissante à expliquer l'apparition et le développement de la fabuleuse variété des êtres ainsi que la mise au point de leurs extraordinaires pouvoirs matériels. La sélection naturelle n'est que stabilisante ; elle ne peut engendrer d'innovations. Celles-ci résultent plutôt d'un jeu permanent entre les gènes qui stockent l'information et l'organisme qui leur permet de s'exprimer.

320 p. 8,20 €

9782081223080

L'ÉMERGENCE DE L'HOMME

L'apparition de l'homme
et ses rapports avec la nature

Traduit de l'allemand par Jeanne Étoré

Par trois fois, les formes successives d'hominidés issus des australopithèques ont quitté la terre natale africaine et ses savanes giboyeuses. Pourquoi les hommes ont-ils renoncé à la chaleur de leur patrie équatoriale pour affronter le froid des continents nordiques ? Pourquoi l'Afrique est-elle restée si peu peuplée alors qu'elle semble être la terre d'origine de notre espèce ? Josef Reichholf essaie de répondre à ces questions dans une magnifique synthèse des recherches les plus récentes sur la préhistoire de l'humanité.

368 p. 8,20 €

9782081233638

LE RETOUR DES CASTORS

Surprises écologiques

Traduit de l'allemand par Paul Kessler

Cet ouvrage remet en cause les discours catastrophistes qui se sont diffusés avec la mode de l'écologie, et dénonce l'usage abusif des notions d'équilibre naturel ou d'économie de la nature, érigées en dogmes. Étudiant le devenir de différentes espèces animales sur des sites déterminés, Josef Reichholf nous invite à faire confiance au jugement de la nature, à mieux évaluer ses dynamismes et ses capacités d'adaptation pour distinguer, précisément, les dangers véritables et les menaces fantasmées.

288 p. 8,20 €

9782080814319

Ladislas **ROBERT**

LES HORLOGES BIOLOGIQUES

Histoire naturelle
du vieillissement :
de la cellule à l'homme

Comment la cellule, base de notre organisme, évolue-t-elle avec le temps ? La durée de sa vie est-elle programmée ? Y a-t-il une horloge qui en règle l'existence, et qui lui permet, par exemple, de se diviser un certain nombre de fois et pas plus ? Peut-on imaginer que l'organisme vivant est ainsi constitué d'une multitude d'horloges, combinées et indépendantes ? Quels sont les grands cycles temporels qui règlent notre existence ?

314 p. 8,20 €

9782080813527

LE VIEILLISSEMENT DU CERVEAU

Parkinson, Alzheimer
et autres démences

Dans les pays industrialisés, le nombre de personnes touchées par les maladies liées au vieillissement ne cesse de croître. Ce livre se penche sur des phénomènes tels que le déclin cognitif et la perte de la mémoire dans les vieillissements « normal » et pathologique et examine les thérapies les plus prometteuses : immunothérapie de l'Alzheimer, implantation d'électrodes profondes dans certains cas de Parkinson, utilisation de cellules-souches…

416 p. 11,20 €

9782080800657

Israel **ROSENFIELD**

L'ÉTRANGE, LE FAMILIER, L'OUBLIÉ

Une anatomie de la conscience

Traduit de l'anglais par Oristelle Bonis

Étudiant les mécanismes neurologiques qui créent la conscience ainsi que leurs dysfonctionnements (sentiment d'étrangeté ou de déjà-vu, amnésie, autisme, dédoublement de personnalité, membres fantômes, etc.), Israel Rosenfield réfute les explications de la neurologie et de la psychologie classiques et démontre que les raisons de ces phénomènes sont à chercher dans les liens existant entre la conscience, la mémoire et l'image du corps.

Édition revue et augmentée, 2005

288 p. 10,20 €

9782080801135

L'INVENTION DE LA MÉMOIRE

Le cerveau, nouvelles donnes

Traduit de l'anglais
par Anne-Sophie Cismaresco
Préface d'Oliver Sacks, traduite Yves Bonin

Ce livre déconstruit un mythe : notre capacité à nous souvenir des êtres, des lieux et des choses grâce à l'image que nous en possédons, imprimée et emmagasinée en permanence dans notre cerveau. Analysant et critiquant les diverses théories du mode de fonctionnement de la mémoire et du cerveau en général, Israel Rosenfield montre à quel point le modèle de l'ordinateur est une image inadéquate du cerveau. Inversement, il nous explique pourquoi et comment chaque cerveau, chaque individu, est unique.

224 p. 7,20 €

9782080812896

Jacques **RUFFIÉ**

TRAITÉ DU VIVANT

Cet ouvrage constitue une somme sur toutes les grandes questions de la biologie contemporaine. Dans une langue claire, l'auteur analyse les démarches et les acquis de la génétique moderne, passe en revue les théories de l'évolution, dresse le bilan des études de l'éthologie animale et du comportement humain.

T. I : 352 p. 8,20 €

9782080811684

T. II : 448 p. 9,20 €

9782080811691

Claire **SALOMON-BAYET**

L'INSTITUTION DE LA SCIENCE ET L'EXPÉRIENCE DU VIVANT

Méthode et expérience à l'Académie royale des sciences 1666-1793

Comment la pratique des sciences de la vie s'est-elle constituée, du XVIIe au XIXe siècle, en se détachant du modèle mathématique, tout en tirant parti des cadres institutionnels ? Évoquant les figures de Descartes et de Pascal, de Fontenelle et de Maupertuis, les laboratoires du Jardin du roi ou l'Académie royale des sciences, cette épistémologie institutionnelle retrace les conditions qui ont rendu possible la séparation de l'histoire de la médecine d'avec ce qui sera bientôt l'histoire de la biologie, puis l'évolution de la biologie vers la manipulation du vivant et l'ingénierie génétique.

Édition revue et augmentée, 2008

528 p. 11,20 €

9782081211636

Daniel **SCHWARTZ**

LE JEU DE LA SCIENCE ET DU HASARD

La statistique et le vivant

Une introduction à l'étude statistique appliquée au domaine du vivant. Combattant un certain nombre d'idées reçues sur cette discipline, l'auteur fournit les concepts-clés (la fourchette, l'échantillon représentatif, la différence significative) pour s'y initier.

130 p. 7,20 €

9782080814470

Franco **SELLERI**

LE GRAND DÉBAT DE LA THÉORIE QUANTIQUE

Traduit par Françoise et Philippe Guéret
Préface de Karl Popper

L'histoire de la théorie des quanta s'identifie presque à celle de la physique moderne. Aucune théorie ne s'est révélée à ce point prestigieuse et fructueuse. Et, pourtant, ses fondements n'ont cessé de poser d'immenses questions qui ont divisé les physiciens.

282 p. 8,20 €
9782080812933

Gilles-Éric **SÉRALINI**

GÉNÉTIQUEMENT INCORRECT

Depuis deux décennies, les industries du vivant nous promettent un avenir radieux : les thérapies géniques, le clonage et les OGM devraient soigner bien des maux de la planète. Mais que sait-on réellement des gènes ? Un paradigme nouveau s'est imposé qui met au premier plan la plasticité du génome. Les gènes sont en interaction constante avec l'environnement, qui exerce une influence capitale sur leur évolution. Sans prendre en compte cette relation fondamentale, il est impossible de comprendre la genèse des maladies, d'envisager leur prévention et leur traitement.

Édition révisée, 2005

336 p. 8 €
9782081279346

Michel **SERRES**

LES ORIGINES DE LA GÉOMÉTRIE

Tiers livre des fondations

La géométrie apparut en Grèce, voici vingt-sept siècles. Comment et pourquoi invente-t-on de représenter des formes comme le carré, le cercle, la sphère… et de raisonner sur elles en rigueur ? Au fil de cette recherche des origines, l'auteur découvre qu'on ne peut, pour écrire l'histoire des sciences, se passer d'une réflexion sur la science de l'histoire elle-même.

352 p. 9,20 €
9782081260702

Larry R. **SQUIRE** – Eric R. **KANDEL**

LA MÉMOIRE

De l'esprit aux molécules

Traduit de l'anglais par Béatrice Desgranges et Francis Eustache

Ce livre propose une synthèse unique sur les mécanismes de la mémoire humaine et animale. Il ouvre en même temps un nouveau champ de recherche : la biologie moléculaire de la cognition. Une avancée susceptible de révolutionner la médecine, puisqu'elle laisse entrevoir des possibilités de traitement pour des troubles liés au vieillissement, voire pour la maladie d'Alzheimer.

416 p. 13,20 €
9782080801395

Isabelle **STENGERS**

L'INVENTION DES SCIENCES MODERNES

Comment comprendre les liens multiples entre la science et les pouvoirs qui la mobilisent aujourd'hui ? La nouveauté de cet ouvrage est de faire de ces différents problèmes intellectuels, pratiques et politiques, les enjeux du processus par où pourrait s'inventer et se renouveler l'identité même des sciences.

224 p. 8,20 €
9782081249646

Ian **STEWART**

17 ÉQUATIONS QUI ONT CHANGÉ LE MONDE

Traduit de l'anglais par Anatole Muchnik

De la cartographie au positionnement par satellite, de la musique à l'exploration des lunes de Jupiter, les grandes équations nous révèlent les secrets intimes de l'univers. Dans un langage accessible à tous et plein d'humour, l'auteur dévoile leur beauté mystérieuse.

416 p. 9 €
9782081373082

LA CHASSE AUX TRÉSORS MATHÉMATIQUES

Traduit de l'anglais par Olivier Courcelle

De quel côté tombe un chat avec une tartine beurrée sur le dos ? Qui a inventé le signe égal ? Comment faire fortune au pub ? Quelle est la surface d'un œuf d'autruche ? Comment calculer Pi en observant les étoiles ? Ce recueil est le second opus des miscellanées du professeur Stewart.

400 p. 10 €

9782081303478

DIEU JOUE-T-IL AUX DÉS ?

Les mathématiques du chaos

Traduit de l'anglais par Marianne Robert et Marcel Filoche

Préface de Benoît Mandelbrot

La science nouvelle du chaos amène les scientifiques à repenser complètement leurs idées fondamentales sur la marche de l'univers. Ian Stewart nous raconte un nouveau monde d'idées, entre attracteurs étranges et sortilèges mathématiques, en compagnie d'Einstein, de Poincaré et de quelques autres.

602 p. 12 €

9782081336728

LES MATHÉMATIQUES DU VIVANT

N

ou la clé des mystères de l'existence

Traduit de l'anglais par Olivier Courcelle

Grâce aux mathématiques, la biologie n'a jamais été aussi près d'élucider les mystères du vivant. Avec un enthousiasme communicatif, Ian Stewart décrit cette révolution en cours. Vous découvrirez le lien entre les lapins, un célèbre mathématicien italien et les pétales de fleur, et comprendrez enfin pourquoi la queue d'un animal tacheté peut être zébrée alors que celle d'un animal zébré ne peut en aucun cas être tachetée…

480 p. 10 €

9782081347373

MON CABINET DE CURIOSITÉS MATHÉMATIQUES

Traduit de l'anglais par Laurence Decréau avec la collaboration scientifique d'Anthony Truchet

Casse-tête traditionnels, dernières découvertes scientifiques, anecdotes historiques : c'est le trésor de toute une vie passée dans les terres méconnues des mathématiques que Ian Stewart fait découvrir. Écrit dans un style clair et avec cet humour propre à nos voisins d'outre-Manche, cet ouvrage captive, stimule, enrichit, et surprend.

374 p. 9 €

9782081270671

Jacques **TESTART**

LE DÉSIR DU GÈNE

Jacques Testart montre comment les performances techniques, dans le domaine de la reproduction, saluées comme d'extraordinaires avancées de la science ouvrent, au contraire, la porte à un nouvel eugénisme démocratique, doux et insidieux.

286 p. 8,20 €

9782080812827

René **THOM**

PARABOLES ET CATASTROPHES

Entretiens sur les mathématiques, la science et la philosophie

Entretiens réalisés par Giulio Giorello et Simona Morini

Dans ces entretiens, qui vont de la mathématique à l'embryologie, de la linguistique à l'anthropologie et à l'histoire, René Thom expose les grandes lignes de la théorie des catastrophes et aborde les principaux thèmes scientifiques de notre époque ainsi que la question des rapports entre science et société.

192 p. 8,20 €

9782081251304

PRÉDIRE N'EST PAS EXPLIQUER

Entretiens avec Émile Noël

Entretiens avec Émile Noël

Outre la formation et la carrière de René Thom, l'ouvrage expose la genèse et la destinée de la théorie des catastrophes, les polémiques qu'elle a suscitées et les positions philosophiques et épistémologiques de son auteur.

192 p. 7,20 €

9782081224988

Kip S. **THORNE**

TROUS NOIRS ET DISTORSIONS DU TEMPS

L'héritage sulfureux d'Einstein

Traduit de l'anglais par Alain Bouquet et Jean Kaplan
Préface de Stephen Hawking

Trous noirs, naines blanches, étoiles à neutrons, ondes gravitationnelles, trous de ver et machines à voyager dans le temps… L'un des savants les plus brillants de sa génération nous raconte l'histoire de ces découvertes scientifiques, qui ont toutes été prédites par la théorie de la relativité, et à certaines desquelles Einstein lui-même ne croyait pas…

654 p. 12,20 €
9782081224964

Thuan **TRINH XUAN**

ENTRETIENS AVEC UN ASTROPHYSICIEN

Par Jacques Vauthier

L'auteur de *La Mélodie secrète* raconte sa formation intellectuelle et scientifique et revient sur des questions fondamentales que pose la cosmologie. Il insiste également sur les rapports entre la science et la religion, qu'il juge non exclusives l'une de l'autre.

158 p. 8 €
9782081279377

Hermann **WEYL**

SYMÉTRIE ET MATHÉMATIQUES

Avant-propos de Georges-Théodule Guilbaud

Ce livre montre la très grande variété des applications du principe de symétrie dans les arts, et éclaircit pas à pas la signification philosophique et surtout mathématique de l'idée de symétrie.

200 p. 8,20 €
9782080813664

Frans de **WAAL**

DE LA RÉCONCILIATION CHEZ LES PRIMATES

Traduit de l'anglais par Marianne Robert

Et si le comportement des primates n'était pas seulement gouverné par l'agressivité ? Chimpanzés, macaques, rhésus, bonobos et hommes… tous montrent, par leurs gestes et par leurs attitudes, leur attachement à la convivialité, à la cohésion sociale, à la paix et au pardon. Au même titre que la violence, la réconciliation scelle et favorise les relations sociales.

384 p. 10,20 €
9782081267749

Christophe **WILLS**

LA SAGESSE DES GÈNES

Nouvelles perspectives sur l'évolution

Traduit de l'américain par Marianne Robert

Christopher Wills ouvre les « boîtes à outils » moléculaires de l'évolution, de découverte récente, pour révéler le travail des gènes sauteurs, des supergènes et des gènes blocs de construction qui facilitent le processus évolutif. Non seulement ces structures ont des conséquences fondamentales pour la médecine et pour notre compréhension du travail de la cellule et des organismes, mais elles révèlent aussi pour la première fois, et en détail, comment les gènes ont évolué.

446 p. 9,20 €
9782080813541

Clémence **BARRAY**
magistrat au tribunal administratif de Rouen
Pierre-Xavier **BOYER**
maître de conférences à l'université de Rouen

CONTENTIEUX ADMINISTRATIF

Ce manuel est destiné aux étudiants en droit (licence et master), ainsi qu'aux candidats aux concours de la fonction publique et à l'entrée au CRFPA. Rédigé par des praticiens, il répond aussi aux besoins des acteurs du procès administratif, et notamment des avocats.

400 p. 16 €
9782081332799

Éric **CANAL-FORGUES**
professeur à l'université Paris-Descartes
Patrick **RAMBAUD**
ancien professeur à l'université Paris-Descartes et à Sciences-Po Paris

DROIT INTERNATIONAL PUBLIC

Ce manuel est destiné aux étudiants en troisième année de licence de droit ou aux élèves des Instituts d'études politiques, ainsi qu'aux candidats aux concours de la fonction publique nationale, européenne ou internationale.

3e édition, revue et mise à jour, 2016
512 p. 16 €
9782081386631

Michel **CLAPIÉ**
professeur à l'université Montpellier-I

MANUEL D'INSTITUTIONS EUROPÉENNES

Ce manuel est destiné aux étudiants en première année de licence de droit ou d'AES et aux élèves des Instituts d'études politiques, ainsi qu'aux candidats aux concours de la fonction publique.

3e édition, revue et mise à jour, 2010
416 p. 14,20 €
9782081223127

Jean-Pierre **CLAVIER**
professeur à l'université Rennes-I
François-Xavier **LUCAS**
professeur à l 'université Paris-I

DROIT COMMERCIAL

Ce manuel est destiné aux étudiants en licence de droit ou d'AES et aux élèves des Instituts d'études politiques, ainsi qu'aux candidats aux concours de la fonction publique.

371 p. 13,20 €
9782080830401

Emmanuel **DREYER**
professeur à l'université de Franche-Comté

DROIT PÉNAL GÉNÉRAL

Ce manuel est destiné aux étudiants de deuxième année de licence de droit ainsi qu'à tous ceux qui préparent des concours ou examens au programme desquels figurent les principes gouvernant la responsabilité pénale.

348 p. 13,20 €
9782080830500

Rafael **ENCINAS DE MUÑAGORRI**
professeur à l'université de Nantes

INTRODUCTION GÉNÉRALE AU DROIT

Ce manuel est destiné aux étudiants de première année de droit et qui souhaitent s'initier au domaine juridique.

4e édition, revue et mise à jour, 2015
384 p. 15 €
9782081366619

Christophe DE LA MARDIÈRE
professeur du CNAM

DROIT FISCAL GÉNÉRAL

Ce manuel est destiné aux étudiants de 2e ou 3e année de licence de droit ou d'AES, aux candidats aux concours administratifs, ainsi qu'à toute personne souhaitant s'initier à la fiscalité.

2e édition, revue et mise à jour, 2015

384 p. 16 €

9782081367739

Frédéric ROUVILLOIS
professeur à l'université Paris-V

DROIT CONSTITUTIONNEL

Ce manuel en deux volumes est destiné aux étudiants en première année de licence de droit ou d'AES et aux élèves des Instituts d'études politiques, ainsi qu'aux candidats aux concours de la fonction publique.

6e édition, revue et mise à jour, 2017

T. I : Fondements et pratiques

384 p. 15 €

9782081411920

5e édition, revue et mise à jour, 2016

T. II : La Ve République

448 p. 15 €

9782081391581

LIBERTÉS FONDAMENTALES

Ce manuel est destiné aux étudiants en droit et AES (licence 3e année) ainsi qu'aux candidats aux concours administratifs.

2e édition, revue et mise à jour, 2016

448 p. 15 €

9782081386624

Bertrand SEILLER
professeur à l'université Paris-II

DROIT ADMINISTRATIF

Ce manuel en deux volumes est destiné aux étudiants en deuxième année de licence de droit ou d'AES, aux élèves des Instituts d'études politiques, ainsi qu'aux candidats aux concours de la fonction publique.

6e édition, revue et mise à jour, 2016

T. I : Les sources et le juge

352 p. 14 €

9782081386617

6e édition, revue et mise à jour, 2016

T. II : L'action administrative

384 p. 15 €

9782081380394

Sylvain SOLEIL
professeur à l'université Rennes-I

INTRODUCTION HISTORIQUE AUX INSTITUTIONS

IVe-XVIIIe siècle

Ce manuel est destiné aux étudiants en première année de licence de droit ou d'AES, aux élèves des Instituts d'études politiques, ainsi qu'aux candidats aux concours de la fonction publique.

3e édition, revue et mise à jour, 2010

384 p. 13,20 €

9782081240254

Jean-Louis THIREAU
professeur à l'université Paris-I

INTRODUCTION HISTORIQUE AU DROIT

Ce manuel est destiné aux étudiants en première année de licence de droit ou d'AES, aux élèves des Instituts d'études politiques, ainsi qu'aux candidats aux concours de la fonction publique.

3e édition, revue et mise à jour, 2009

386 p. 13,20 €

9782081228993

INDEX DES AUTEURS

INDEX DES TITRES

NORD COMPO
multimédia

Composition et mise en pages
Nord Compo à Villeneuve-d'Ascq
Imprimé en Espagne par Novoprint (Barcelone)